Manuel Fernández Muñoz

Eso no estaba en mi libro de historia de los templarios

LIBROS
EN EL
BOLSILLO

© Manuel Fernández Muñoz, 2021
© de la primera edición en Editorial Almuzara, S.L.: agosto de 2021
© de esta edición en Libros en el bolsillo,
     www.almuzaralibros.com
     info@almuzaralibros.com
     Síguenos en @AlmuzaraLibros

Director editorial: Antonio E. Cuesta López
Libros en el bolsillo: Óscar Córdoba
Editora: Ana Cabello
Corrección: Rebeca Rueda
Maquetación: Rafael Jiménez
Impreso por BLACK PRINT

I.S.B.N: 978-84-11314-03-9
Depósito Legal: CO-1706-2022

Código BIC: HBLC1
Código THEMA: NHDJ
Código BISAC: HIS037010

Editorial Almuzara
Parque Logístico de Córdoba. Ctra. Palma del Río, km 4
C/8, Nave L2. 14005 - Córdoba

Impreso en España - *Printed in Spain*

Dedicado a mi mujer, Rafi,
y a mi niño David.

Cuentan que, hace mucho tiempo, un caballero oyó hablar de un dragón que vivía dentro de una cueva. El paladín, portando la cruz de Cristo bordada en sus vestiduras blancas, entró en la guarida del dragón dispuesto a matar a la bestia. Pero, cuando estuvo frente a ella, de repente descubrió que el único monstruo que había allí era él...

INTRODUCCIÓN

Los hijos de la edad dorada vagan ahora lejos, por las tierras de los padres, olvidados de los días de su destino, en algún otro lado. ¿Y ningún anhelo puede hacerlos ya volver? ¿Nunca les verán más los ojos? ¡Ay! ¿Nunca os encontrará por los mil senderos de la tierra verdeante el que os busca, figuras iguales a los dioses? ¿Y entendí yo, por ventura, vuestro lenguaje, vuestra leyenda, tan solo para que mi alma buscara vuestras sombras? Quiero acercarme a vosotros, allá donde crecen todavía vuestros bosques, donde esconde entre nubes su cima solitaria el Monte Sagrado. Allí quiero ir cuando, reluciendo en la sombra de la encina, me encuentre la fuente del origen... ¡Oh vosotros durmientes! ¡Oh sombras sagradas! ¡Con vosotros quiero vivir!

FRIEDRICH HÖLDERLIN

El famoso médico y filósofo alemán Albert Schweitzer dijo: «Según vamos adquiriendo conocimiento, las cosas no se van haciendo más comprensibles, sino más misteriosas». Sin duda, este es el caso de la Orden del Temple. Y es que, cuanto más vamos sabiendo de ella, más nos va atrayendo su historia, sus orígenes, pero sobre todo su abrupto final.

Son tantas las preguntas que los Pobres Caballeros de Cristo dejaron sin contestar, que hoy siguen encandilando a millones de historiadores, buscadores de enigmas y aficionados al misterio, los cuales no han dudado en echarse a los

11

caminos —tanto físicos como literarios— para recorrer lo que todavía queda de los antiguos pasajes que conducen a los castillos y encomiendas de la Hermandad Blanca, anhelando encontrar en las piedras de sus edificios las huellas de un saber oculto que tal vez el tiempo, aliándose a los caballeros francos, haya respetado y mantenido.

Desde que la cofradía viera la luz, allá por el 1119 d. C., las gestas de estos gentileshombres de vestiduras inmaculadas y cruces rojas han corrido como la pólvora tanto por oriente como por occidente. A la vera del fuego del hogar, los ancianos no han dejado de relatar las nobles hazañas de unos extraños monjes-soldados que arribaron a Tierra Santa y a Santiago de Compostela para defender los intereses de la cristiandad, desfaciendo entuertos y amparando a los peregrinos del ataque de los sarracenos y salteadores de caminos. El temible Saladino los consideraba «demonios blancos», puesto que eran los primeros en acudir a la batalla y los últimos en marcharse, luchando como ángeles o diablos dependiendo de si el observador era cristiano o musulmán.

Poco a poco, la historia fue convirtiéndose en leyenda, y la leyenda acabó entrando en el reino de los mitos, proveyéndolos de un halo de misticismo que ha perdurado hasta nuestros días. Su espiritualidad ha estado ligada a las antiguas tradiciones celtas y a los enclaves de poder telúrico, como también a las más destacadas reliquias del catolicismo, entre las que se encuentra el santo grial, el arca de la alianza, el sudario de Cristo, la lanza de Longinos y la vera cruz.

Una apertura mental y espiritual que no será bien acogida ni entendida por la mayoría de sus correligionarios, lo que posiblemente propició que tuvieran que dividirse en dos facciones: la de los iniciados en los arcanos mayores —el *Secretum Templi*— y la de los militantes de a pie, segundones de buenas familias desconocedores sin embargo de lo que en realidad significaba ser un templario.

Externamente no se podía decir que aquellos gentiles-hombres no fueran cristianos, pero internamente eran mucho más que clérigos y soldados…, eran templos vivos en cuyo corazón permanecía siempre encendida la llama del Señor.

Nadie duda ya de que, junto a las imágenes propias de la religión nicena, los edificios de la Orden del Temple poseyeron otras tallas bastante menos ortodoxas, las cuales parecen querer ocultar el legado de un conocimiento que no debió verse sujeto a ningún credo en particular, pero que de hecho es la piedra angular en la que se soportan todas las religiones y todas las creencias. Una piedra fundacional —o filosofal— en forma de manuscritos secretos que posiblemente Hugo de Payns y sus ocho caballeros originales —la Asamblea del Grial— encontraron debajo de la Cúpula de la Roca de Jerusalén, sobre la que durante nueve años consecutivos elevaron sus peticiones al cielo como también hicieran antes que ellos el patriarca Jacob, el rey David, su hijo Salomón, Jesús de Nazaret y el profeta Mahoma.

Un saber que los templarios equipararon con el néctar que el Nazareno dio a beber a sus discípulos y que las leyendas de los trovadores de Provenza ilustraron como una copa, a la que llamaron *graal*, la cual, como demostraremos a lo largo de esta obra, nunca fue algo físico, sino espiritual. Un tesoro que no podía venderse porque no podía comprarse ni con todo el oro del mundo, como tampoco pudieron comprar a los templarios, motivo por el que muchos de ellos acabaron siendo torturados y asesinados en la hoguera.

Para encontrar el *Secretum Templi,* es decir, la sabidu-ría que solo se revela a unos pocos, tendremos que tomar dos caminos. El primero será el de una búsqueda ortodoxa, física, académica y formal. En esta etapa inicial nos dedicaremos a reunir, emulando a Sherlock Holmes, todas las pesquisas que los Pobres Conmilitones de Cristo dejaron abandonadas en los rincones de la historia, tratando así de descubrir su ciencia externa: quiénes eran, qué querían, de qué manera surgieron, qué logros consiguieron y por qué acabaron siendo condenados por las mismas instituciones que antes los habían protegido.

Pero, por otro lado, como devotos peregrinos, tendremos que emprender también una búsqueda metafísica, deteniéndonos en cada uno de sus enclaves de poder para probar su maná, beber de su cáliz y descubrir el mensaje que esconden las tallas que adornan las paredes, frisos y capiteles de sus ermitas y parroquias. Un *Mutus Liber* —«libro mudo»— para los que deseen una transformación interior, es decir, griálica, así como un manual de caballería para los que anhelen alcanzar el ideal al que aspiraron los caballeros blancos y quieran vestir sus hábitos en la actualidad.

Este sendero, como cabría esperar, está lleno de contrariedades y de peligros, donde el iniciado deberá caminar lentamente, por etapas, para ir cambiando poco a poco, sin más problemas a cuestas que nosotros mismos, aceptando la posibilidad de tener que atravesar numerosos arriscamientos por infames senderos hasta consumar la transformación alquímica que va desde la imperfección hasta la exquisitez, desde el pecado hasta la salvación, y desde la oscuridad del cuerpo terrenal hasta la luz tabórica del alma angelical.

Esta segunda búsqueda completará la anterior y nos acercará aún más a la posibilidad de que, debajo de su apariencia ortodoxa, los Pobres Caballeros de Cristo y del templo de Salomón obtuvieron un conocimiento esotérico que quizás todavía siga esperando a todos aquellos que sean capaces de sacar la espada de la piedra para convertirse en reyes y reinas del Grial y en soberanos de sí mismos.

Este mapa místico, empero, está sujeto a unas reglas: *Ora, Lege, Lege, Lege, Relege, Labora et Invenies*[1].

- Reza, puesto que la aventura que vamos a emprender no será posible sin el concurso ni la ayuda de Dios.

- Lege, ya que el camino iniciático está escrito en las estrellas, en los bosques, en los ríos, en los libros sagrados de todas las religiones y en los legajos de los buscadores que nos precedieron.

- Relege; desanda el sendero y recórrelo tantas veces como quieras con unos ojos nuevos capaces de ver lo que antes permanecía oculto. Profundiza después en tu propio corazón y conságrate a la búsqueda de la verdad de una vez y para siempre.

- Y, por último, trabaja y encontrarás, puesto que, como dijo el Maestro, «todo el que busca encuentra, al que pide se le da, y al que llama se le abre» (Mateo 7, 8).

No hay nada como la experiencia personal, como el pisar directamente sobre el terreno para comprender que los caballeros del Temple supieron equilibrar ambas realidades y montarlas a lomos de un solo rocín. Esta dualidad dentro de la orden, y esta doble búsqueda, quedará patente en el sello donde aparecen dos caballeros montados en un solo corcel. Según diversas fuentes, el significado del emblema estaría señalando la extrema pobreza de los primeros nueve templarios durante su estancia en Jerusalén. Sin embargo, como todo lo que perteneció a la Hermandad Blanca, también escondería el claro mensaje de que los templarios estuvieron a caballo entre lo sagrado y lo profano, entre lo hierático y lo mundano, como la leyenda de los caballeros gemelos que describen algunos cantares de gesta, en la que el primero representa el bien y la luz, mientras que el segundo simboliza la oscuridad y el pecado.

Será precisamente para vencer los horrores de la noche, tanto interior como exterior, que los jinetes inmaculados se habrían sometido a una segunda iniciación, propia de las religiones mistéricas, la cual posiblemente estuvo más en consonancia con el mensaje original de Jesús de Nazaret que tanto miedo dio, y sigue dando, a los viejos y nuevos miembros de la Santa Inquisición.

Al abrigo de la búsqueda de los templarios veremos como el espíritu se templa —valga la redundancia— del frío académico que en ocasiones acompaña al estudio de los hechos del pasado, aportando corazón y alma a unos paladines cuya pasión fue capaz de traspasar las fronteras del tiempo para meterse de lleno en los corazones de los buscadores de los siglos venideros.

En esta etapa final nos daremos cuenta de que la vida de aquellos monjes-guerreros no era en absoluto disoluta o desahogada, sino que más bien estuvo sujeta a cientos de privaciones y precariedades[2], las cuales fueron capaces de soportar únicamente por amor a Cristo y a su Iglesia, quien, sin embargo, se atrevió a negarlos tres veces, como hizo san Pedro con Jesús. Con todo, cuando sus detractores los enterraron, no sabían que eran semillas y que crecieron dando mucho fruto.

Como arquetipo, el Temple procura que el alma se mueva en la dirección correcta, mientras no pensemos, como Felipe el Hermoso, que sus tesoros son físicos y que podremos encontrarlos en el interior de otra cueva que no sea nuestro propio corazón.

Para hallar el auténtico legado de los templarios de la Mesa Redonda tendremos que velar nuestras armas una noche de luna llena, al abrigo de alguna de sus encomiendas, donde todavía, si cerramos los ojos, podremos escuchar el sonido de los cascos de sus caballos pugnando por traspasar los abismos del tiempo para llegar a nuestros oídos. De esa manera, tal vez al amanecer, nos hayamos convertido en Perceval, en Bors o en Galahad, y estemos dispuestos a entregar nuestra vida para servir a una causa mayor. De lo contrario correremos el riesgo de que nuestra búsqueda nos lleve a otros griales que, en lugar de concedernos la vida eterna, nos priven de ella. O de que el grial nos maldiga y acabemos buscándolo eternamente sin hallarlo jamás.

Cuando el ser humano muere y renace, precisa unos nuevos hábitos, blancos en este caso —símbolo universal de la pureza—, con los que emprender el camino a Munsalwäsche —el monte de la Salvación—, donde el grial aguarda a ser encontrado por aquellos que ya no lo necesitan. Y es que el secreto de la gracia divina es que requiere de un recipiente adecuado para contenerla, de ahí que el arca de la alianza, para poder recoger las tablas de la ley, tuviera que forrarse de oro; que el arcángel Gabriel escogiera a una joven y virtuosa virgen para anunciarle que concebiría al Hijo de Dios, y que el vaso de madera o arcilla de la última cena debiera revestirse de un material *kosher*[3] para poder oficiar la ceremonia sagrada.

Yo, claro está, no conozco toda la verdad. Pero, si la conociera, creo que tampoco la mostraría explícitamente en este libro, pues de esa manera estaría traicionando el legado por el que tantos hombres y mujeres notables dieron su vida con el correr de los siglos. Por tanto, respetando el secretismo propio de los Pobres Caballeros de Cristo, he decidido esconder lo que sé en cada línea y en cada capítulo de esta obra para que únicamente aquellos que hayan adiestrado su espíritu y sosegado su alma puedan acceder al castillo del Rey Pescador y beber de esa simbólica copa que otorga la inmortalidad. Nuestra búsqueda comienza en la siguiente página, hay que estar listos…

Jacques de Molay, gran maestre de los templarios, yendo a la muerte, 1806. Óleo sobre madera pintado por Fleury François Richard, obra expuesta en el Museo de Bellas Artes de Lyon en 2014. [François de Dijon]

ÉRASE UNA VEZ

¡Pagarás por la sangre de los inocentes, Philippe, rey blasfemo! ¡Y tú, Clemente, traidor de tu Iglesia! Dios vengará nuestra muerte y ambos compareceréis antes de un año frente al tribunal de Dios.

JACQUES DE MOLAY
18 de marzo de 1314

Una lágrima corrió por su mejilla y desapareció entre su hirsuta barba. Jacques de Molay, último gran maestre del Temple, con algo más de setenta años, permanecía inmóvil en su celda de la Torre del Temple de París. Los cabellos, antes bien rapados, ahora se pegaban a su rostro cubierto de sudor y tizne. El hedor por la suciedad de su cuerpo se confundía con la pestilencia que desprendían las paredes y el suelo de la estancia donde se encontraba quien otrora fuera uno de los grandes defensores de Jerusalén. Con todo, y a pesar de llevar siete años en prisión, el anciano seguía envuelto en un aura de solemne majestuosidad. Su prestancia y su gracia lo seguían acompañando incluso en aquel zulo maloliente. Sin embargo, mucho más impactante que su apariencia exterior era la fuerza interior que desprendía a través de unos ojos profundos y oscuros. La mirada de quien había visto el santo grial y se había sentado a la mesa del Rey Pescador en el castillo de Munsalwäsche. Incluso en tan lastimoso estado, no cabía duda de que aquel era un hombre profundamente espiritual. Un auténtico caballero cristiano.

De rodillas, en medio de aquel cuartucho putrefacto, el freire agachó la cabeza y pegó la barbilla al pecho en íntima oración. A lo lejos, si prestaba atención, podía escuchar las gotas de lluvia cayendo sobre las calles de la ciudad. Esa misma mañana sus captores lo condujeron, junto con Godofredo de Charnay, comendador de Normandía; Godofredo de Goneville, comendador de Aquitania-Poitou, y Hugo de Peraud, visitador de Francia, a un esperpéntico tribunal colocado justo enfrente de la catedral de Notre Dame. Tras ellos, en el tímpano de la puerta central —conocida como del Juicio Final—, se hallaba un relieve de san Miguel arcángel pesando las almas de los difuntos, exactamente la misma función que realizaba el dios egipcio Anubis bajo la atenta mirada de Osiris, que en este caso había sido sustituido por Jesús de Nazaret.

De Molay levantó la cabeza, miró la escena y sonrió para sus adentros. Tantas pistas a la vista de todo el mundo y sin embargo nadie era capaz de reparar en ellas.

Con voz solemne y cavernosa, Philippe de Marigny, arzobispo de Sens, acompañado por el obispo de Albano, un par de cardenales y otros tantos doctores de la Iglesia, comenzó a leer uno por uno los delitos que se les imputaban y por los que serían condenados a cadena perpetua. No obstante, el gran maestre y el comendador de Normandía, negándose a aceptar esta sentencia, dieron un paso al frente y, antes de que el arzobispo de Sens acabase su diatriba, declararon ante la muchedumbre su inocencia, así como el sacrilegio cometido contra ellos tanto por el soberano francés como por el santo padre de Roma, lo que no sirvió sino para exacerbar aún más los ánimos de una población que todavía, y a pesar de la campaña de desprestigio que Felipe el Hermoso había realizado en su contra, seguían viendo en los cruzados de Cristo el ideal de gallardía y fuerza que durante al menos dos siglos había servido a Europa en su lucha contra el enemigo musulmán.

Alentados por las palabras de los templarios, los ciudadanos de París comenzaron a vociferar contra los clérigos y funcionarios de la Corona, exigiendo la puesta en libertad de sus héroes, por lo que los condenados, ante el temor de una posible revuelta, fueron puestos en manos del preboste de París y conducidos rápidamente de nuevo a las mazmorras de la torre. Tan pronto como el rey tuvo conocimiento de estos hechos, ignorando el derecho canónigo, ordenó de *motu proprio* que Jacques de Molay y Godofredo de Charnay fuesen entregados a las llamas inmediatamente en la isla de los Judíos, una pequeña extensión de tierra situada entre el jardín real y la iglesia de los hermanos de Saint Germain des Pres.

De nuevo en su celda, entre susurros, el heredero de Hugo de Payns comenzó a recitar el salmo 115, que servía como lema de la cofradía: «Non nobis, Domine. Non nobis, sed Nomini tua da gloriam»[4]. En la cámara contigua, el llanto de Charnay, su hermano no solo en la orden, sino también en el suplicio, acabó por sumirlo aún más en la desesperación. Echando la cabeza atrás, de Molay tomó aire y miró al techo como si pudiera ver más allá de las vigas de madera, intentando llegar hasta la morada del Señor. Tal vez ya era hora de partir, se dijo a sí mismo, de dejar atrás las heridas de aquel viejo cuerpo. Sus llagas eran demasiado profundas y su dolor demasiado intenso como para engañarse creyendo que podría empezar de nuevo. Había intentado recuperar Jerusalén y no lo había conseguido. Después de la caída de Acre, en 1291, el papa Nicolás IV quiso convocar una nueva incursión en Palestina, para lo

Los cuatro líderes de la primera cruzada: Godofredo de
Bouillon, Bohemundo de Tarento, Raimond de Toulouse y
Tancredo de Galilea (1095). [Alphonse de Neuville]

cual envió al gran maestre del Temple a entrevistarse con algunos de los monarcas más influyentes de la cristiandad. Sin embargo, el resultado no fue el esperado, por lo que en 1299 Jacques de Molay y sus caballeros decidieron entrar por su cuenta y riesgo en el país de Jesús.

En la que será conocida como «la cruzada de los templarios», los jinetes blancos consiguieron derrotar a Malej Nacer, sultán de Egipto, y tomar al asalto tanto Jerusalén como la isla de Arwad. Empero, a pesar de su pronta victoria, los mamelucos no tardaron en recuperar todos sus territorios, enviando a los extranjeros de nuevo a Francia con el rabo entre las piernas.

De Molay volvió a suspirar. Los sueños, cuando no se cumplen, se esfuman al amanecer, y tenemos que renunciar a ellos para que otros los sigan soñando. Pero Felipe era un rey indigno y cruel. Alguien así jamás podría recuperar los santos lugares. Únicamente un caballero perfecto, como fue Godofredo de Bouillon, podría conseguir la hazaña de unir de nuevo a la cristiandad y lograr una victoria semejante a la de 1099. Durante la primera cruzada, Godofredo fue el primero en entrar en la ciudad de David. Sin embargo, no consintió llevar una corona de oro donde Jesús había llevado una de espinas, por lo que pidió ser nombrado *Sancti Sepulchri Advocatus* —defensor del Santo Sepulcro—, título que honraría hasta su muerte…, tan solo un año más tarde.

Godofredo, descendiente de Lohengrin —el Caballero del Cisne—, encarnaba el ideal del guerrero perfecto y personificaba unos valores y una moral que Felipe IV no había conocido en su vida. El vástago de la dinastía de los Capeto, acuciado por las numerosas deudas que había contraído, vio en el tesoro del Temple una balsa con la que salvarse de la ruina. La séptima cruzada, en la que su abuelo san Luis[5] había sido capturado por los mamelucos; la derrota de su padre, Felipe el Audaz, en el conflicto contra Pedro III de Aragón; los costes de la guerra con Inglaterra de 1295; la rebelión del conde de Flandes, Guido de Dampierre, seguida de la sublevación de la ciudad de Brujas y de la desastrosa derrota del ejército franco en la batalla de Courtrai, dejaron las arcas del reino galo totalmente vacías[6].

Para librarse de la bancarrota, el monarca se dedicó en varias ocasiones a reacuñar la libra francesa, restándole la mayor parte del metal noble a la moneda hasta que su valor cayó empicado. Durante el reinado de su abuelo, la libra tornesa contaba con un 96 % de plata. Sin embargo, en 1303 ya iba por un 66 %.

Tras la victoria de su ejército en Mons-en-Pévèle, y el posterior tratado de paz con Eduardo I de Inglaterra, Le Bel —el Hermoso— intentó volver a tasarla al alza sin contar con que aquello supondría un incremento exponencial en el precio de los alquileres y de los préstamos que los parisinos habían contraído con sus acreedores, a quienes ahora tendrían que pagar con plata a pesar de haber recibido monedas de cobre. La revuelta no se hizo esperar y los Pobres Conmilitones tuvieron que rescatar al rey y a su familia de la ira del pueblo, poniéndolos a salvo en la Torre del Temple de París; algo que a la postre resultará fatal, puesto que por primera vez el monarca galo se dio cuenta de la enorme fortuna que los templarios poseían justo enfrente de sus narices.

Tras sofocar la revuelta con el ahorcamiento de decenas de manifestantes, Felipe intentó algunas maniobras para hacerse con los tesoros de los caballeros blancos sin tener que mancharse las manos con su sangre[7]. Los deseos de absolutismo de Felipe IV necesitaban un tesoro al menos igual de grande que su ego, por lo que no dudó en buscar a alguien que pudiera ponerle al tanto de los más oscuros secretos del Temple[8]. Esquieu de Floyran era un bandido de poca monta que solía jactarse en los antros de París de haber sido confidente de un jinete blanco durante su estancia en Tolosa, lo que llegó a oídos del rey, que no tardó en pedirle que le informara de los pecados más horribles de los monjes-soldados. Auspiciado por las confidencias de un delincuente sin escrúpulos, Guillermo de Nogaret, la mano derecha de Felipe y su fiel consejero, redactará una carta con una acusación estándar contra el Temple que enviará al papa Clemente V imputando a la orden de escupir y pisotear la cruz, omitir las palabras de consagración del vino y el pan durante la misa, así como de adorar a un extraño ídolo llamado Baphomet.

Durante casi dos años, Felipe se dedicó a conspirar contra los templarios, comenzando una difamación que acabó con el arresto de Jacques de Molay junto con todo su séquito nada más salir del funeral de la emperatriz Caterina de Courtenay en la basílica de Saint Denis. Durante la víspera de su detención, el rey había agasajado impúdicamente al gran maestre para que lo acompañara a las exequias de la esposa de Carlos I de Valois dejando en evidencia la hipocresía e indigencia moral del monarca.

Siguiendo el ejemplo del príncipe de Gales, que asaltó la Casa del Temple de Londres en julio de ese mismo año para apropiarse de al menos 50.000 libras esterlinas, el 13 de octubre los barones del rey cercarán la Torre del Temple de París y ordenarán a los *miles Christi* que bajen sus armas y las dejen en el suelo. Como la regla de la orden imposibilitaba levantar la espada contra otros cristianos, pensando además que se trataba de un error, los templarios que permanecían de guardia cedieron a las indicaciones de Nogaret, quien entrará en el interior de la Casa del Temple esperando encontrar en ella grandes tesoros. No obstante, el tiro le salió por la culata, puesto que la noche anterior el preceptor de Francia Gérard de Villiers huyó de la capital del Sena con cuarenta caballos y casi una veintena de carretas llenas hasta los topes con todo lo que pudo cargar. Algunos cronistas afirman que, con la salida del sol del día siguiente, un extraño barco de velas blancas zarpó del puerto de La Rochelle llevando a bordo una carga desconocida, desapareciendo para siempre en alta mar. La Rochelle era el astillero desde donde los navíos del Temple solían partir cargados de vino y otros bienes comerciales originarios de la antigua región de Poitou y Champaña para dirigirse sobre todo a Inglaterra y Escocia.

A tenor de lo anterior podemos suponer que, de alguna manera, el gran maestre debió de tener conocimiento de los planes de Felipe IV, por lo que pudo poner a salvo la mayor parte de la fortuna que la orden custodiaba en la torre de la capital del Sena, no así en otros lugares. Sabemos que, meses antes, Guillermo de París, gran inquisidor de Francia, se había dedicado a enviar cartas a todos los inquisidores provinciales para que exactamente el 13 de octubre, y no antes, actuasen de manera conjunta contra los templarios, por lo que lo más probable es que Jacques de Molay interceptase alguna de esas misivas y sin embargo se sacrificase y se dejase capturar.

Excepto en Francia, los templarios fueron declarados inocentes en los juicios que se llevaron a cabo por toda Europa. Con todo, tampoco es que los gobernantes occidentales se sumaran a semejante felonía. Sabemos que los reyes de Aragón, Portugal, Inglaterra y Escocia ignoraron todas las acusaciones contra los Pobres Caballeros de Cristo, dando refugio en sus feudos a los exiliados y permitiendo además que entraran en otras cofradías, algunas fundadas a tal efecto solo para ellos.

Una prueba de que Felipe finalmente se salió con la suya, y de que confiscó al menos una parte de las riquezas del Temple, la tenemos en el hecho de que, inmediatamente después del edicto contra los caballeros blancos, la libra francesa volvió a acuñarse al alza, esta vez con toda la plata que anteriormente se le había ido restando.

Con al menos ciento treinta y ocho templarios en prisión, el inquisidor general Guillermo de París, supuestamente en representación del papa, se dedicó a supervisar todas y cada una de las detenciones, poniéndose rápidamente manos a la obra para sacar de los hermanos cruzados las confesiones de culpabilidad que su majestad tanto ansiaba, entre ellas, una segunda iniciación en la que al postulante se le hacía renegar de Jesús y escupir sobre la cruz, adorar un viejo ídolo embalsamado, así como cohabitar carnalmente los unos con los otros.

Y lo cierto es que no tardó mucho en conseguirlo. Un par de semanas más tarde, después de que treinta y seis templarios murieran a causa de las terribles torturas infligidas por el Santo Oficio, Jacques de Molay, para evitar una matanza aún mayor, confesó todo lo que sus torturadores quisieron, escribiendo además una epístola de exhortación a sus subordinados para que hicieran exactamente lo mismo[9].

Aimery de Villiers-le-Duc, uno de los templarios detenidos, aseguró que, cuando vio pasar una carreta con los cuerpos mutilados de sus hermanos, habría confesado haber asesinado al mismísimo Dios si así se lo hubieran pedido.

Arrepentido en lo más profundo de su corazón, el 27 de diciembre de 1307, De Molay redactará una nueva misiva al santo padre retractándose de sus confesiones, las cuales, aseguraba, habían sido obtenidas bajo tortura. Hasta en seis ocasiones más, el gran maestre será puesto delante del tribunal inquisitorial. En una de ellas, harto de tanta hipocresía, se despojó de sus vestiduras y enseñó a los presentes las profundas heridas de sus brazos. Luego añadió: «Así es como se nos ha hecho decir lo que ellos querían».

BIENAVENTURADOS LOS QUE TIENEN HAMBRE Y SED DE JUSTICIA

De Molay se postró en el suelo de su celda y extendió los brazos a ambos lados como en el día de su consagración. Luego, en un último intento de desahogar su alma, suspiró larga y pausadamente. Si de algo era culpable era de no haber imaginado que la ambición de Felipe podría llegar tan lejos y de que el papa no se iba a dignar a mover un dedo por ellos.

Al cerrar los ojos podía verse a sí mismo, con apenas veinte años, en la capilla de Beaune, jurando lealtad a sus hermanos en Cristo. Desde pequeño soñó con dedicar su vida a proteger a los peregrinos que arribaban a Tierra Santa, así como a defender el legado cristiano en los enclaves donde Jesús nació, vivió, murió y resucitó, arrebatándoselos de las manos a los musulmanes.

A diferencia de los nobles sin tierra que llegaban a Jerusalén buscando hacerse un nombre, De Molay nunca tuvo interés en la gloria personal. Cuando los templarios pronunciaban el juramento de fidelidad, realizaban los tres votos, recibían la bofetada y entraban en la orden, dejaban de ser hombres normales y corrientes y pasaban a convertirse en el ejército personal del Señor, una especie de ángeles toscos y apenas cultivados que no dudarían en dar la vida por sus deudos, luchando además hasta derramar la última gota de su sangre en pos de defender el testamento del hijo de un pobre carpintero nacido en Belén que llegó a convertirse, quizás por sus propios méritos, en el vástago de Dios.

Echado en el suelo, el anciano cerró los ojos y comenzó a recitar el padrenuestro. La oración que Jesús solía rezar y que él gustaba de repetir al menos cien veces al día en una práctica espiritual autoimpuesta desde hacía cuarenta años.

—*Pater Noster, qui es in caelis* —musitó para sus adentros—. Padre nuestro que estás en… Jerusalén —se corrigió a sí mismo—.

»*Sanctificetur Nomen Tuum.* Santificados sean todos tus nombres, esos por los que yo he dado la vida y he defendido no solo con mis palabras, sino también con mis actos. Santificados sean también los labios que los pronuncian con dulzura y los corazones que anhelan tu presencia.

»*Adveniat Regnum Tuum.* Enséñanos a luchar por tu reino aquí en la Tierra para que podamos ser dignos de merecer la morada que nos tienes preparada en el cielo.

»*Fiat voluntas Tuas, sicut in caelo et in terra.* Hágase siempre tu voluntad… aunque a veces yo no la comprenda.

»*Panen nostrum cotidianum da nobis hodie.* Enséñanos a compartir el pan de cada día con nuestros hermanos, a beber de un mismo cuenco y comer de una misma escudilla.

»*Et dimitte nobis debita nostra, sicut et nos dimittimus debitoribus nostris.* Perdona nuestras ofensas y enséñanos a perdonar a los que nos ofenden. Y perdóname por estar pidiéndote perdón cuando sé que tu amor es tan grande que eres capaz de perdonarme incluso antes de que yo haya pecado.

»*Et ne nos inducas in tentationem.* Y no nos dejes caer en la tentación de la duda y del miedo ahora que nuestro fin se encuentra tan cercano.

»*Sed libera nos a Malo.* Mas líbranos del mal de creer que sabemos lo que Tú quieres. Porque Tuyo es el Reino de Jerusalén, tuyo el poder en los cielos y en la tierra, y tuya la gloria por los siglos de los siglos. Amén.

De repente, el último gran maestre del Temple creyó escuchar la risa de un niño tras los muros de su celda. Sobresaltado, se incorporó, gateó hasta la puerta y pegó la oreja a los maderos enmohecidos. Tal vez se tratase del ángel de la muerte, que venía a reclamar su alma antes de que Felipe mutilase definitivamente su cuerpo.

El anciano apoyó la frente contra el portón y de sus ojos comenzaron a brotar todas las lágrimas que había estado tragándose durante siete años. Por un segundo, la imagen del *Templum Domini* se paseó por su mente y entre suspiros alcanzó a exhalar el nombre de la Ciudad Santa, Jerusalén. ¡Cuántas veces había escuchado el canto de la alondra sentado en las inmediaciones de la piscina de Bethesda! ¡Cuántas veces sus ojos habían visto el muro donde los judíos lloraban y la iglesia de la Anástasis donde estaba la tumba en la que pusieron el cuerpo sin vida del hijo de Dios!

¡Cuántas veces había besado la piedra que guardaba las huellas del Nazareno en la capilla de la Ascensión y cuántas veces se había parado a rezar en el monte de los Olivos!

En su ensoñación creyó distinguir el sonido de los cascos de cientos de caballos trotando al galope. Caballos con armadura llevando a dos jinetes por montura con cruces rojas tatuadas en un manto inmaculado. Tal vez no era un sueño. Tal vez pronto asomaran en lontananza con destellos de plata y oro para romper la tranquilidad de París y sacar a su gran maestre de prisión. Pero no eran los cascos de sus caballeros lo que De Molay estaba escuchando, sino el tintineo de las llaves del carcelero que se acercaba lentamente a su cámara.

Detrás del chirrido de las bisagras apareció la figura de un hombre alto, grueso y malhumorado que sin mediar palabra cogió al freire de un brazo y lo condujo a través de las mazmorras hasta la salida. La luna, para no tener que ver lo que estaba pasando, decidió esconderse entre las nubes. En unos minutos, otros dos alguaciles más arrastraron también a Godofredo de Charnay hasta la puerta trasera de la torre, los subieron a ambos a un carro tirado por dos jamelgos y los condujeron hasta el preboste de París, que los esperaba a los pies de dos piras en la isla de los Judíos.

Durante los escasos kilómetros que separan la Casa del Temple de la parte delantera de Notre Dame, De Molay y Charnay cruzaron sus miradas. Sus ojos habían contemplado la copa que contuvo la sangre de Cristo; sus labios habían besado el santo sudario que le sirvió de mortaja; sus manos habían sostenido la lanza que le atravesó el costado, y sus piernas se habían arrodillado ante la vera cruz. En unos minutos también verían la isla de Ávalon aparecer entre las brumas del más allá. Y en un otero sobre ella, la tumba del rey Arturo. En unos instantes distinguirían a la Dama del Lago portando una bandeja de plata con una corona de oro y otra de espinas. Solo un segundo más y se reunirían con sus hermanos caídos, con los héroes de Acre y de Hattin.

Detalle de una miniatura de la quema del Gran Maestre de los Templarios y otro Templario. De las *Chroniques de France ou de St Denis*. [The British Library]

El historiador Geoffrey de París asegura que, cuando De Molay vio las piras preparadas, se quitó la ropa y se quedó vestido únicamente con su camisa. Teniendo que soportar los zarandeos y empujones de los sicarios de la Corona, se abrió camino sin vacilar hacia los leños y, cuando llegó, acertó a pedirles a los guardias que no le atasen las manos a la espalda, sino juntas en oración. Cuando los dos caballeros estuvieron bien amarrados, el preboste se aproximó a ellos y les recordó que, si confesaban sus pecados y pedían perdón, podrían salvar la vida. No obstante, el vigésimo tercer maestre del Temple ignoró al funcionario y emplazó a sus acusadores al juicio de Dios. Luego volvió los ojos al preboste y pronunció en latín algo que el esbirro de Felipe no pudo comprender. ¡*Deus Vult*! [10].

Placa conmemorativa en honor a Jacques de Molay,
situada en la isla de los Judíos, París.

Sin más dilación, la antorcha se acercó a los maderos untados con aceite y los prendió. Al cabo de unos minutos, los gritos de dolor y de espanto de las víctimas fueron cesando a la vez que los curiosos que se arremolinaban para ver el tétrico espectáculo regresaban a sus casas sin saber qué pensar. Las llamas subieron hasta el cielo y las nubes se abrieron para recibir las almas de los últimos caballeros de Cristo y del templo de Salomón. Jacques de Molay y Godofredo de Charnay exhalaron su último aliento el 18 de marzo de 1314 siendo inocentes. Sus verdugos, tanto el papa como el rey de Francia, lo harían antes de un año. Esquieu de Floyran, el bandido que había endulzado la oreja de Felipe con mentiras contra los templarios, sería encontrado meses más tarde cosido a puñaladas. El Temple había muerto, su leyenda acababa de comenzar[11].

EL ENEMIGO A LAS PUERTAS

Combatid contra aquellos que no crean en Allah, ni en el último día, y no prohíban lo que Allah y su mensajero han prohibido. Combatid a los que no sigan la verdadera práctica de adoración hasta que paguen un impuesto con sumisión y acepten estar por debajo de nosotros.

CORÁN 9, 29

A mediados del siglo VII d. C. una nueva religión sacudirá los cimientos de Occidente, el islam. Mahoma, antiguo pastor de ovejas y mercader de caravanas de La Meca, acabará por convertirse en el profeta más destacado de su tiempo, aunando en un nuevo credo a la mayor parte de tribus que se repartieron por la península arábiga.

Movido por sus éxtasis extáticos, el Mensajero de Allah compilará el Corán —el libro sagrado de la religión del desierto— y ordenará la expansión de su cosmovisión por todos los confines de la tierra, para lo cual enviará emisarios a Heraclio, emperador romano de Oriente; a Cosroes II, rey de Persia; al gobernador de Alejandría, así como al negus etíope, quien curiosamente se había convertido en su valedor tiempo atrás.

El hijo de Abdullah Ibn Abdul Muttalib y de Amina bint Wahb, señor de Medina y de La Meca, en adelante conocido como Rasulullah[12], se atreverá a exhortar a los más altos dignatarios de la época a que acepten el islam de buen grado o por la fuerza. Con todo, la península ibérica tampoco quedará exenta de la ambición del último de los profetas descendientes del tronco de Ismael. Una antigua tradición, relatada por el granadino Abdel Malik Ibn Habib —cronista además de la conquista musulmana de Hispania—, asegura que Mahoma vaticinó:

Después de mí será conquistada una isla de Occidente llamada Al-Ándalus. Los que vivan en ella serán felices y los muertos serán mártires. Cada día, los musulmanes tendrán que luchar contra el enemigo, pero al final acabarán conquistándola. Delante de ella hay un mar que causa la muerte y detrás se encuentran innumerables adversarios en sus propios países.

El 8 de junio del 632, los ojos del Mensajero de Allah se cerraron para siempre, lo que sin embargo no detuvo las violentas campañas de conquista de sus seguidores por todo el mundo. El primer califa, Abu Bakr As-Siddiq, suegro y mejor amigo de Mahoma, se dedicará a afianzar la hegemonía del islam sobre todo en Arabia. El rápido ascenso de la nueva religión propició que otros tantos aspirantes a profetas miraran con envidia las riquezas y el poder que el mecano había acumulado durante los últimos años de su vida, por lo que, nada más exhalar su último aliento, otros cuatro candidatos a ocupar su cargo se levantarán desde diferentes partes del país: Aswad Ansi en Yemen; Musaylimah en Yamamah, a quien más tarde se unirá su mujer, la también profetisa Sajah; además de Tulayha, conocido como el jeque rico, originario de la localidad de Bukaza.

Al alzamiento de estos supuestos iluminados se sumó la negativa de las comunidades cristianas y judías a pagar la *yiziah* —el impuesto que las Gentes del Libro debían sufragar para asegurar su protección—, así como la apostasía de algunas de las tribus árabes que anteriormente se habían visto obligadas a aceptar el islam mediante chantajes y amenazas.

Firmemente resuelto a dar su merecido a los rebeldes, Abu Bakr llamará a la yihad convocando a todos los fieles a luchar por el islam, lo que desembocará en las conocidas como guerras Ridda, las cuales finalizaron con la matanza de más de siete mil sediciosos en las inmediaciones de Yamamah.

Tras la muerte de Abu Bakr, el califato recaerá en Umar Ibn Al-Jattab, quien pondrá todo su empeño en conquistar Persia, Bizancio y Egipto, cuyos gobernantes se habían atrevido a rechazar la religión verdadera cuando el mismísimo profeta se dirigió a ellos con misivas llamándolos al islam. Bajo su gobierno, los musulmanes conquistarán Siria en el año 636, infligiendo a Bizancio tal derrota que Heraclio nada pudo hacer cuando las tropas mahometanas se dirigieron a Jerusalén. Las guerras romano-sansánidas, que se extendieron desde el siglo III al VII d. C., agotaron las fuerzas y los recursos de ambos países, algo que los herederos de Mahoma aprovecharon para desplegar su ofensiva.

En febrero del año 638, Umar Ibn Al-Jattab entrará en Jerusalén sin demasiadas dificultades. El patriarca griego, en un intento por salvar la vida de los jerosolimitanos, salió a su encuentro, se arrodilló ante él y le suplicó que no se atreviera a utilizar la violencia en la que hasta ese momento se consideraba la ciudad de la paz. El segundo califa, movido en lo más íntimo de su corazón por las palabras del religioso, descendió de su camello, tomó las manos del patriarca entre las suyas y le prometió que sus hombres respetarían la vida y los bienes de los habitantes de Jerusalén. Acto seguido, fue él quien le rogó al prelado que le mostrase el lugar donde estuvo el templo de Salomón y la colina donde Cristo fue crucificado.

Al llegar a la iglesia del Santo Sepulcro, según algunas fuentes, los compañeros de Umar le avisaron de que la hora de la oración estaba cercana, por lo que el califa le preguntó a su contertulio dónde podía extender su alfombra para cumplir con el segundo de los cinco pilares del islam. El pontífice le sugirió entonces que rezara allí mismo. No obstante, Umar meneó la cabeza y dijo: «Si rezara aquí, los musulmanes de otras generaciones querrían apropiarse de este lugar precisamente porque yo recé aquí».

El Príncipe de los Creyentes, en un gesto que le honraría para siempre, se alejó algunos metros de la iglesia de la Anástasis y se dirigió al monte Moriah, donde extendió su alfombra sobre la piedra en la que Mahoma dijo haber subido al séptimo cielo. Será precisamente por haber cambiado su lugar de oración que años más tarde el califa Abdl Malik levantará el Domo de la Roca —también conocido como la mezquita de Umar—, en ese mismo lugar para honrar tanto la memoria del segundo califa como la epopeya del viaje nocturno del profeta árabe.

Cumplido el sueño de conquistar Jerusalén, Umar descendió a Egipto, donde sin embargo no tuvo ningún reparo en quemar la Biblioteca de Alejandría, cuna del saber de los pueblos y civilizaciones del pasado. Ante las quejas de sus generales, el caudillo sentenció: «Si lo que dicen todos esos libros está escrito en el Corán, ya lo sé. Y si no lo está, entonces no lo necesito».

En el año 642, las tropas califales se volverán contra el Imperio sansánida, a cuyos ejércitos derrotaron en la batalla de Nihavand, haciendo que Yazdgerd III huyera y se refugiara en la India. Con Siria, Persia, Egipto y Mesopotamia en poder de los hijos de Arabia, llegó el turno de poner sus miras en el Magreb, último puerto para alcanzar la península ibérica y cumplir así con los últimos deseos de Rasulullah.

Ceremonia del fuego sagrado vista desde la cúpula de la iglesia del Santo Sepulcro 1941. [Library of Congress]

Las campañas contra Tripolitania, Libia y Cirenaica no resultaron ser tan costosas como las de Persia y Asia Menor, por lo que en el año 670 el general árabe Uqba Ibn Nafi fundó la ciudad de Qairuán, en la actual Túnez, desde donde prosiguió una cómoda conquista del norte de África. Según la leyenda árabe, uno de sus soldados se tropezó en el desierto con una copa de oro que se encontraba semienterrada en la arena. Curiosamente, los ulemas identificaron el grial —quiero decir la copa— como uno de los vasos que habían desaparecido de La Meca años atrás, los cuales solían usarse para recoger agua de la bendita fuente Zam-Zam a la vera de la Kaaba. El hallazgo se consideró un milagro y el lugar acabó convirtiéndose en un centro de peregrinación; más tarde, en un asentamiento, y luego, en Qairuán, que desde aquel momento pasará a convertirse en la cuarta ciudad sagrada de la religión del desierto después de La Meca, Medina y Jerusalén.

El califa de la dinastía omeya Al-Walid I, en el año 711, ordenó al general Musa Ibn Nusayr una primera incursión en Hispania, la cual sería encabezada por su lugarteniente, Tariq Ibn Ziyad. Con los albores de la primavera, Tariq desembarcó en la bahía de Algeciras con más de siete mil bereberes, asentándose en el peñón que después llevaría su nombre, Gibraltar —Jebel al Tariq—. Como ya sucedió con Persia y Siria, las tropas musulmanas aprovecharon la debilidad del reino hispano-visigodo para salirse con la suya.

Durante el reinado de Ervigio y Witiza, la península ibérica había perdido más de un tercio de su población debido a las sucesivas hambrunas y epidemias que vinieron sacudiendo el sur de Europa décadas atrás. Cuando los hombres de Tariq llegaron a Gibraltar, el reino se encontraba dividido por la sucesión al trono de Witiza entre don Rodrigo —apoyado por una gran parte de la aristocracia del sur— y Agila II, que gobernaba el nordeste de Hispania sustentado por los nobles de la Septimania, región occidental de la antigua provincia romana conocida como la Galia Narbonense.

Puesto al tanto por el conde don Julián —gobernador visigodo de Ceuta— de que don Rodrigo y sus hombres se encontraban peleando en el norte de la península por recuperar Pamplona, Tariq fue afianzando sus conquistas y haciéndose cada vez más fuerte en los territorios del sur, de manera que, cuando don Rodrigo se enteró de lo sucedido, las tropas musulmanas ya estaban reciamente asentadas e incluso acababan de acoger un refuerzo de al menos otros cinco mil hombres que esperaban la llegada de un ejército visigodo mermado, exhausto, hambriento, con traidores entre sus filas y con apenas la mitad de efectivos que sus contrincantes.

Fue así como los visigodos sufrieron su primera derrota en la batalla de Guadalete, donde el propio don Rodrigo perdió la vida, lo que propició la escalada aún mayor de las tropas mahometanas en suelo hispánico. Con el viento a favor, el ejército de Tariq, apoyado ahora también por más de dieciocho mil soldados comandados por el propio Musa Ibn Nusayr, lograron conquistar Sevilla, Córdoba, Málaga, Granada, Linares y Jaén. Luego de estas victorias dividirían sus fuerzas y Musa se dirigirá al norte, sitiando Mérida y conquistando Cáceres y Toledo —capital del otrora reino godo—, mientras que Tariq se encargaría de vigilar y sofocar las posibles sublevaciones de las comarcas meridionales. Agila II, que creyó ingenuamente que los omeyas se contentarían con aquellos territorios, y que no seguirían avanzando más, morirá en combate defendiendo Zaragoza y el valle del Ebro en el año 716.

EL NUEVO CRISTO BATALLADOR

La reacción cristiana se hizo esperar, pero finalmente las victorias de don Pelayo en Covadonga y de Carlos Martell en Poitiers pondrían freno a la lujuria expansionista de los hijos del islam, colocando así la primera piedra para la cruzada española.

Marwan II, el último gobernante omeya de Damasco, sería destituido por el descendiente del profeta Mahoma, Abu al-Abbás as-Saffah, quien se proclamará primer califa de la dinastía abasí, permitiendo que el último superviviente de la estirpe anterior se estableciese en Al-Ándalus y fundase el emirato de Córdoba, que más tarde se convertiría en el califato de Occidente.

Con los musulmanes cada vez más divididos entre suníes y chiíes, esta vez será Europa quien comience a hacerse fuerte y a recuperar los territorios otrora perdidos. Don Pelayo, a quien los moros llamaban Belay el Rumi, se proclamará rey de Asturias, aunando a los pueblos de la cornisa cantábrica que anteriormente habían resistido las incursiones tanto de los romanos como de los visigodos y que ahora estaban haciendo lo propio con los seguidores del profeta árabe. En sus filas se fueron integrando los supervivientes que subían del sur, de los territorios ocupados, sembrando así la semilla de lo que se convertirá en la inminente reconquista de Hispania.

Las crónicas de los historiadores árabes, entre los que destaca Al Maqqari, aseguran que don Pelayo fue hecho prisionero por el gobernador Munuza y enviado a Córdoba para garantizar el pago de los impuestos y la paz en la comarca de los astures. Sin embargo, el rebelde pudo escaparse y encontrar refugio en Picos de Europa, desde donde se hizo fuerte junto con otros forajidos, asumiendo el poder completamente en el año 721.

Para desmantelar aquella horda de «asnos salvajes», las autoridades islámicas enviaron un pequeño ejército que se cebaría con ellos hasta que no quedaron más que treinta hombres y diez mujeres. Con todo, la resistencia de los cristianos, que únicamente se alimentaban de la miel silvestre que encontraban en las hendiduras de las piedras, no menguaba, mientras que la precariedad del terreno, unida a las inclemencias del tiempo, empezó a hacer mella en las tropas sarracenas, que no estaban acostumbradas a sobrevivir entre el frío y la nieve.

El estado de los islamistas comenzó a ser nefasto, lo que propició su derrota en Covadonga el 28 de mayo del 722; aunque las fuentes árabes aseguran que sus hombres, viendo que los cristianos eran tan pocos e insignificantes, regresaron a Córdoba pensando que ningún daño podrían ocasionarles. Sea como fuere, esos «asnos salvajes», como los cataloga Al Maqqari, acabaron por recuperar su país el 2 de enero de 1492.

A la muerte de don Pelayo, la corona de los astures recayó en Favila y luego en Alfonso I el Católico, quien encabezará la expansión de su reino hasta Galicia y el valle del Duero.

A pesar de la gratuidad y beligerancia de las conquistas musulmanas, los cristianos seguirán siendo timoratos a la hora de acudir a la batalla, huérfanos como estaban de una figura religiosa que les aportara la fuerza que necesitaban para enfrentarse a sus enemigos sin sucumbir al sentimiento de culpa que desde siglos atrás se les venía inculcando para poner la otra mejilla.

Si bien los sarracenos creían que era Allah el que los alentaba al ataque contra los infieles, y que, como premio, más de setenta vírgenes estarían esperando al guerrero muyahidín en el paraíso si caía luchando por su fe; entre los cristianos resultaba difícil conciliar el ir a la guerra y matar en nombre Jesús, el Príncipe de la Paz, con ganar un lugar en el Reino de los Cielos. Durante más de siete siglos, los europeos habían escuchado las palabras del Evangelio exhortándolos a ser mansos, ya que únicamente los mansos poseerían la tierra. ¿Cómo, entonces, podían acomodar lo uno con lo otro? Será para suplir esta carencia que vendrá en rescate de la cristiandad Santiago Matamoros.

La leyenda cuenta que, siendo Ramiro I monarca de Asturias, el emirato de Córdoba, como era su costumbre, pidió el tributo de cien doncellas cristianas; cincuenta para casarlas y cincuenta para amancebarlas con cualquiera de sus hombres de armas. Como era de esperar, Ramiro no quiso someterse a dicho chantaje, por lo que las fuerzas moriscas y cristianas se encontraron en las cercanías de Clavijo, más concretamente en el Campo de la Matanza. Esa misma noche, sin embargo, Santiago el Mayor —a quien Jesucristo llamaba el Hijo del Trueno— se aparecería en sueños al rey Ramiro para anunciarle que Dios lo había nombrado patrón de las Españas, por lo que desde aquel mismo instante el apóstol no solo estaba dispuesto a animar el combate contra los infieles, sino que además los soldados podrían invocarlo si necesitaban su ayuda durante cualquier contienda.

Al día siguiente, el 23 de mayo del 844, un caballero desconocido, montado sobre un corcel blanco, con una cruz roja en el manto, guiaría a las tropas asturianas, gallegas, leonesas y castellanas hacia la victoria, motivo por el que el rey Ramiro, ya en Calahorra, instaurará el Voto de Santiago, obligando a sus súbditos a repartir los botines confiscados a los moros con el apóstol como si fuese un caballero más.

Y lo cierto es que la aparición no pudo ser más oportuna, puesto que desde aquel día en adelante los cristianos acudirán en tropel a la batalla al grito de «¡Santiago y cierra España!».

La tradición medieval sostuvo que Santiago Zebedeo, tras la muerte y resurrección de Jesús, vino en peregrinación a Sefarad —España— para evangelizar a los paganos, donde obtuvo un notable éxito, dejando a siete diáconos para que continuasen su labor antes de regresar a Tierra Santa: Cecilio, Indalecio, Tesifonte, Torcuato, Teodoro, Hesiquio y

Eufrasio. Numerosos relatos aragoneses consideran que, en un momento de debilidad del apóstol, la madre de Jesús se le apareció en Caesaraugusta para encender su ánimo, lo que será el origen de la devoción a la Virgen del Pilar de Zaragoza.

De nuevo en Jerusalén, Agripa I ordenará decapitar a Santiago en las inmediaciones de la Torre de David hacia el año 44 d. C., justamente donde hoy se yergue la catedral armenia que honra su memoria. Su cabeza, presumen los patriarcas orientales, se encuentra enterrada en la nave que se asienta a mano izquierda del altar mayor, mientras que el resto del cuerpo habría sido robado por sus discípulos y llevado a Galicia montado en una balsa —*traslatio*—. La embarcación, guiada por los vientos de Dios, tocó tierra en Padrón, donde toda una serie de prodigios pondrán en jaque a la matrona del lugar, doña Lupa.

La señora, negándose a aceptar los portentos, ordenó encerrar a los discípulos del apóstol en la cárcel, por lo que un par de ángeles tendrán que descender del cielo para convencer a la díscola mujer de que aquellos santos varones no eran magos, sino enviados de Dios, y pedirle además que les concediese un sitio adecuado para dar sepultura al cadáver del compañero de Jesús.

Doña Lupa, albergando todavía ciertas sospechas, proveerá a los hombres de una carreta en la que pondrá dos toros bravos para que tiren de ella, esperando la peor de las suertes para los judeocristianos. No obstante, cuando el cuerpo de Santiago fue depositado en el carro, los toros se volvieron mansos y caminaron junto a los discípulos hasta llegar a Castro Lupario, donde por fin dieron sepultura al santo, cuyo monumento, sin embargo, cayó en el olvido. No será hasta el año 813 cuando un ermitaño llamado Pelayo, en un lugar conocido como Solovio, en el bosque de

Libredón, impresionado por un fenómeno celeste, decida ir a visitar al obispo de Padrón, Teodomiro, quien acudirá a regañadientes al lugar, donde será testigo de cómo cientos de luminarias se dedicaban a sobrevolar un montículo oculto por la floresta.

Indagando entre la vegetación, el séquito del obispo se topó con tres sepulcros de piedra, el de Santiago apóstol y el de dos de sus discípulos, Teodoro y Atanasio. En *Breviario de los Apóstoles*, una crónica del siglo VI, el monumento recibe el nombre de Arca Marmárica.

Con el alma exultante, el obispo de Iria Flavia pondrá este hecho en conocimiento del rey Alfonso II el Casto, quien inmediatamente ordenará erigir una ermita en el enclave, que a partir de entonces será conocido con el nombre de Compostela —Campo de Estrellas— y con los años pasará a convertirse en uno de los lugares más importantes de peregrinación de toda la cristiandad junto con Roma y Jerusalén[13].

EL CAMINO ANTIGUO

En el año 1075, durante el reinado de Alfonso VI, comenzó la construcción de la catedral de Santiago, recibiendo miles de devotos cada año, los cuales, ante la imposibilidad de viajar a Tierra Santa, optaron por seguir la dirección opuesta a Palestina para acudir a honrar la memoria del Hijo del Trueno, quien además estaba haciendo las veces de paladín de la cristiandad en su batalla contra los moros. Empero, este fervor y esta tradición no serán sino el nuevo sarmiento que el catolicismo trasplante de la vieja parra de los mitos celtas oriundos del norte de Hispania. Los druidas, asomándose a las costas occidentales, quisieron enfrentarse a lo desconocido y divisaron que el mundo ultraterreno no estaba ubicado en el firmamento, ni debajo de la tierra, sino allende los mares.

Esta última frontera se situaba en la costa oeste de Irlanda, en el noroeste de Escocia —la Tierra del Alba—, cuyo rey, Manannan MacLir, actuaba como psicopompo junto con la diosa Morrigan, guiando a los héroes hasta la celebérrima isla de Ávalon, de la cual beberían el mito artúrico y las posteriores sagas del grial. Sería a esta isla adonde suponemos llegó José de Arimatea portando el cáliz de Cristo, y donde todavía, si alguien consiguiera percibirla, podría ver una ermita erigida en honor al único discípulo de Jesús que se atrevió a reclamar el cuerpo de su maestro después de la crucifixión.

Ermita de Santa María de Eunate en la vía francesa del Camino de Santiago de Compostela, Muruzabal, Navarra, España.

Pero será sobre todo en la costa gallega donde se sitúe el Finis Terrae, el final de la tierra. Allí arribará el general romano Décimo Junio Bruto, a mediados del siglo II a. C., quien quedará impresionado al divisar el sol sumergiéndose en las aguas, de donde de repente surgió una enorme llamarada, como si el astro rey se hubiera apagado detrás de los acantilados gallegos. Esto, unido al hecho de haberse encontrado además con un *Ara Solis* —un altar dedicado al sol erigido a buen seguro por los pueblos anteriores a la romanización—, acabó de convencerlo de haber encontrado el *Non Plus Ultra*. O, lo que es lo mismo, los límites del mundo.

La misma percepción que tuvieron los druidas ante el abismo que se yergue al otro lado de Muxía y Camariñas sería compartida también por el general romano, así como por las generaciones que vendrían después. Según la leyenda, Carlomagno, antes de salir de España, hincó una rodilla en Roncesvalles y, al tiempo que miraba hacia Galicia, expresó una oración de gracias al Dios que se ocultaba en lontananza. Y es que, si nos atrevemos a hacer la última etapa del Camino, y a contemplar el mar desde Costa da Morte, tendremos la sensación de que el agua se une con el cielo en un punto más allá del horizonte, por lo que no debería resultarnos extraño que nuestros ancestros creyesen que una forma de llegar al reino de los dioses era precisamente lanzarse al mar para poder acceder al firmamento.

Las peregrinaciones al lugar donde el mundo celestial se juntaba con las aguas de la tierra no cambiaron demasiado cuando el catolicismo puso sus ojos en la península ibérica y se anexionó el sendero de las ánimas. Numerosos historiadores llevan años denunciando que, si el Camino de Santiago es de origen gaélico, no pudo terminar en la tumba de un misionero judío que a buen seguro nunca pisó España, sino en Finisterre, desde donde podían divisarse las islas del Paraíso de la mitología celtíbera y donde se ubicaba la última frontera conocida hasta entonces[14].

A pesar del monopolio que la Iglesia comenzó a ejercer sobre cada tramo de la Vía Láctea que recorre el norte de España de este a oeste, el Camino de Santiago es mucho más que una ruta turística, que un sendero cultural e incluso que un vía crucis de expiación. El trayecto hasta la catedral de Compostela es un viaje extraordinario al que el caminante deberá enfrentarse solo, sin intermediarios ni compromisos, hasta llegar al final de sí mismo.

A lo largo del Camino encontraremos tres representaciones distintas del santo. La primera, según el magnífico libro de Sebastián Vázquez, *El Camino de Santiago y el Juego de la Oca* (Editatum, 2020), es la de Santiago Peregrino, que va desde Jaca a Nájera.

Símbolo de la cruz templaria tallada en la piedra a la entrada de la catedral de Tui, localidad gallega del Camino de Santiago, en España.

En este trayecto el ser humano común debe consagrarse a la búsqueda de la trascendencia y convertirse en peregrino con el fin de transmutar su propia humanidad. Cuando finalmente lo consigue, a la altura de Sangüesa, aparecerá la segunda de las representaciones, la de Santiago Matamoros, que va de Nájera a O Cebreiro.

Aquí, el vasallo habrá adquirido las virtudes necesarias para armarse caballero y su misión ahora consistirá en velar por la salvaguarda de los benditos lugares que se reparten por el Camino, así como de las almas que los transitan. Tanto Santiago como el peregrino se han convertido en templarios y deben honrar la nobleza de la orden.

Esta segunda condición se adquiere en Nájera, donde en 1040 se creó la primera orden militar de Europa, la de Terraza, cuyo distintivo era una jarra con azucenas demasiado parecida al santo grial como para que pueda tratarse de una simple casualidad, pero también en Burgos, donde descansan los restos de don Rodrigo Díaz de Vivar, el Cid Campeador.

El tercer tramo y la tercera imagen corresponden a Santiago sentado en la cátedra de maestro, el cual va de O Cebreiro hasta Compostela. Aquí, el caballero se habrá convertido en gran maestre y habrá adquirido la sabiduría necesaria para enseñar a los que vienen detrás.

Aunque la moderna mentalidad haya corrompido hasta los tuétanos el espíritu de la auténtica peregrinación, el sendero hacia Santiago sigue siendo un camino iniciático capaz de conducirnos paso a paso, día a día, noche a noche, sufrimiento a sufrimiento, hasta más allá del fin de nuestro propio mundo; hasta más allá de los refugios donde nos hemos escondido para no aceptar la realidad; hasta más allá de los fríos dogmas en que hemos encorsetado nuestra fe; hasta más allá de los símbolos vacíos que cuelgan de las iglesias;

Vista aérea del castillo Castillo de Loarre.
Provincia de Huesca. Aragón. España.

A la izquierda, tres monos sabios en el Castillo de Loarre. A la
derecha, un soldado con espada en alto al otro lado de la puerta.

hasta más allá de las leyendas vanas de hombres-dioses en las que hemos depositado nuestras esperanzas; hasta más allá de unos valores impuestos por una sociedad insociable, e incluso hasta más allá de nuestra propia humanidad.

Una vía iniciática es aquella que nos encamina al encuentro tanto con nuestro Creador como con nosotros mismos a través de unos conocimientos que deben ser expresamente requeridos por el que se desea iniciar, transmitidos oralmente por el maestro o los maestros de la vía —aunque la mayoría de las veces los hallaremos disimulados en ese Mutus Liber que son las tallas de mampostería de las ermitas que se yerguen disimuladamente a lo largo del Camino—, y que, una vez adquiridos, deben mantenerse en secreto para que todas esas perlas no sean pisoteadas por los cerdos que no se las merecen.

En el castillo de Loarre, en Huesca, en el capitel derecho de la entrada hay una representación de los tres monos sabios tapándose respectivamente los ojos, las orejas y la boca. Mientras que en el capitel izquierdo encontraremos a un soldado espada en alto amenazando de muerte a todos aquellos que se atrevan a desobedecer el consejo de los monos y revelen los secretos que aquí se guardan.

El Camino de Santiago está abierto a todos, y cada quien puede transitarlo como guste, pero las delicias del buen saber que se va revelando en cada tramo de la vía iniciática únicamente pueden ser degustadas por los herederos de quienes han aprendido a leer la simbología oculta que se acierta labrada en las pequeñas capillas de transmutación y de bautismo que se distribuyen a lo largo y ancho del Camino. A los demás, solo en parábolas, para que viendo no vean y oyendo no entiendan.

Aunque, cuando nos disponemos a iniciar el Camino,

creemos saber dónde queremos ir, curiosamente no sabemos desde dónde tenemos que partir para alcanzar esa meta. Es por eso que, aunque el camino exterior a Santiago comience en Roncesvalles, el camino interior debe empezar en nuestro propio hogar, allá donde nos encontremos, donde tendremos que recorrer la larga distancia que separa la mente del corazón —el cielo de la tierra—, para poder vislumbrar la isla de Ávalon, convirtiéndonos de esa manera en damas y caballeros que anhelan encontrar el cáliz que otorga la vida eterna. Una copa que no puede ser alcanzada porque realmente pertenece al mundo de los sueños, por lo que, para vislumbrarla, tendremos que soñarnos también a nosotros mismos.

Patrón interior de los techos de la bóveda de la Iglesia Templaria Medieval Santo Sepulcro a lo largo del Camino de Santiago. Torres del Río, Navarra.

A pesar de la ilusión de las etapas preparatorias, también debemos tener en cuenta que esa travesía interna, como una rosa, está llena de espinas, y que la sinceridad con nosotros mismos será la espada —Excalibur— que rasgue el velo de nuestra autocomplacencia y termine por revelarnos nuestra auténtica imagen en el Espejo de la Verdad.

Sacar la espada de la piedra no es fácil. La mayoría de nosotros no estamos preparados para enfrentarnos a nuestro reflejo. Como ya hemos mencionado, estas etapas iniciales que comienzan en Jaca o en Roncesvalles son muy peligrosas, puesto que a veces el peregrino que se cree valiente descubre que en realidad es un cobarde, y el que se cree humilde acierta a vislumbrar cómo el ego se le escapa por los remiendos de su túnica.

La mayoría de transeúntes con los que nos crucemos nunca llegarán a convertirse en peregrinos, puesto que no serán capaces de reconocer sus pecados en ese cristal que muestra las cosas tal cual son. Aunque vistan el sayo y se cuelguen la vieira[15], jamás comprenderán que el hábito no hace al monje. Mirarán pero no verán. Escucharán pero no oirán. Y por mucho que caminen, nunca llegarán hasta el auténtico final, puesto que ni siquiera han sabido encontrar el auténtico principio.

Únicamente sabiendo dónde estamos y quiénes somos podremos decidir hacia dónde queremos dirigirnos y qué es lo que queremos ser. Una vez que nos hayamos enfrentado a nosotros mismos, estaremos listos para echar en nuestra mochila el peso de las faltas que queremos expiar, así como lo meramente imprescindible para andar mucho y dormir poco, rezar mucho y hablar poco, sufrir mucho y quejarnos poco. Luego, al llegar a la Cruz de Ferro, en León, antes de convertirnos en maestres, nos libraremos definitivamente de ellas tirándolas como si fueran una piedra que ya no nos hace ninguna falta, puesto que los que comenzaron el sendero no serán los mismos que los que lo acabarán días más tarde.

El de Santiago es un camino que lleva desde lo material hasta lo inmaterial, por lo que primeramente, como san Francisco de Asís, tendremos que desprendernos de toda pretensión de comodidad y de todo recurso moderno que pueda hacernos el trayecto más sencillo. El Camino debe percibirse como una ruta de autoconocimiento donde la austeridad y el buen corazón serán indispensables para lograr una transformación interior. Y, desde estas dos premisas, todos los caminos se convertirán en peregrinaciones a la Tierra Santa que mora en nuestro interior. ¡Todos los caminos se hacen uno! San José y la Virgen se convirtieron en peregrinos cuando dejaron su hogar y bajaron a Egipto; años más tarde, Jesús, de tanto caminar, se transformará en el *summun* de quienes han conseguido incluso superar el rango de gran maestre; Mahoma, por su parte, también se convirtió en peregrino cuando huyó de La Meca y se refugió en Medina.

Solo abandonando lo que ya conocemos llegaremos al lugar donde aprenderemos aquello que debemos conocer. Únicamente degustando los placeres del espíritu viajaremos desde la materia hasta la esencia que reverdece los campos y que, paradójicamente, insufla vida a la materia.

«Si quieres encontrar el cadáver de Jesús, búscalo en tu propio cuerpo. Si quieres encontrar al Cristo Resucitado, búscalo en tu propia alma» (*Jesús no era cristiano*, Guante Blanco, 2018).

Numerosas personas emprenden el trayecto a la tumba del santo para cumplir una promesa o para que le sea concedido algún beneficio —*oratoris causa*—. Eso está bien, no hay nada de malo en ello, pero ese no es el camino que conduce hasta la morada del grial.

El Castillo de Alba es un castillo templario
situado en Losacino, Zamora.

Al igual que desconocemos lo que hay en aquel punto donde el cielo se junta con el mar, también desconocemos la claridad que habita en nuestro interior. Y quizás ese sea el auténtico secreto a descubrir. Por eso es necesario que, antes de llegar a Nájera, el caminante ya se haya convertido en peregrino, porque únicamente así podrá comprender el lenguaje de los pájaros y aspirar a armarse caballero de la cristiandad.

La lengua de los pájaros es aquella que Jesús reveló a sus apóstoles al enviarles su Espíritu Santo en forma de paloma.

Un idioma capaz de contener los secretos y misterios del Reino de los Cielos, pero que los seres humanos perdimos tras la construcción de la Torre de Babel.

Puede que en Santiago se halle nuestro propio cadáver, y que la catedral represente el *Martyrium* donde debemos acudir para encontrarnos con nuestros despojos y comprender de una vez por todas que nosotros no somos eso.

La imagen del mismísimo Santiago yendo en peregrinación hacia su propio sepulcro nos hace pensar que en realidad se trata de vislumbrar que la muerte no puede ser el final de algo que no tiene principio, y que el Camino de Santiago es una analogía del sendero de la vida que, en lugar de acabar en la muerte, lo hace fundiéndose con la inmensidad.

Cuando nos hayamos convertido en maestros, Finisterre será el lugar donde resucitemos, quemando los restos que queden de nuestro anterior yo y arrojándolos al agua. Solamente así trocaremos el camino físico en uno psíquico y nos habremos convertido en reyes y reinas del grial.

A simple vista podría parecer que la búsqueda del grial es capaz de mejorarnos por el simple hecho de ser un camino de perfección, pero no es así. Una vía iniciática puede hacernos más egoístas y altaneros si no hemos tenido en cuenta los pasos previos, de la misma forma que puede convertirnos en seres más afables, más tolerantes y más sabios si nos hemos rendido al ejemplo de Cristo o de Santiago y seguido sus huellas hasta el final.

Si conseguimos superar todas las pruebas, cuando nos asomemos al agua en Finisterre, el mar nos devolverá nuestro propio reflejo, lo que será prueba más que suficiente para comprender que el camino siempre ha estado en nosotros y que además nosotros somos el auténtico camino.

Como tan afortunadamente acierta a describir X. Azofra Carballo en su *Camino Mágico de Santiago* (Edicomunicación S. A., 1993), las autoridades eclesiásticas ofrecen al peregrino una ruta en una sola dirección. Un viaje en el que se parte de una iglesia y se llega a otra iglesia aún mayor o con mayor prestigio. El camino místico, sin embargo, comienza en un edificio hecho por la mano del hombre —el ego— y termina en la inmensa amplitud que se abre más allá de cualquier cosa conocida o por conocer.

Los templarios modernos pueden hacer su ruta particular deteniéndose en sus propios centros de energía, buscando las reminiscencias del sagrado cáliz y siguiendo el camino inverso a Jerusalén. Estas huellas iniciáticas las podemos encontrar en el monasterio de San Isidoro, al que Alfonso I el Batallador obsequió una copa de Ágata aún presente en el museo de la colegiata, donde también podremos encontrar la tabla flamenca del Cristo Cósmico, su cruz en forma de T, y a la Virgen exprimiendo de su pecho una mágica Vía Láctea.

La vieira que suelen llevar los peregrinos en el viaje de ida nos recuerda que la meta no está en la catedral, sino en el mar, pero también que el sendero puede ser exactamente el mismo para todos, y a pesar de ello ser recorrido de distintas maneras por cada quien.

Esa primera vieira, a modo de promesa, nos inviste como andariegos que van en pos de ella. La segunda, en cambio, representa que hemos llegado al final del sendero, completado la búsqueda, formulado bien las preguntas y obtenido las respuestas que nos han transformado en grandes maestros de nosotros mismos.

Judíos, musulmanes, budistas, hinduistas, paganos, ateos o cristianos…, todos tenemos una meta interior que deseamos conquistar, un sitio sagrado al que deseamos llegar, una alta montaña que deseamos coronar y un lago encantado en el que queremos sumergirnos. A ese lugar a veces lo llamamos Santiago, otras veces Jerusalén, algunas se parece más al monte Sinaí, mientras que para muchos es como Finisterre. Con todo, lo único cierto es que somos peregrinos en el sendero de la vida. Caminantes que a veces deben pararse en diferentes cuerpos para conseguir llegar a ese *Non Plus Ultra,* la morada final donde le daremos el abrazo al santo y nos fundiremos con el mar. Es por eso que el saludo por antonomasia de los peregrinos es «¡Ultreya!», que es lo mismo que decir «Buen camino», «Buena búsqueda», «Buena vida» y «Buen recorrido hacia la eternidad».

Únicamente quienes sigan el sendero de esta manera se convertirán en peregrinos; los peregrinos, en monjes; los monjes, en guerreros; los guerreros, en templarios, y los templarios, en santos que han consagrado su vida a proteger el grial y a velar por los demás.

MOTIVOS PARA UNA GUERRA

*Allí entró Elías en la gruta y pasó la noche. Entonces
le fue dirigida la Palabra del Señor. Y el Señor le dijo:
«Sal y quédate en pie en la montaña, delante del
Señor». Y en ese momento el Señor pasaba, y sopló
un viento huracanado que partía las montañas y
resquebrajaba las rocas, pero en el viento no estaba el
Señor. Después del viento hubo un terremoto, pero en
el terremoto no estaba el Señor. Después del terremoto
se encendió un fuego, pero en el fuego tampoco estaba
el Señor. Después del fuego se oyó el rumor de una
brisa suave. Al oírla, Elías se cubrió el rostro con su
manto (...). Entonces le llegó la voz de Dios.*

1.ª REYES 1, 9-13

Durante algunos años, una tensa calma entre Oriente y
Occidente propiciará la peregrinación a Tierra Santa por
parte de los devotos cristianos. Desde que Elena Augusta,
madre del emperador Constantino, arribara a Palestina con
la intención de localizar y restaurar los Santos Lugares, miles
de fieles ansiaron poder ver con sus propios ojos los enclaves
donde el Hijo del Hombre nació, vivió, murió y resucitó,
redimiendo así a toda la humanidad con su sacrificio.

Movidos por la fe, muchos fueron los que soñaron con
rezar en la cueva de Belén donde María dio a luz al niño
y donde los Reyes Magos —los primeros peregrinos—
llegaron para adorarlo; con bautizarse en el Jordán, donde

Juan llamaba a un nuevo nacimiento; con meter la mano en el hueco que la Santa Cruz dejó sobre el Gólgota, e incluso con arrodillarse frente a la piedra de la unción, donde el cuerpo sin vida del Nazareno fue preparado para su entierro.

Las historias de los peregrinos hacían que los relatos evangélicos cobrasen vida, que el vacío en el alma se llenase, y que, como si de un postrero milagro se tratase, Jesús devolviera la vista a los ciegos y levantase a los paralíticos mil años después de su paso por la tierra. Aquella certeza alimentaba el espíritu y otorgaba una nueva vida a los creyentes, quienes al regresar a casa eran capaces de contagiar con su luz a todo aquel que escuchaba sus vivencias.

A buen seguro, los que retornaban de Jerusalén no eran los mismos que, años antes, habían salido de Europa. Como Moisés al bajar del Sinaí, sus rostros, incluso sus vestidos, parecían resplandecer con la luz del Señor. Todos sus pecados fueron perdonados y ahora podían entender y hablar el lenguaje de los pájaros.

Si una simple piedra, por el mero hecho de haber entrado en contacto con el Hijo de Dios, podía hacerse santa, ¿cuánto más santo no podía hacerse el corazón del peregrino que entraba en contacto con aquellos lugares y que se contagiaba con aquella misma bendición?

Este *statu quo* entre cristianos y musulmanes será roto por Husein Al-Hakim el 28 de septiembre del año 1009, cuando el «califa loco» ordenó destruir todas las sinagogas e iglesias de Jerusalén, incluido el Santo Sepulcro. Según el cronista Yahia Ibn Said, los esbirros del gobernante fatimí demolieron las estructuras que santa Elena y el obispo Macario levantaron en el lugar donde, siglos antes, habían encontrado la Vera Cruz.

En un intento de hacer desaparecer todo lo concerniente al enclave sagrado, incluso la roca de la cueva original en la que se hallaba el nicho del Hijo de Dios sería demolida, y las reliquias que allí se encontraban, echadas al fuego. Algunos historiadores árabes, como Al Qalanisi y Al Djawizi, sugirieron que Al Hakim montó en cólera al conocer el Milagro del Fuego Sagrado que se producía en la iglesia de la Anástasis el día antes de la Pascua de Resurrección.

Según la tradición ortodoxa, que todavía se conserva, el patriarca de Jerusalén solía dirigirse a la cueva donde el cuerpo sin vida del Maestro fue depositado. Una vez frente al hipogeo, los cristianos que lo acompañaban procesionaban tres veces alrededor de la rotonda que circunvalaba el pequeño edificio. Cuando terminaba el desfile, el patriarca entonaba una oración de acción de gracias, cantaba el *Kyrie Eleison*, se desvestía y entraba en el oratorio cubierto únicamente por una sábana de lino blanco. Justo en ese momento, los fieles apagaban todas las velas y la iglesia se quedaba completamente a oscuras. Las voces y los cuchicheos iban apagándose y el silencio, unido a la oscuridad, invitaba al recogimiento y a la oración. El ambiente, durante esos instantes, se cargaba de una magia que las palabras no pueden describir.

Pasados algunos minutos, y sin que nadie pudiera explicárselo, el patriarca salía con treinta y tres velas encendidas por una llama que nadie sabía cómo había sido prendida, y que además, durante algunos minutos, no quemaba la piel de los creyentes, los cuales solían pasársela por la cara en un intento de besar un fuego que, por la gracia de Dios, tampoco consentía en hacerles el menor daño.

En este punto la tradición se bifurca dando dos explicaciones. Una es que el fuego azul se originaba en la misma piedra del nicho y que llegaba hasta la mecha de las velas, prendiéndolas de manera milagrosa. Pero otra es que el fuego bajaba directamente del cielo, encendiendo igualmente los treinta y tres cirios sin mediación humana alguna.

En cualquier caso, cuando el patriarca salía con las velas encendidas, el tenso silencio se convertía en gritos de júbilo y de alegría. El fuego de los treinta y tres cirios inflamaba a su vez las candelas de todos los devotos que se agolpaban en el patio adyacente, e incluso en las afueras del edificio, expectantes por presenciar un milagro que reavivase su fe. Un milagro que simbolizaba además un movimiento del alma, la cual viajaba desde la oscuridad a la luz, desde la tristeza a la alegría, y desde la incertidumbre al convencimiento.

Los musulmanes, pensando que dicho milagro no era más que un acto de prestidigitación de los cristianos, solían someter al patriarca a un minucioso reconocimiento antes de entrar en la pequeña habitación, intentando encontrar algún utensilio escondido que pudiera prender el supuesto fuego mágico. Sin embargo, nunca encontraron nada que justificara la aparición de la llama, lo que hizo que Al Hakim estallara de rabia.

Llevado por el fanatismo, durante los años 1011, 1013 y 1014, el Príncipe de los Creyentes puso especial empeño en encontrar y aniquilar hasta el último ejemplar de la Biblia que hubiera en Palestina. Sus biógrafos aseguran que se creyó algo así como el Mahdi —el restaurador de la auténtica fe—, declarando que sus antecesores se habían olvidado de honrar a Allah para dedicarse únicamente a disfrutar de los placeres mundanos. Movido por su inmensa piedad, se complació en obligar a los judíos a llevar bloques de madera alrededor del cuello, mientras que a los cristianos los forzaba a cargar con grandes cruces sobre sus espaldas.

Cuando la noticia llegó a Roma, el papa Sergio IV mandó una circular a los monarcas europeos, así como a todas las iglesias de Occidente, pidiendo que de una vez por todas se unieran frente al ataque gratuito de un enemigo común que cada vez estaba haciéndose más y más fuerte, en parte por la desidia cristiana. Con todo, sus palabras no calaron en el corazón de Europa hasta que el emperador de Bizancio, Alejo Comnemo, envió una emotiva misiva al papa Urbano II suplicando ayuda contra los turcos selyúcidas, procedentes de Asia Menor, que años antes habían hecho trizas a las tropas bizantinas en la batalla de Manzinkert y ahora pretendían tomar su capital.

En 1071, con los bizantinos replegados en Constantinopla, a la sazón capital del Imperio cristiano de Oriente, el ejército selyúcida ocupará Anatolia, Siria y entrará en Jerusalén, arrebatándoselo a los chiíes de Egipto. Los sucesores del sultán Alp Arslan soñaban con pasar a la historia habiendo hecho cumplir la última profecía de Mahoma, la cual aseguraba que «la ciudad cuyas dos partes son de agua y una de tierra —es decir, Constantinopla— será conquistada por los hijos del islam». Algo que se demorará hasta el 29 de mayo de 1453, cuando Mehmet II ocupe la capital bizantina y cambie su nombre por Estambul.

Pedro el Ermitaño. [Gustave Doré]

LA CONJURA DE LOS POBRES

A la misiva del emperador de Bizancio se unió el encuentro que el papa tuvo con Pedro de Amiens, un monje apodado el Ermitaño que acababa de regresar de Tierra Santa y conocía a la perfección los padecimientos que tanto los cristianos de Palestina como los peregrinos que llegaban a Jerusalén estaban sufriendo por parte de los musulmanes.

Para hacer más fuerte su postura, Pedro se hizo acompañar de una carta donde recogía el testimonio de Simeón II, patriarca griego de la antigua capital de los jebuseos, cuyas palabras, según se dice, hicieron llorar al mismísimo papa.

En noviembre de 1095, Urbano II llamó oficialmente a las cruzadas para recuperar Tierra Santa en el Concilio de Clermont, lo que desatará un enorme alboroto en toda Europa.

La mayoría de los historiadores están de acuerdo en que la carta del emperador Alejo fue la gota que colmó la paciencia de la cristiandad, que hasta ese momento había tenido que soportar que los islamitas le arrebataran el norte de África, Siria, Palestina, Egipto, Hispania, Malta, Sicilia, e incluso que los piratas aglabíes se hubieran atrevido a invadir Italia, llegado a las inmediaciones de Roma, para ser repelidos milagrosamente en la batalla de Ostia no sin antes exigir un fuerte tributo al papa Juan VIII.

Si bien la guerra santa contra los infieles era algo que venía desarrollándose desde que don Pelayo venciera a las tropas lideradas por el bereber Munuza en Covadonga, y que se afianzó cuando el papa Alejandro II envió al duque de Aquitania en auxilio de la Corona de Aragón, prometiendo el perdón de los pecados a todos aquellos que participasen en la contienda, era la primera vez que el santo padre

Manuscrito medieval que muestra la Cruzada del Pueblo de Pedro el
Ermitaño de 1096. Jean Colombe, 1474. [Biblioteca Nacional de Francia]

llamaba a las armas para recuperar el país de Jesús, el cual resonaba en el inconsciente colectivo como una tierra de ensueño donde el fantasma del Hijo de Dios todavía vagaba por enclaves como Cafarnaúm, Betania o el monte Tabor.

Según el vicario de Cristo, acudir a la cruzada convertiría en santos a todos aquellos que participasen en ella, sin importar su origen ni su pasado. Poco a poco, tanto el voto de armas como la ceremonia en la que se nombraban nuevos caballeros fueron convirtiéndose en una especie de sacramento religioso. Miles de sacerdotes y obispos eran demandados para bendecir espadas y escudos, a la vez que comenzaron a forjarse los rituales de la Vela de Armas y el baño purificador a modo de bautismo necesario y precedente a la consagración militar del neófito al servicio del rey.

La iniciación era algo así como una nueva comunión que daba acceso a los secretos menores, la cual podría ser complementada por un segundo ritual tan secreto que los investigadores únicamente podemos elucubrar sobre lo que sucedía en él.

Todo hijo de buena familia podía ser confiado a un patrocinador para que lo instruyese en el arte de la guerra. Poco a poco, el joven iría escalando puestos, empezando por paje, siguiendo por escudero hasta llegar finalmente a ser armado caballero mediante el rito de paso conocido como *adoubement*. Durante la ceremonia, el superior entregaba sus armas al iniciado, que se encontraba arrodillado frente a él, propinándole el *colée* —la «bofetada»—, para recordarle el deber moral que se le había impuesto e instándole además a cumplir sus obligaciones con gracia y honor.

Urbano II, hermanado con la ingente cantidad de iluminados que comenzaron a predicar la guerra santa, consiguió sacar partido al sueño de conquistar la bendita tierra que se encontraba allende los mares. Un país que podría llenar el vacío de un corazón sufriente por los rigores de la vida, por la pérdida de los seres queridos, por la pobreza diaria y por la insoportable melancolía que se instala en el alma humana cuando se enfrenta a su propia existencia. Un lugar donde poder soñar y soñarse a sí mismos. El reino de Dios en la tierra. Un territorio que manaba leche y miel, bañado por el río sagrado en el que nuestro Señor se bautizó, donde cada quien podría comenzar de nuevo y donde todos los pecados eran perdonados.

Las cruzadas prometían renacer a una nueva vida en el enclave más sagrado del mundo a cualquiera que quisiera salvar aquella dulce comarca de las manos de los profanos, de los hijos de la iniquidad, de los seguidores del mentiroso de Arabia.

En Clermont, el papa apeló a lo más íntimo del espíritu cristiano y supo tocar el corazón de los más de trescientos religiosos que durante diez días se congregaron en la localidad francesa. Según el historiador Fulquerio de Chartres, el 28 de noviembre de 1095, el papa aseguró que

> … aquellos que emprendiesen el viaje a Jerusalén con la finalidad de liberar a la Iglesia de Dios, siempre que lo hicieran por piedad y no para ganar honor o riquezas, su viaje le contaría como una penitencia completa.

El sucesor de san Pedro estableció la fecha de partida el 15 de agosto de 1096, fiesta de la Asunción de la Virgen, acabando con la frase que desde aquel momento acompañará al resto de la expedición y de las siete cruzadas siguientes: «¡Deus Vult!».

Con todo y con eso, Pedro el Ermitaño y Gautier Sans

Avoir ya se habían encargado de exacerbar los ánimos de los más humildes, prometiendo una parcela en el Reino de los Cielos a todos aquellos que portaran en sus vestiduras la sagrada cruz de Cristo y acudiesen al llamado del papa contra los musulmanes.

De la noche a la mañana, decenas de rufianes de media Europa, junto a centenares de pastores, agricultores y ganaderos, acudieron al reclamo, no del santo padre, sino de Pedro que Amiens y de otros tantos alumbrados como él. Con más fe que recursos, echó a andar la llamada «cruzada de los pobres», un grueso de algo más de cuarenta mil almas que salieron de Francia cuatro meses antes de lo previsto, recorriendo Alemania, Hungría y los Balcanes, saqueándolo todo a su paso y asesinando a los judíos que se encontraban por el camino, a los cuales acusaban de ser los responsables de la crucifixión de nuestro Señor.

Con pocas espadas y menos luces, aquella tropa de indisciplinados llegó exultante a las puertas de la capital bizantina, donde el emperador Alejo puso todo su empeño en aconsejarles que esperaran al grueso del ejército antes de realizar cualquier movimiento ofensivo. No obstante, el *basileus* pronto se dio cuenta de que él solo no podría contener a todos aquellos salvajes, por lo que decidió otorgarles algunos navíos para alejarlos de la ciudad y que hiciesen lo que quisieran en Civitot, un campamento al otro lado del Bósforo a escasos kilómetros del territorio enemigo.

En agosto de 1096, Kilij Arslan, sultán de Rum, supo que un ejército de infantería compuesto por hombres, mujeres y niños, armados con azadas y apeos de labranza, había llegado a Constantinopla y ahora se disponía a invadir Nicea, la capital norte de su reino. Tras unas cuantas razias de las que salieron victoriosos, seis mil bandidos que se

Cruzados descubren peregrinos muertos de
Pedro el Ermitaño. [Gustave Doré]

hacían pasar por cruzados, dirigidos por un tal Reinaldo, se atrevieron a salir de Civitot y emprender un ataque suicida contra un destacamento selyúcida en el que consiguieron apoderarse de la fortaleza de Xerigordon. Sin embargo, habían caído en la trampa de los musulmanes. Elchanes, general de Kilij Arslan, sitió en seguida el baluarte y cortó los suministros de agua para que la sed luchase por los siervos de Allah. Y no podemos decir que la jugada no le saliera bien, puesto que al cabo de una semana, los invasores ya se estaban bebiendo la sangre de sus jamelgos e incluso su propia orina. Al octavo día, Reinaldo rindió la fortaleza y los *frany* —«cruzados»— que no se convirtieron al islam fueron pasados a cuchillo.

Mientras tanto, los espías del sultán se introdujeron en el cuartel general de Civitot para hacer creer a los cristianos que sus tropas estaban a punto de conquistar Nicea, procurando que salieran apresuradamente. Y otra vez los pseudocruzados cayeron en la trampa de los selyúcidas, de manera que el 21 de octubre de 1096, los soldados de Kilij Arslan aplastaron por completo a las huestes de ancianos y campesinos que habían osado hacerle frente, asesinando a más de veinte mil hombres y apresando a todas las mujeres y niños para que, después de saciar la lujuria de sus soldados, fuesen vendidos en el mercado de esclavos. Solo dos mil almas, entre las que se encontraba Pedro el Ermitaño, lograron salvarse de la masacre poniéndose a salvo en Constantinopla.

LA PRIMERA CRUZADA

La cruzada oficial de los nobles y de los príncipes saldría puntualmente de Europa el día 15 de agosto de 1096, tal como el papa había dispuesto. Al contrario que su antecesora, los destacamentos que la formaban estaban compuestos de hombres de armas ordenados y disciplinados, muchos de ellos normandos —vikingos cristianos— dispuestos a dar la vida por una causa común. Entre sus filas contaban también con obispos guerreros procedentes de España, donde habían entrado en batalla en distintas ocasiones contra las fuerzas árabes invasoras, perdiendo así el temor a la muerte.

Pedro el Ermitaño predicando la Primera Cruzada. [De la pintura de James Archer en *Cassell's History of England*, Vol. I]

Godofredo de Bouillon, duque de Lorena, junto con sus hermanos Balduino y Eustaquio, al frente de un ejército de soldados francos y flamencos, pusieron rumbo a la capital del Imperio romano de Oriente atravesando el norte de Europa. Raimundo de Tolosa y Ademaro de Montei, obispo guerrero, además de legado pontificio, bordearon el mar Adriático acompañados por cerca de diez mil hombres de armas originarios de Occitania. Mientras que Hugo de Vermandois, Esteban II de Blois, Bohemundo de Tarento y su hermano Tancredo dirigirán a los normandos septentrionales y meridionales tanto por mar como por tierra para reunirse con el resto de las tropas en Constantinopla en mayo de 1097.

Una vez en la capital del Imperio bizantino, el emperador Alejo les exigió a los cabecillas de los cuatro destacamentos que le jurasen lealtad antes de proveerlos de alimentos, a lo que algunos accedieron —aunque sin intención de cumplir su palabra—, y otros, como Godofredo de Bouillon y Tancredo, consintieron en hacer una promesa un tanto ambigua que los eximiera de someterse completamente a los deseos del emperador, el cual parecía más interesado en que los cruzados sirviesen a los intereses de Bizancio que en recuperar Jerusalén.

Así las cosas, cuando el sultán selyúcida volvió a enterarse de que otra expedición occidental acababa de arribar a Constantinopla para recuperar los territorios que los turcos le habían robado al Imperio bizantino, se echó a reír a carcajadas. Kilij Arslan, que se encontraba luchando en Malatya contra Danishmend —un rebelde que aprovechó la muerte de su padre para hacerse con el noreste de Anatolia—, no creyó necesario tener que perder el tiempo con otro grupo de fanáticos campesinos con cruces bordadas en sus mugrientos vestidos que a buen seguro no tendrían ninguna destreza en el arte del combate. Sin embargo, cuando el joven gobernante del sultanato de Rum se dio cuenta de su error, ya era demasiado tarde. Nicea, rodeada por las hordas cristianas, se encontraba sitiada y a punto de la rendición.

El papa Urbano II y Pedro el Ermitaño predicando la Primera Cruzada en la Plaza de Clermont. Óleo de Francesco Hayez, 1835. [Fondazione Cariplo]

Con todo el dolor de su corazón, Kilij Arslan tendrá que alejarse para salvar la vida, sabiendo que su esposa y su hijo seguían dentro de la otrora capital selyúcida del norte. Contra todo pronóstico, será Alejo I quien, previendo el desastre que supondría para la urbe que los cruzados la tomasen por la fuerza, pactará a escondidas la rendición con los dirigentes turcos, salvando así a la familia de Kilij Arslan, que será puesta a salvo en Constantinopla.

Mapa Anatolia en 1087 antes del sitio de Nicea y con la localización de la batalla de Manzikert (1071). [Rowanwindwhistler]

Algunos de los nobles europeos tomaron esta triquiñuela del *basileus* como una afrenta a los intereses de la cristiandad, por lo que se sentirán libres de tener que cumplir la promesa de fidelidad que le habían hecho meses antes y decidirán unilateralmente poner rumbo a Jerusalén sin interesarse más por los caprichos del emperador de Bizancio. No obstante, la marcha de mil setecientos kilómetros hasta Tierra Santa se convertirá en una larga y penosa pesadilla que durará al menos otros dos años más, en la que los *frany* tendrán que enfrentarse no solo a las huestes turcas, sino también a los desiertos de Asia Menor, donde el calor y la sed a la postre acabarán con la vida de más hombres que las cimitarras y saetas de los sarracenos.

A semejanza de los hebreos en su éxodo de Egipto, los cruzados sentían que cada metro que ganaban al enemigo era un paso más para recuperar el Reino de los Cielos. Godofredo, Raimundo, Tancredo y Hugo de Vermandois pugnaban entre sí por convertirse en el nuevo Josué que acaudillase a las tropas, abriese otra vez las aguas del Jordán y condujese al pueblo de Dios en su batalla contra los actuales cananeos. Con todo, de la misma manera que los israelitas tuvieron que padecer los rigores del desierto hasta que sus almas estuvieron purificadas para entrar en el país del Señor, los cristianos serán constantemente probados no solo por el ansia de venganza de los turcos, sino también por sus propios demonios internos.

Roberto de Normandia en el sitio de Antioquía 1097-1098.
[Pintura de J.J. Dassy, 1850, *Cruzadas, orígenes y consecuencias.*]

Los hombres que antaño caminaron junto a los reyes de Europa, vestidos con caros ropajes y adornados con alhajas, ahora marchaban solos entre moscas y miseria, temiendo a la cobra y al escorpión, obligados incluso a lanzarse al pillaje para sofocar el hambre y la sed. Algunos, si no lo habían hecho antes, se encomendaban al Dios de Israel, cuyo único hijo había dado la vida para salvar a la humanidad y ahora eran los hombres los que tenían que sacrificar la suya para que el esfuerzo del Mesías no fuese sepultado por los seguidores del profeta árabe. Muchos sintieron nostalgia de su patria y sucumbieron a la desesperanza y al desaliento. Su fe a veces se tambaleaba sacudida por los fuertes vientos que cruzaban los páramos y que golpeaban sus rostros con la ardiente arena. Sin embargo, y a pesar de todas estas penalidades, no consintieron en retroceder, movidos por el deseo de contemplar por fin la ciudad santa de Jerusalén. Un anhelo que había ido fraguándose poco a poco en sus corazones y que no podían bendecir ni maldecir, puesto que no sabían si venía del cielo o del mismísimo infierno. En la soledad de las dunas, el alma se templaba y se refinaba para ponerse al servicio del Señor hasta que la espada se encontró lista para ser desenvainada por las manos de quienes por fin se convirtieron en verdaderos soldados de Dios.

Kilij Arslan, ardiendo en deseos de desquite, llamó a todos sus súbditos a luchar en la yihad contra los infieles, por lo que en pocos días conseguirá reunir un numeroso ejército que esperará a los *frany* en el collado de Dorilea, pillándolos desprevenidos. Sin embargo, Godofredo y sus generales supieron imponerse al ejército turco, infligiéndoles una nueva derrota que acabará por dispersarlos casi por completo.

Lejos de afianzar sus alianzas, los jefes de los cuatro grupos cruzados siguieron enfrentados por el mando de la expedición, lo que provocó que las tropas, primero de Tancredo y luego de Balduino, se separaran del resto y pusieran rumbo a Cilicia. Tancredo llegó a Tarso y logró tomar la ciudad natal de san Pablo, apoyado en última instancia por los hombres de Balduino, sin el cual la victoria no hubiera sido posible, por lo que, tras un rifirrafe entre ambos, Tancredo decidirá volver a reunirse con los cruzados para sitiar Antioquía el 21 de octubre de 1097.

Durante siete meses, los cristianos continuarán asediando Antioquía sin demasiado éxito. El hambre y la desesperación comenzaron a hacer mella en las fuerzas invasoras, que además conocieron que un poderoso ejército comandado por Kerbogha, el atabeg de Mosul, estaba atacando Edessa —aunque no había llegado a penetrar en la ciudadela— y que más pronto que tarde se encaminaría hacia ellos con más efectivos de los que podían contar.

Adelantándose a las intenciones del turcomano, en febrero de 1098 Teodoro, gobernador de Edessa, envió emisarios al hermano del duque de Lorena —que acababa de conquistar Tarso y Turbessel— pidiéndole ayuda para proteger sus territorios a cambio de ser designado como su sucesor. Un mes más tarde, la población armenia de Edessa asesinará a Teodoro y el cargo de conde de Edessa recaerá en Balduino, quien se casará con Arda, la hija de Toros I, señor de Cilicia, dando lugar así al nacimiento del primero de los Estados Cruzados. Balduino envió dinero y alimentos para apoyar el sitio de Antioquía al tiempo que intentaba afianzar su poder en Edessa. Entretanto, Esteban II de Blois, desencantado por los escasos resultados que estaban consiguiendo con el asedio a la capital selyúcida del sur, desertará con sus hombres, poniendo rumbo a Tarso.

Los cruzados sabían que, si no conseguían entrar en Antioquía antes de la llegada del ejército mesopotámico, los musulmanes los atacarían por todos los frentes y acabarían masacrándolos. Para evitarlo, Bohemundo consiguió convencer a un mercenario armenio para que le abriera las puertas de la ciudad a cambio de una gran suma de dinero. Gracias a esto, el 3 de junio de 1098 Antioquía sería por fin tomada por los europeos. Dos días después, sin apenas tiempo para descansar ni para reabastecerse, será el atabeg de Mosul quien sitie la urbe en la que se guarecía lo que quedaba de un regimiento cristiano diezmado, afligido y exhausto que además había sucumbido al canibalismo.

El desaliento atacó a los *frany* con más fuerza que las tropas musulmanas. La oscuridad de la noche traía consigo las lágrimas de los que extrañaban a sus familias y los suspiros de quienes sabían que sus nombres serían barridos por las arenas del tiempo antes de llegar a Jerusalén. Cuando Alejo I, que había salido de Constantinopla para ayudar a los cristianos en el sitio de Antioquía, se cruzó con Esteban II en su retirada, se enteró de que los cruzados habían tomado la ciudad, pero que ahora eran ellos los que se encontraban sitiados por las huestes de Kerbogha. Dejándose convencer por el infame desertor, puso de nuevo rumbo a la capital de su imperio, abandonando a los combatientes a su suerte. Solos, hambrientos, casi desarmados y con la moral por los suelos, los días de gloria de los soldados de Cristo parecían tocar a su fin. Sin embargo, será en este momento cuando surja la segunda de las cuatro reliquias más importantes de la cristiandad: la lanza sagrada.

Pedro Bartolomé, un clérigo venido de Provenza, comenzó a decir a voz en grito que san Andrés se le había aparecido para revelarle que debajo de la iglesia de San Pedro de Antioquía se encontraba la lanza con la que el soldado romano Cayo Casio Longinos había atravesado el costado de Cristo. Según la leyenda, aquel que poseyera la lanza del Destino no sería derrotado jamás en una batalla y se convertiría en el dueño del mundo.

El arma es nombrada en el Evangelio de Juan, cuando un centurión se acerca a Jesús con la intención de quebrarle las piernas —*crurifragium*—, pero ve que ya no respira. No obstante, decide atravesarle el costado con un hierro para asegurarse de que realmente está muerto, del que inmediatamente saldrá sangre y agua, prueba más que suficiente para demostrar la historicidad del suceso, puesto que el evangelista, médico de profesión, está narrando la rotura del saco pericárdico, aunque los creyentes le otorguen un significado mucho más profundo.

La leyenda griálica asegura que fue precisamente en aquel momento cuando se liberó el principio vital que mueve el universo, y que se encontraba atrapado en algún punto del cuerpo del Hijo de Dios. Esa liberación, por cierto, supuso una nueva creación, o evolución espiritual, para todos los que se encontraron a su alrededor y pudieron nutrirse de ella.

Sea como fuere, lo cierto es que los cruzados creyeron las palabras de Pedro Bartolomé y comenzaron a excavar en dicha iglesia, donde sorprendentemente encontraron una lanza enterrada a gran profundidad, lo que sirvió para encender sus ánimos y que marchasen en tropel a luchar contra el ejército musulmán, el cual saldría corriendo hacia Mosul sin echar la vista atrás.

Como si de un acto divino se tratase, los cruzados volvieron a hacerse fuertes y recuperaron el recuerdo de Jerusalén. Atemorizados por sus victorias, los cadíes de las ciudades-Estado adyacentes acudieron a Antioquía para ofrecer tributos y pactos de lealtad a los líderes cristianos. Incluso el sultán de El Cairo, Al Mustali, les envió tropas de refresco pertenecientes a lo más granado de su ejército personal con la intención de ayudarles en su avance hasta la Ciudad Santa que los turcos le habían arrebatado a su padre años atrás. Curiosamente, serán esas tropas las que se adelanten y tomen Jerusalén en nombre del sultán de Egipto, ofreciéndoles a los europeos una alianza para ingresar en ella siempre que quisieran a visitar los lugares sagrados de la cristiandad.

Indignado por el deshonor de los egipcios, el 6 de junio Godofredo de Bouillon enviará a Tancredo a conquistar Belén, donde el normando haría ondear su estandarte colocándolo en lo alto de la iglesia de la Natividad. La mañana del 7 de junio de 1099, los cristianos pudieron por fin contemplar las murallas de Jerusalén y, antes de caer la noche, ya estaban acampados en la zona norte, junto a la Torre de David.

Iftijar ad-Daula, el traidor fatimí que se había alzado con el Gobierno de Sion en representación del sultán de El Cairo se había dado prisa en reparar y fortalecer las murallas de la ciudad, en echar a los cristianos orientales y en envenenar sistemáticamente todas las fuentes de agua cercanas para que los europeos murieran de hambre y de sed.

Aunque, desde lo alto de las almenas, el ejército islámico se preparaba para repeler el ataque de los cristianos, lo único que hicieron aquella noche fue presenciar cómo los *frany* se arrodillaban y lloraban ante los muros de Jerusalén. Tras casi tres años de penurias, por fin sus ojos podían contemplar la ciudad en la que Jesús vivió. Sus corazones, dentro de sus corazas de metal, bombeaban de gozo y de felicidad. Por fin habían conseguido llegar hasta las puertas del paraíso y ahora solo tenían que hacer un último esfuerzo para cruzarlas.

Algunos, siguiendo los deseos de su alma, intentaron escalar los muros con sus propias manos, sin ayudarse de cuerdas ni de ningún otro utensilio, lo que llenó de terror a Iftijar ad-Daula, que por fin comprendió que aquellos hombres no cejarían jamás en su empeño de tomar Jerusalén de cualquier modo y a cualquier precio.

Al despuntar el alba, con los ánimos todavía ensalzados, comenzaría el asedio de la ciudad. Pasadas unas cuantas semanas de lucha sin demasiado éxito, un sacerdote llamado Pedro Desiderio aseguró haber recibido un mensaje divino, por el cual los cristianos debían procesionar descalzos dando siete vueltas a Jerusalén tal como hiciera Josué en Jericó después de cruzar el Jordán.[16] De esa manera, Dios se pondría de su parte y la ciudad caería en sus manos en el plazo máximo de una semana.

La noche del 8 de julio los cruzados realizaron dicha procesión, y siete días más tarde, contra todo pronóstico, tropas genovesas se unirán a los asaltantes, las cuales traían consigo torres de asalto que habían logrado construir con la madera que desmantelaron de sus embarcaciones. Godofredo, minutos antes del asedio final, dijo haber visto en lo alto del monte de los Olivos, más concretamente en la capilla de la Ascensión, a un caballero vestido de blanco, con una cruz roja bordada en el pecho, agitando su escudo en señal de victoria. ¡Era san Jorge!

Con el corazón radiante, Godofredo arengó a sus soldados con las mismas palabras que Josué utilizó para llamar a la conquista de Jericó: «Lanzad el grito de guerra, porque Yahvé nos ha entregado la ciudad» (Josué 6, 2-5). Aquello encendió aún más los ánimos de los cruzados, que consiguieron traspasar las murallas con el duque de Lorena a la cabeza. La gente escaló por las piedras de las paredes con uñas y dientes e irrumpieron en Jerusalén. Fue entonces cuando, siguiendo igualmente el ejemplo del heredero de Moisés, masacraron a todos los habitantes de la ciudad de la paz; hombres, mujeres y niños, ya fuesen musulmanes o judíos.

Los cronistas aseguran que la sangre de los muertos llegaba hasta las rodillas de los caballos. Raimundo de Aguilers apunta en una de sus crónicas que «en las calles y plazas de Jerusalén no se veían más que montones de cabezas, manos y pies cortados. Se derramó tanta sangre en la mezquita que se construyó sobre el templo de Salomón, que los cadáveres pasaban flotando».

Cuando no hubo más infieles que matar, los jefes de los cuatro ejércitos se dirigieron a la iglesia del Santo Sepulcro para la ceremonia de Acción de Gracias.

San Jorge luchando contra el dragón, Belén.

EL HECHIZO DE JERUSALÉN

Bienaventurado eres, peregrino, si descubres que el camino te abre los ojos a lo que no se ve. Bienaventurado eres si lo que más te preocupa no es llegar, sino ayudar a llegar a otros. Bienaventurado eres cuando contemplas el sendero y lo descubres lleno de nombres y de amaneceres. Bienaventurado eres, peregrino, si conoces que el camino comienza cuando se acaba. Si tu mochila se va vaciando de cosas pero tu corazón no sabe dónde meter tantas emociones. Bienaventurado eres cuando te faltan palabras para agradecer todo lo que encuentras en cada recodo. Bienaventurado eres, peregrino, si buscas la verdad y haces de tu camino una vida, y de tu vida un camino en pos de aquel que es el Camino, la Verdad y la Vida.

BIENAVENTURANZAS DEL PEREGRINO

El límpido silencio de las noches de Jerusalén es truncado por el canto del muecín llamando a la primera oración del credo islámico desde los minaretes de las mezquitas que se levantan dentro de las murallas del casco antiguo. Justamente después del rezo, cuando el sol empieza a clarear el cielo, pintándolo de tonos rosas y anaranjados, la ciudad despierta, los pequeños comercios alzan sus persianas y las calles vuelven a poblarse de gente yendo de acá para allá.

Los adoquines del suelo, pulidos por el trasiego de los peregrinos con el correr de los siglos, son además bañados por los comerciantes locales para ahuyentar cualquier rastro de suciedad que pudiera haberse quedado adherida a ellos el día anterior. Incluso a estas horas, Jerusalén huele a especias, a los *bagels* bañados de sésamo y al pan recién hecho que suele venderse en cada esquina de la ciudad. Dicen algunos que Jerusalén es un sentimiento... y puede que lleven razón. Por el contrario, los profanos piensan que no puede amarse a una ciudad... ¿Qué sabrán ellos?

El hotel Hashimi, donde me alojo, se encuentra a la vera del Santo Sepulcro, lo que me permite ir caminando hasta los enclaves más destacados de las tres religiones que conviven en la otrora capital de los jebuseos. Como los antiguos caballeros de la Orden del Temple, antes de partir en pos de lo sagrado, decido hincar una rodilla en tierra y rezar por mi alma antes de salir del hotel y caminar por enésima vez entre los lugares más destacados del cristianismo, tratando de encontrar en ellos las huellas que tal vez ese personaje llamado Jesús de Nazaret tuviera a bien dejar impresas en el ambiente para que hoy, casi dos mil años después, peregrinos como yo podamos encontrarlas para conocerlo mejor.

Descendiendo por Sultán Solimán Street hasta el monte de los Olivos, la travesía se hace corta si seguimos las murallas hasta el valle del Cedrón, donde la iglesia de Todas las Naciones hace su aparición advirtiendo de la subida al Getsemaní. Cruzando la calle, habrá que dejar también a la izquierda la tumba de la Virgen, ascender por El-Mansuriya St. y torcer a la derecha para encontrarnos con la capilla de la Ascensión, donde un surco en la piedra asegura ser la huella de uno de los pies de Jesús antes de su elevación a los cielos. Algo más abajo acabaremos topándonos con la verja que prohíbe el paso a la iglesia del Páter Noster y del Dominus Flevit, donde suponemos que el Señor lloró.

Según el evangelista Lucas, cuando Jesús bajó por este camino, se detuvo, contempló la ciudad y derramó lágrimas por el futuro de Jerusalén. Y no se equivocaba, porque treinta y siete años más tarde, en el año 70, el general Tito la arrasaría hasta sus cimientos, no dejando piedra sobre piedra. Cincuenta y cinco años después, en el 135, el emperador Publio Elio Adriano la volvería a reconstruir, pero esta vez como una polis exclusivamente romana. En su propio honor, la antigua capital de los jebuseos pasaría a llamarse Aelia Capitolina, prohibiendo desde entonces el paso a toda la población hebrea, la cual, desde ese momento, se dedicará a vagar sin rumbo a través del mundo suspirando por la tierra de sus antepasados hasta que primero en 1948, y luego en 1967, el nuevo estado de Israel vuelva a recuperarla en la guerra de los Seis Días.

Aunque pueda parecer extraño, saber que Jesús lloró reconfortaba mi corazón, puesto que realmente podía empatizar con alguien así..., con alguien capaz de sentir dolor y de expresarlo como cualquiera de nosotros. Otras dos veces más, el Nuevo Testamento asegura que Jesús derramó lágrimas, un rasgo muy humano. La primera, en Juan 11, 33-36 —cuando su amigo Lázaro murió—. Y la última, antes de ser apresado, cuando le pidió a Dios que, a ser posible, dejara pasar el cáliz tan amargo que le esperaba (Hebreos 5, 7-9). El monte donde me encontraba, por tanto, albergaba dos lugares donde encontrarnos con esa humanidad de Jesús que ha incomodado tanto a aquellos que únicamente quieren ver en él un ídolo al que adorar.

El Galileo mostró su humanidad otras tantas ocasiones más. Tras su ayuno en el monte de las Tentaciones sintió hambre. Cuando pasó por Samaria, se sintió cansado y tuvo que detenerse para reponerse del largo viaje. Lucas asegura que se maravilló cuando comprobó que la fe del centurión romano era incluso mayor que la de sus propios discípulos. Se sintió avergonzado cuando la mujer sirofenicia le recriminó que incluso los extranjeros tenían derecho a la felicidad. Y se frustraba cuando sus más allegados no conseguían comprenderle... Todo esto y mucho más sucedió bajo este cielo, a la vera de estas murallas y en lo alto de esta bendita tierra.

Pasear por el monte de los Olivos, a estas horas, es como una oración en sí misma. Más aún si piensas que, oculto bajo el pavimento, tal vez un poco más allá o un poco más acá, el Maestro descendió montado en un pollino para entrar por la Puerta Dorada que daba acceso al recinto del templo de Herodes.

Sin contar con el ladrido de algún perrillo vagabundo, y del canto de las chicharras, la vertiente occidental del monte de los Olivos se encontraba totalmente desierta, el silencio era absoluto y la piedra blanca de Jerusalén, con la que estaban construidas las paredes de los pequeños edificios religiosos de mi alrededor, parecía más bien una pantalla de cine donde se proyectaban extrañas sombras que quizás fuesen en realidad los reflejos de escenas acaecidas mucho tiempo atrás. El aire, fresco pero sin llegar a molestar, invitaba al recogimiento ante la visión, frente a mí, de la Puerta Dorada, tapiada por Solimán el Magnífico para que el Mesías, cuando regresara de nuevo a Jerusalén, no pudiera entrar por allí, y la imponente estampa del Domo de la Roca que, según se creía, custodiaba la Shejiná —la presencia de Dios—, la cual se manifestó en tiempos de Salomón como una nube que se posaba encima del Cajón del Pacto, dentro del sanctasanctórum del templo, para anunciar que Yahvé estaba en su casa.

Hay momentos en la vida en los que, por alguna clase de hechizo, sabes que, si alzas la vista hacia el cielo, puedes devolverle la mirada a Aquel que siempre te ve…, y este era uno de ellos. La experiencia plena de estar vivo, tan ansiada por los místicos de todas las religiones, tal vez pudo tropezarse conmigo, un indigno peregrino, justo en el instante en el que mi corazón se prendió con el recuerdo de un Dios que dejaba de estar escondido para revelarse justo en lo más íntimo de mi corazón, en ese templo sagrado que guardaba en mi interior, donde el amor y la fe seguían ardiendo como una zarza que no se consume. ¡Sí! Definitivamente Jerusalén es también un sentimiento, un estado del ser. El enclave donde los ángeles caminan junto a nosotros, disfrazados de monjes o de ancianos para que, aun viéndolos, sin embargo no los reconozcamos y podamos o no superar sus pruebas.

Siguiendo la ruta de la pasión del Nazareno, vuelvo a cruzar la carretera para poner dirección a la casa de Caifás, dentro de la iglesia de San Pedro in Gallicantu, donde excavaciones recientes han sacado a la luz una calzada del siglo I por la que indudablemente Jesús tuvo que subir para enfrentarse con el sumo sacerdote (Mateo 26, 57). Tanto la ubicación de la vivienda, cerca de la Ciudad de David, como la disposición de la misma, con una *mikvé* [17] propia, habitaciones para la guardia y un silo de grano que también pudo haberse utilizado como eventual cárcel para encerrar al hijo de María, hacen más que probable que la casa de Caifás sea uno de los lugares históricos donde Jesús pudo haber pasado sus últimos momentos.

Dejando la muralla a la derecha y el valle de Josafat a la izquierda, asciendo la cuesta mirando de soslayo el cementerio hebreo que se extiende desde el collado colapsando las colinas circundantes. Dicen que una pequeña tumba en este lugar vale más que un piso en el centro de Manhattan. Según la tradición hebrea, los enterrados aquí serán los primeros en despertar el día de la resurrección. Y es que hasta en la muerte hay clases.

Rebasada la tumba de Zacarías, decenas de siluetas parecen haber despertado de su sueño nocturno y se pasean silentes entre los miles de lápidas que siembran el camposanto más exclusivo de la tierra. Si son sombras de vivos o de muertos, ni lo sé ni lo quiero saber. Unos metros más adelante, bajo la cabeza para no ver cómo algunas de ellas circunvalan el monumento a Absalón y sigo ascendiendo la empinada cuesta hasta que hace su aparición la cúpula negra de la mezquita Al Aqsa, revelando por fin la presencia de la Puerta de las Basuras que da acceso al Muro Occidental o Kotel.

Cuenta la tradición que, cuando el general Tito destruyó la ciudad, dejó en pie únicamente esa pared como silencioso testigo del terrible poder de Roma. Sin embargo, para el judaísmo representa otra cosa… Y es que Dios le prometió a Salomón que, aunque pasasen mil o dos mil años, siempre quedaría en pie al menos una parte del antiguo edificio del templo como recuerdo de su alianza con los descendientes de Israel. Así, sin saberlo, el que después se convertiría en emperador, ocupando el puesto de su padre Vespasiano, involuntariamente también estuvo sometido al decreto del Dios hebreo.

Superado el control de seguridad, pongo rumbo al final de la plaza, donde una fuente de agua antecede al pasillo de acceso al recinto del Kotel, el lugar de oración más importante del judaísmo. No sé cuántas veces habré descansado la cabeza contra ese muro y dejado que mis lágrimas mojasen la piedra. No sé cuántas veces habré rezado bajo el cielo de Jerusalén en esta sinagoga al aire libre que muchos consideran parte del *Axis mundi*, el ombligo del mundo. Como de costumbre, saqué mi kipá blanca, con dos ribetes azules y la estrella de David en el centro, y me la puse sobre la cabeza. Seguidamente, como manda la tradición, mojé siete veces cada una de mis manos hasta que estuve preparado para entrar.

Tengo que confesar que siempre que hago este ritual y pongo un pie en este sitio, mi alma tiende a recogerse hacia el interior. Durante los escasos metros que separan el pasillo de los bloques de piedra, una extraña sensación me embarga. Es como si el tiempo se detuviera y pudiera hacerme consciente de todo lo que pasa a mi alrededor. En ningún otro lugar tanto como aquí he comprendido que el tiempo es un presente, un regalo que no debemos dejar escapar. A este movimiento del alma, los místicos sufíes suelen llamarlo «detenerse a oler la rosaleda». Es decir, pararse a ser conscientes de la vida, de todos sus detalles, e incluso del hecho de estar vivos.

Terminada mi oración de acción de gracias, con la conciencia más tranquila, me di la vuelta para desandar mis pasos y seguir buscando las huellas de mi querido Jesús esta vez en la Vía Dolorosa. Sin embargo, antes de salir de la sinagoga, un hombre orondo, de mirada inquisidora, forrado con una gabardina negra, camisa impecablemente blanca y sombrero polaco —símbolo más que evidente del judaísmo ortodoxo— comenzó a maldecirme. El motivo: me había negado a darle el dinero que me solicitaba. Un dinero que habría utilizado para seguir con su funesta causa de intentar destruir las mezquitas de la explanada y reconstruir un tercer templo para adorar a un Dios que, aunque decía servir, sin embargo desconocía por completo.

Desafortunadamente, como también descubrió Moisés a los pies del Sinaí, algunas personas todavía siguen inclinándose ante un becerro de oro en detrimento del Dios verdadero. Un Dios que pide misericordia, no sacrificios.

Aquel nuevo mercader, posiblemente descendiente de los que Jesús echó del templo tiempo atrás, había regresado a este lugar para hacer exactamente lo mismo que sus antecesores. Enfundado en ropas piadosas, sin embargo, por dentro no era más que un saco de podredumbre que no dudaba en utilizar las palabras de la Torah para arrojárselas a quienes no compartieran su macabra visión del mundo. Empero, nada de lo que salió por su boca me hizo temblar. Es más, en ese mismo instante, como por «casualidad», levanté la cabeza y descubrí, sentado junto a la fuente de las abluciones, a un ancianito escuálido que pedía limosna.

Ante la atenta mirada de quien no dejaba de maldecirme, me dirigí hacia aquel pobre hombre y le ofrecí algunas monedas. Con sus ojos, el anciano me agradeció el gesto y con sus labios me bendijo. Nunca antes me había encontrado a nadie pidiendo en la plaza del Muro, ni tampoco me he encontrado a nadie después.

Siguiendo mi camino, con la precaución de no convertirme en estatua de sal, decidí darme la vuelta y mirar de nuevo a los dos hombres, preguntándome si tal vez no eran ellos las dos caras de una misma moneda y si realmente ambos no estarían allí por algo más que la mera casualidad. Luego miré a la luna llena, que aún no se había acostado, y una frase vino a mi mente, como un susurro, como descendida de ese cielo desde donde Dios todo lo ve: «Maldeciré a quienes te maldigan y bendeciré a quienes te bendigan». (Génesis 12, 3).

Al igual que hace dos mil años, Jerusalén hoy también

es extraña. Una ciudad donde puedes encontrarte con el diablo en una sinagoga y con Dios pidiendo limosna sentado en una esquina.

Hugo de Paynes, primer Gran Maestro de la Orden del Temple. [Colecciones Chateau Versailles]

UN EJÉRCITO PARA EL SEÑOR

Vosotros, que renunciasteis a vuestras vidas para servir al Rey Soberano con caballos y armas por la salvación de vuestras almas, procuraréis siempre, con piadoso y puro afecto, escuchar los maitines y todo oficio según las observancias canónigas y las costumbres de los doctos regulares de la ciudad de Jerusalén.

ANTIGUA REGLA DE LA ORDEN

Las matanzas y orgías dentro de la ciudad sagrada duraron al menos otros siete días más, en los que la milicia cristiana se dedicó a quemar sinagogas y mezquitas, así como a perpetrar todo tipo de actos licenciosos y deleznables. Fue de esta manera como se fundó el Reino Latino de Jerusalén, que quedaría afianzado con la derrota en la batalla de Ascalón de las tropas musulmanas que subieron de Egipto para cobrarse venganza por sus hermanos caídos en Al-Quds.

El duque de Lorena, nombrado defensor del Santo Sepulcro, aunque soterradamente ostentase el gobierno del reino, concedió la tutela espiritual de los territorios conquistados al santo padre, quien inmediatamente se encargó de nombrar a Dagoberto de Pisa como primer patriarca latino, asistido a su vez por un capítulo del alto clero.

Aunque el prelado abogó por implantar una teocracia en la que Urbano II fuese nombrado soberano del Reino de los Cielos, con la muerte de Godofredo, su hermano Balduino I tomará para sí el cetro real, dejando a Dagoberto profiriendo maldiciones contra el nuevo monarca, a quien incluso se negará a coronar en Jerusalén, por lo que la ceremonia tendrá que llevarse a cabo en la iglesia de la Natividad de Belén.

Con el voto de armas consumado, muchos de los cruzados decidieron regresar a sus casas en Europa, dejando al nuevo Reino Latino casi desguarnecido, lo que propiciará el aumento de la arrogancia de los cadíes de las ciudades vecinas que meses antes habían decidido pagar tributo humildemente a los extranjeros a cambio de no ver destruidas sus propiedades.

Como era de esperar, la fundación de los reinos cruzados favoreció el auge de las romerías venidas de Europa. Sin embargo, con los pocos efectivos de que disponía, el rey de Jerusalén se vio impotente para proteger los caminos que conducían a los santos lugares. Este hecho, unido a la miseria que la guerra había dejado tras de sí, propició el acoso a los peregrinos por parte de los bandidos musulmanes que rodeaban las fronteras cristianas. Suponemos que fue en esta primera etapa postcruzada cuando el joven Hugo II, señor de Payns, nacido en Troyes hacia el año 1070, arribó hasta Tierra Santa para arrodillarse en el monte donde Cristo fue crucificado.

Hijo de Gautier de Montigny y nieto de Hugo I de Payns, el muchacho fue desposado en primeras nupcias con Emelina de Touillon, unión de la que nació una niña llamada Odelina, futura señora de Ervy. A los pocos años, la muerte de su esposa sumirá al caballero en la más profunda de las tristezas, de manera que, para aliviar su alma, decidió tomar los hábitos e ingresar en la abadía cisterciense de Molesmes. El lugar, fundado por Roberto de Molesmes, estaba por entonces habitado por un grupo de eremitas que presumían de seguir el Evangelio al pie de la letra, practicando una vida de lo más austera tanto dentro de los muros del monasterio como en su trato con el exterior. Esa salida del siglo, como se suele llamar a quienes eligen formar parte de una orden religiosa e ingresar en un convento, sirvió para que el señor de Payns se familiarizara tanto con los evangelios canónigos como con los textos menos ortodoxos de la Iglesia.

Reclamado por el conde de Champaña —posiblemente a instancias de Bernardo de Claraval—, Hugo de Payns tendrá que abandonar los hábitos para acompañar a su señor a Tierra Santa en 1104.

Si bien Hugo consentiría en arribar a Jerusalén para pedir perdón por el alma de su mujer, el conde de Champaña lo haría para que Dios le concediese la descendencia que hasta ese momento le había negado. Será allí donde presumimos que los dos nobles palmeros sufrieron alguna que otra emboscada por parte de los bandidos islamitas, los cuales posiblemente trataron de robarles y de humillarlos en más de una ocasión durante los casi tres años que permanecieron vagando por Tierra Santa. Con todo, será también allí donde el joven Hugo tome contacto con lo más granado de la espiritualidad judeocristiana. La silueta del Domo de la Roca brillando con el sol del atardecer sobre el monte Moriah le hacía soñar con los días del sagrado templo de Herodes y con la sombra de Jesús caminando por el patio de los Gentiles —lo que hoy es la parte este de la explanada de las Mezquitas—, enseñando una religión interior que ponía el acento en el corazón y no en el talión, puesto que el alma, según el hijo del carpintero de Nazaret, estaba compuesta en su mayor parte de amor y compasión.

Bajo la bóveda dorada de la mezquita de Umar se encontraba —y todavía se encuentra— la piedra donde

Balduino I, rey de Jerusalén de Merry-Joseph
Blondel, 1844. [Colección Palacio Versalles].

Caín y Abel hicieron sus ofrendas, donde Noé construyó el primer altar tras el diluvio universal, donde Abraham se dispuso a sacrificar a Isaac antes de que Dios lo salvase —de ahí que el monte sea conocido también como de la salvación—, pero también donde Jacob soñó con cientos de ángeles subiendo y bajando por una escalera colocada justamente sobre la roca fundacional. Será en este enclave donde, años más tarde, David ordene a su hijo Salomón poner el arca de la alianza, y será también desde aquí donde el profeta Muhammad dijo haber subido al séptimo cielo para hablar cara a cara con Allah.

Aunque muchos viajeros de épocas pasadas y futuras, como Alejandro Magno y Napoleón, narraron el enorme impacto que supuso en su ánimo pasar una noche en el interior de la Gran Pirámide, no menos numerosos son los que relatan la intensa conexión con lo divino que se experimenta dentro de este edificio de planta octogonal. Tanto es así que la mística hebrea ha llegado a considerarlo el *Axis mundi* —el centro del mundo—, desde donde el iniciado puede conectarse directamente con la divinidad sin necesidad de intermediarios.

Los cruzados, nada más verlo, lo llamaron el *Templum Domini* —el templo del Señor— dejando tal huella en su espíritu que incluso las monedas que se acuñaron a partir de entonces tendrán como emblema este edificio de cúpula dorada en detrimento del celebérrimo Santo Sepulcro por el que acababan de jugarse la vida.

Antes de que los nueve caballeros originales se acomodaran justamente en el lugar donde antaño se alzaban los establos del palacio del rey Salomón —el *Templum Solomonis*—, la Cúpula de la Roca fue cedida a los agustinos por Godofredo de Bouillon, los cuales se dedicaron a quitar todos los símbolos de la religión del desierto para convertirla en iglesia. Luego que el papa Honorio II aprobara el patronato oficial de los caballeros blancos en 1128, el enclave sería cedido al Temple a perpetuidad. Algunos de los grandes maestres, como Evrard des Barres y Renaud de Vichiers, incluirán la cúpula en el reverso de sus sellos, siendo además el modelo a seguir de sus construcciones en Europa.

Cúpula de la Roca, Jerusalén.

El número ocho, tanto para la cábala judía como para el misticismo islámico, es la cifra que simboliza un nuevo comienzo. Los lugares erigidos en base a este número son considerados capillas de resurrección, donde el ser humano, en su interior, puede mutar su esencia para convertirse en algo más que un hombre o que una mujer. Es en su sanctasanctórum donde se producía la metamorfosis, y el alma, al postrarse ante la inmensidad, se convertía asimismo en inmensidad, de la misma manera que el ocho, al tumbarse, se convierte en el emblema del infinito. Los pitagóricos consideraban que era la cifra de la armonía y la eligieron como sello de igualdad entre las razas. Podemos localizar el ocho en las dos serpientes enfrentadas que forman el caduceo, así como en las estrellas principales que constituyen las constelaciones de la Osa Mayor —la cual se equipara con el arca de la alianza—, de Orión —el guerrero por excelencia—, así como del Cisne, cuya figura en el firmamento se asemeja al madero donde Cristo fue clavado, por lo que nuestros ancestros la denominaron como la Cruz del Norte.

En la Biblia encontramos ocho resurrecciones. David era el octavo hijo de Isaí, al igual que Salomón era el octavo hijo de David. Ocho son las bienaventuranzas, los días que duran las fiestas de Janucha y Sucot, y ocho también son las prendas con las que el sacerdote hebreo —*cohen*— debe vestirse para poder servir a Yahvé en el templo. Como curiosidad, en el año 1146, el papa Eugenio III aprobó que los *Pauperes Commilitones Christi Templique Salomonis* llevasen en sus capas y sobre sus hombros izquierdos una cruz patada roja de ocho puntas.

La Cúpula de la Roca, como acabamos de ver, era la capilla donde el iniciado podía morir y resucitar. Un lugar terrible, como advirtió el patriarca Jacob cuando reposó su cabeza en la piedra y soñó con cientos de ángeles subiendo y bajando de los cielos: «Cuando Jacob despertó de su sueño tuvo mucho miedo y pensó: "¡Sin duda alguna el Señor estaba aquí y yo no lo sabía!"» (Génesis 28, 17).

Exterior del Cenáculo y tumba del rey David.

Otro de los lugares mágicos de Jerusalén es la tumba del rey David. Con las idas y venidas del pueblo hebreo, y las sucesivas revueltas en «la ciudad de la paz», parece que en algún momento se perdió la pista de su ubicación. El historiador judío Flavio Josefo asegura que Herodes el Grande intentó saquearla, pero encontró que se le habían adelantado. El viajero y cronista Benjamín de Tudela, en el siglo XII, testificó que tanto la tumba del rey como la de sus sucesores fueron encontradas de nuevo por los cruzados y que se hallaban bajo el Cenáculo en el monte Sion. La tradición posterior trajo hasta aquí a miles de devotos judíos, los cuales comenzaron a reunirse sobre todo en la víspera de Shavuot, cuando se cree que murió David, para rezar y estudiar la Torah durante toda la noche junto a su cenotafio.

Tradiciones poco ortodoxas piensan que el arca de la alianza podría haberse sacado a escondidas del templo de Salomón y haber sido enterrada aquí, pero de lo que podemos dar constancia, como muy probablemente también descubrió el padre de los caballeros templarios, es que desde este lugar mana una energía muy especial que está en consonancia con los enclaves de poder en los que la orden edificará sus encomiendas posteriores.

No podemos olvidarnos de nombrar en esta lista la capilla de la Ascensión, situada en la cumbre del monte de los Olivos, desde donde la tradición asegura que Jesús se elevó a los cielos y donde Godofredo de Bouillon dijo haber visto a san Jorge a lomos de un caballo blanco arengando a los cruzados a tomar la Ciudad Santa. El pequeño edificio de planta octogonal —al igual que el Domo de la Roca— alberga una piedra que los cristianos consideran sagrada, puesto que se supone que contiene la huella de uno de los pies de Jesús antes de su elevación hasta llegar a la diestra del Padre.

Numerosos estudiosos han querido ver en su ermita poligonal reminiscencias de un baptisterio que habría pertenecido al complejo del *Templum Domini*. Empero, nosotros no podemos estar de acuerdo. Al menos, no literalmente.

Capilla de la Ascensión. Acceso a la planta inferior.

Si bien los baptisterios eran capillas aisladas o anexas a las grandes basílicas donde los devotos acudían a recibir el sacramento por inmersión en alguna de sus piscinas o fuentes, en la capilla de la Ascensión no se han encontrado vestigios ni de esas piscinas naturales ni de ninguna pila bautismal. Esta particularidad unida a la distancia que hay entre el Domo de la Roca y su ermita homónima hacen inviable la posibilidad de que los cruzados la considerasen un baptisterio al uso. No obstante, parece que esta aseveración molesta bastante a los historiadores ortodoxos, puesto que, si no fue un baptisterio, no sabemos qué función pudo tener, así como el hecho de que los nueve caballeros originales — Hugo de Payns, Geoffrey de Saint-Omer, Andrés de Montbard, Archamband de Saint-Aignan, Payen de Montdidier, Godofredo de Bisol, Rolando, Gondemaro y Hugo Rigaud— la tuvieran en tan alta estima.

El enclave fue primeramente destruido por los persas de Cosroes II en el año 614, al igual que el Santo Sepulcro. Los cruzados volvieron a reconstruirla y los musulmanes a destruirla un par de veces más, a excepción de la capilla octogonal, que se reconvirtió en mezquita cuando Saladino tomó la ciudad en el 1187. No obstante, trece años más tarde, el sultán de Egipto y Siria decidió cedérsela a los cristianos para que pudieran hacer uso de ella libremente.

Poco a poco, peregrinos de las tres confesiones fueron creando sus propias leyendas en torno a la tumba que se encuentra debajo del edificio. Los judíos piensan que pertenece a la profetisa Hulda; los musulmanes, que se trata de la de la santa Rabia Al-Adawiyya, y los cristianos, que en ella descansan los restos de Pelagia de Antioquía.

Como ya hemos mencionado, al ser un edificio erigido sobre el número ocho, debemos suponer que se trata de otra capilla de regeneración, donde los que sabían leer el lenguaje de la piedra podían acudir a bautizarse en el fuego para convertir el plomo en oro y la oscuridad en luz.

El hecho de que la leyenda afirme que fue precisamente aquí donde Jesús se elevó a los cielos, además de poseer, como el Domo de la Roca, una piedra sagrada, es motivo más que suficiente para suponer que el enclave es en realidad una cámara de transmutación alquímica en la que el neófito puede beber del grial y entrar en contacto con la piedra filosofal —*Lapsit Exillis*—, para elevarse hasta el séptimo cielo y convertirse finalmente en hijo de Dios.

A pesar de lo anterior, la construcción más relevante para los peregrinos cristianos será el Santo Sepulcro, o la iglesia de la Anástasis de Jerusalén, la cual alberga en su interior tanto el terreno de la crucifixión como el nicho sepulcral del Hijo del Hombre.

Durante la conquista romana, cuando Jerusalén pasó a llamarse Aelia Capitolina, en la colina sureste de la explanada del templo se construyó un enorme santuario dedicado a Afrodita. Doscientos años después, con la llegada de santa Elena, el santuario de Afrodita sería totalmente demolido por orden expresa del emperador Constantino, quien, basándose en las cartas del obispo Macario, creyó a pies juntillas que el Santo Sepulcro se encontraba debajo de aquel lugar. Después de derribar el edificio, santa Elena hizo excavar el subsuelo, donde supuestamente encontró tres cruces: las de los dos ladrones y la de Jesús, la cual pudo identificar porque recostaría en ella a un leproso que, al contacto con la reliquia, se levantó totalmente sano.

Tras su destrucción por los persas, los bizantinos la reconstruyeron de nuevo. No obstante, en el 1009 el califa loco Al-Hakim volvió a reducir el lugar a escombros hasta que en el 1040 el emperador de Bizancio Constantino Monócamo la volvió a levantar.

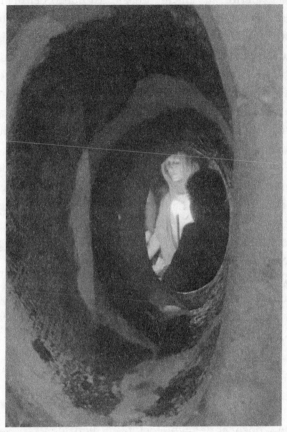

Mujer rezando en la capilla de los Ángeles, interior del Santo Sepulcro.

Sabemos que, cuando los cruzados tomaron Jerusalén, ampliaron la iglesia en varias ocasiones. Como cabía esperar, el Santo Sepulcro acabó siendo el lugar de peregrinación más famoso de toda la cristiandad. La edificación presenta varias alturas. Tras la entrada principal se hallan las escaleras que conducen al Gólgota —el monte de la Calavera—, donde fue alzada la cruz de Jesús. En la planta inferior, justamente debajo del hueco del madero, se encuentra la tumba de Adán. Según la tradición vetero-testamentaria, el Mesías debía ser ajusticiado en el mismo lugar donde Adán fue enterrado para que con su sangre limpiase el pecado del hombre original y que tanto él como el resto de la humanidad pudiésemos por fin ser redimidos.

Al lado contrario, dejando a la derecha la piedra de unción donde el cadáver del Nazareno fue depositado para que José de Arimatea lo envolviera en la sábana santa, se abre la rotonda que hospeda el edículo original de su nicho. El pequeño oratorio comprende dos minúsculas habitaciones, la antesala donde los ángeles permanecie-ron esperando el despertar del Hijo de Dios, y, tras una puerta de 1,33 metros de altura, el hipogeo que alberga el basamento donde el cadáver de Cristo fue depositado.

Rodeado de velas, incensarios e iconos, encima del monumento llama la atención la representación de Jesucristo, flanqueado por ángeles, levantándose triunfante precisamente desde la roca que tiene bajo sus pies.

EL SUEÑO QUE COMIENZA

Poco a poco, en la mente del joven señor de Payns se fue gestando una curiosa idea, la de que no fue Dios quien abandonó a Jesús en la cruz, sino los hombres que lo siguieron…, al igual que los que todavía decían seguirlo. El Reino de los Cielos, como antaño, sufría violencia, y los violentos lo arrebataban, mientras que los hijos de Dios se empeñaban en poner la otra mejilla. Por tanto, maduró en su interior, era necesario que también con violencia los pacíficos defendiesen el país donde Jesús vivió.

Hugo vio clara la necesidad de crear un ejército al servicio de Cristo que supliera las faltas anteriores y defendiese su testamento de las manos de cualquiera que quisiera amenazarlo de nuevo. Una de tantas noches, sentado a la vera del *Templum Domini*, en la explanada de las Mezquitas, levantó la cabeza, miró la cruz que coronaba la mezquita Al-Aqsa y repasó el Evangelio de Juan de arriba abajo.

Iluminado por la luna llena, el caballero recordó las palabras que Jesús pronunció cuando estuvo frente a Pilatos: «Si mi reino fuera de este mundo, mis servidores pelearían para que yo no fuera entregado...» (Juan 18, 36). Hugo se levantó de un salto. ¡Por fin lo tenía claro! Debía reunir un grupo de hombres notables para formar una milicia que defendiera los intereses del Hijo de Dios en la tierra de su heredad.

Al igual que la regla de san Benito recomendaba *Ora et Labora* —«reza y trabaja»—, el muchacho se dio cuenta de que no era suficiente con rezar, sino que también había que trabajar para mantener lo que se había conseguido. Si bien la mentalidad de la época recomendaba dejarlo todo en manos de Dios, esta nueva iniciativa, para algunos casi luciferina, dio un giro brusco al dogma anterior, proponiendo que las manos de Dios eran en realidad las nuestras.

Movido por ese impulso, puso rumbo a la iglesia del Santo Sepulcro, traspasó la puerta de la basílica, dejó el Gólgota a la derecha y entró en el edículo donde fue depositado el cuerpo de nuestro Señor Jesucristo. Allí, en el más íntimo silencio, hincó una rodilla en tierra y dijo: «Señor, dame fuerzas para llevar a cabo esta tarea. Permíteme convertirme en uno de tus ayudantes».

Al levantar la cabeza encontró la respuesta divina en la silueta de los ángeles labrados en la roca que flanqueaban y protegían la imagen de Cristo resucitado. A diferencia de los cruzados, que hicieron verdaderas barbaridades cuando entraron en Jerusalén, los que quisieran formar parte de la nueva *Militia Christi* tendrían que convertirse en poco menos que monjes-guerreros consagrados a la bendita tarea de proteger los santos lugares del Reino de los Cielos bajo la atenta mirada del Señor. Esos «ángeles», a partir del Concilio de Troyes, llevarán atuendos blancos, símbolo de pureza, además de una cruz patada roja concedida por el papa Eugenio III en 1147 para bordarla en el lateral izquierdo de los hábitos, un poco por encima del corazón, insignia de la preciosa sangre que brotó del costado de nuestro Señor.

Con el cuerpo todavía temblando de emoción, Hugo salió del oratorio, dejó atrás la rotonda y saltó al patio exterior. Allí, en la puerta, como si de una aparición se tratase, se encontró frente a frente con un caballero blanco llevando un emblema compuesto por cinco pequeñas cruces rojas bordadas en el manto a la altura del corazón; un canónigo perteneciente a la orden sepulcrista fundada por Godofredo de Bouillon, el cual quiso vestir a sus militantes del mismo modo que había visto a san Jorge en el monte de los Olivos[18].

«In hoc signo vinces»[19], le dijo de improviso el gentil-hombre mientras señalaba la cruz de Jerusalén de sus vestiduras. Exactamente la misma frase que el emperador Constantino había divisado por encima del crismón, y que esa misma noche Jesús, en sueños, le recomendó que usara contra sus enemigos.

A diferencia de los caballeros inmaculados que apenas unos años más tarde compondrían la Orden del Temple, los canónigos del Santo Sepulcro no estuvieron sujetos, al menos en sus inicios, al voto de las armas, por lo que hasta el 1114 serán considerados más bien como el cabildo de la iglesia de la Anástasis. No obstante, los religiosos estaban obligados a contribuir militarmente a la salvaguarda de la ciudad, por lo que junto a los primeros monjes se dieron cobijo también al menos dos decenas de laicos versados en el arte de la guerra, los cuales se dedicaron a desarrollar aquella labor.

Esta doble vertiente dentro de la orden sepulcrista servirá igualmente de inspiración para que Hugo de Payns decida dividir al futuro Temple en dos secciones, la de aquellos que tuvieron acceso al saber secreto que, como iremos viendo, los nueve primeros caballeros encontraron debajo del Domo de la Roca, y la de la milicia, muchachos de familias humildes, o incluso nobles sin tierras, que serían utilizados como soldados para luchar contra los musulmanes.

Con la luz de la luna iluminando su rostro, Hugo desanduvo la Vía Dolorosa y llegó al lugar donde se hospedaba el duque de Champaña, a quien, en un intento de desahogar su alma, le confesó todo lo que le había pasado. El hombre escuchó a su vasallo en silencio y, cuando el muchacho acabó, tampoco comentó nada. Los ancianos solían decir que ese tipo de alucinaciones eran típicas en los peregrinos que arribaban a Jerusalén. Que la ciudad solía causar ese tipo de alucinaciones en las mentes de los soñadores.

Concebir que un monje pudiera dedicarse al mismo tiempo a la oración y a la guerra rompía todo lo que hasta entonces se había hecho. Sin embargo —siguió pensando—, si aquella idea venía de Dios, su amigo no desistiría hasta conseguir cumplir su cometido. En cambio, si era cosa del diablo o de su imaginación, se le olvidaría nada más regresar a casa. No obstante, a Perceval, es decir, a Hugo de Payns, no se le olvidó...

MERLÍN DE CLARAVAL

Bernardo fue uno de los padres fundadores de la orden de los monjes cistercienses, además de un gran pensador de su época, cuyo poder a menudo llegaba a influir en las decisiones de los reyes de Europa, e incluso en el destino del propio papado.

Tercer hijo de Tecelino e Isabel, vasallos del duque de Borgoña, el joven Bernardo de Fontaine, como todos los que no fueron agraciados con el destino de la primogenitura, sería enviado a estudiar Teología a la Escuela de Chatillon-sur-Seine, donde acabará por empaparse del clima de las cruzadas y defenderá visceralmente el deber cristiano de proteger los lugares sagrados donde Jesús vivió, así como la supremacía del papa sobre cualquier otro monarca de la tierra basándose en la *Doctrina de las dos espadas*, por la cual la Iglesia podía hacer prevalecer sus intereses por encima de cualquier poder terrenal aun a costa de tener que imponerse por la fuerza.

A pesar de que en los Evangelios no encontramos que Jesús recurriese en ningún momento al uso de las armas, sino más bien todo lo contrario, y de que en más de una ocasión bendijo a los pacíficos y se consideró a sí mismo como «el manso», la necesidad de usar la violencia llevó a numerosos religiosos de todas las épocas a buscar algún versículo que, extrapolado y malinterpretado, vindicase el uso de las mismas, como fue el caso de Lucas 22, 36-38, donde podemos leer:

El que tenga una bolsa, que la lleve consigo, de la misma manera que una alforja. Y el que no tenga espada, venda su manto y compre una. Entonces ellos le dijeron:

«Señor, aquí hay dos espadas». Y él les respondió: «Es suficiente».

Que Jesús echase a los ladrones del templo, que llamase a Antipas zorro y que Pedro poseyera una espada era la excusa que la Iglesia necesitaba para comenzar a legitimar a sus acólitos a usar la violencia en pos de defender sus propios intereses.

Tras diez años de estudio y reclusión, Bernardo, deseando emular las gestas de Godofredo de Bouillon, decidió regresar al hogar familiar, cerca del castillo de Dijon, donde de improviso tuvo que asistir al funeral de su madre, lo que causó un gran impacto en su ánimo. Pero será yendo a asistir a sus hermanos, que se encontraban en el campo de batalla junto al duque de Borgoña, cuando Dios lo reclamó para otros menesteres.

Según la leyenda hagiográfica, al igual que san Pablo, Bernardo oyó una voz en el camino que le hizo caer del caballo e ir a refugiarse a la iglesia más cercana. No obstante, la voz no le dio tregua y, mientras se encontraba arrodillado frente al altar mayor, le dijo: «Venid a mí todos los que estáis cansados, y yo os daré descanso. Llevad mi yugo sobre vosotros y aprended de mí y hallaréis reposo en vuestras almas».[20]

El hijo de Tecelino de Fontaine, que había dejado la vida monástica para hacerse caballero, comprendió que Dios lo estaba llamando a su servicio, por lo que desde aquel momento enterró su armadura y la cambió definitivamente por los hábitos monásticos. Su decisión, empero, obtendrá la peor de las respuestas por parte de su hermano Gerardo, quien lo acusará de ser un cobarde y de buscar amparo en la Iglesia para evitar tener que cumplir su deber con el duque de Borgoña.

San Bernardo predicando la Segunda Cruzada,
en Vézelay, en 1146. [Émile Signol]

Bernardo, deseando hacer comprender a su hermano
los designios de Dios, se encaminó hacia el campo de

batalla, donde Gerardo se cebó aún más con él. Con todo, el joven fraile mirará a su hermano a los ojos, pondrá una mano en su hombro y le advertirá que justamente en aquel mismo lugar, a los pocos días, sería herido de gravedad. Una herida, añadió, que le haría más bien que mal, puesto que le serviría para abrir su mente a una verdad superior. Dándose media vuelta, el clérigo dejó a su hermano soltando improperios. No obstante, como Bernardo había vaticinado, Gerardo fue atravesado por una flecha en el hombro izquierdo a las pocas jornadas, lo que propició que años más tarde decidiera también tomar los hábitos e ingresar en la Orden del Císter.

En 1113 Bernardo, junto con treinta hombres más —entre los que se encontraba su tío y al menos cuatro de sus hermanos—, solicitó su admisión formal en el monasterio de Molesmes, cuna de los monjes blancos del Císter. La hermandad, que presumía de llevar una vida de pobreza absoluta, acogerá al joven fraile en su seno y le enseñará a domesticar sus bajas pasiones. El muchacho empezará a vestir los hábitos más humildes, a sofocar su sed en los manantiales, a saciar su hambre con las oraciones, a utilizar como almohada el Nuevo Testamento, a dormir en jubones roídos y a levantarse cuando el sueño es más dulce para beber de la miel de la plegaria. Pronto, el joven monje recibirá el encargo de fundar un monasterio en Claraval, donde será ordenado sacerdote y donde acogerá incluso al infante Enrique, hijo de Luis VI de Francia, quien tras entrevistarse con él decidirá ingresar en el Císter. Su escudero, Andrés de París, aunque primeramente salió huyendo del monasterio jurando que Bernardo era un mago peligroso, al cabo de unos días regresará para imitar los pasos de su señor.

También en Claraval Bernardo recibirá al rector benedictino Guillermo de Saint-Thierry, influyendo de tal manera en sus pensamientos que, poco después de su encuentro, el abad renunciará a su puesto y solicitará su admisión en la hermandad blanca. Poco a poco, la fama de Bernardo empezará a correr como la pólvora por toda Europa. Su presencia imponía a nobles y reyes, quienes llegaban incluso a esconder a sus hijos para que no se viesen seducidos por las palabras del mago de Claraval.

Conocida de sobra fue su enconada oposición en contra del antipapa Anacleto II —apoyado por la familia Pierleoni— en favor de su rival Inocencio II. Con la muerte de Honorio II un nuevo cisma vino a sacudir el seno de la Iglesia católica, semejante en todo al vivido anteriormente cuando otro antipapa, Celestino II —apoyado igualmente por la familia Pierleoni—, fue ilegítimamente nombrado a la vez que Honorio II, lo que movilizaría dos facciones enfrentadas dentro de la curia, las cuales tuvieron también sus apoyos entre la nobleza europea. No obstante, Celestino II, tras un solo día de papado, decidió renunciar al solideo blanco en favor de su rival. Empero, con Anacleto, la cosa no fue tan sencilla.

Bernardo decidió abandonar su clausura y durante más de siete años se dedicó a recorrer Europa, entrevistándose con nobles y reyes, buscando apoyos para su papa favorito. Debido a los fuertes mecenas de Anacleto II, Inocencio se vio forzado a dejar Roma para trasladarse a Francia hasta que Bernardo consiguió su propósito y el nuevo vicario de Cristo pudo regresar a la capital del Tíber para gobernar la Iglesia legitimado por el fuerte carisma de su tutor.

Muchos piensan que Bernardo pudo haber sido también el mentor espiritual tanto del conde de Champaña como de Hugo II de Payns, con quien probablemente coincidió en Molesmes, por lo que no es de extrañar que nada más regresar de Tierra Santa, los dos amigos lo pusieran al tanto de sus planes.

No sabemos si Bernardo fue la respuesta a las súplicas de Hugo o si Hugo fue la respuesta a las súplicas de Bernardo, pero, en cualquier caso, el fraile creyó a pies juntillas la revelación que el joven señor de Payns había tenido a la vera del *Templum Domini* y apoyó desde el principio su propósito de crear una nueva orden de caballería monástica que supliera las carencias por separado tanto de los religiosos como de los cruzados. La cofradía en ciernes, empero, debía carecer de la ambición de los soldados de fortuna que años antes habían acudido a las cruzadas únicamente con la intención de labrarse un nombre y conseguir riquezas, así como de la tendencia de los religiosos a entregar la vida sin pelear para gozar de la recompensa espiritual que supuestamente acompañaba a los mártires en la otra vida.

Los nuevos soldados de Cristo estarían imbuidos de la misericordia divina que evitaría las masacres y los actos licenciosos que los cruzados se permitieron hacer durante la primera campaña militar en Tierra Santa, pero también de la fiereza necesaria para acudir los primeros a la batalla y salir los últimos.

Con todo, la empresa que se disponían a iniciar era tan grande que tanto Hugo como Bernardo pensaron que, para legitimarla, deberían encontrar una reliquia que los habilitase como defensores de la cristiandad. Únicamente encontrando el santo grial o el arca de la alianza podrían saber si aquella revelación era cosa del cielo o del infierno.

Óleo de Raimundo de Puy en el salón de las cruzadas.
Alexandre Laemlein (1813-1871). [Fotografía de
Alaspada/ Museo de historia de Versalles]

LOS TESOROS DEL CASTILLO
DEL REY PESCADOR

Porque las armas de nuestra milicia no son carnales,
sino poderosas en Dios para la destrucción de fortale-
zas, derribando argumentos y toda altivez que se
levanta contra el conocimiento de Dios, y llevando
cautivo todo pensamiento a la obediencia de Cristo.

2.ª CORINTIOS 10, 4-5

Aunque en 1117 nuestro héroe, Hugo de Payns, se vería
obligado a contraer segundas nupcias con Isabel de
Chappes, en 1119 no pudo más y solicitó a Bernardo que lo
escuchara en confesión y que lo asistiera para pronunciar la
profesión solemne que le permitiera regresar a Tierra Santa
como monje, consagrándose así de una vez por todas a la
honrosa tarea que Dios le había encomendado. Según los
cronistas que relataron los inicios del Temple, Guillermo
de Tiro, Miguel el Sirio, Ernoul[21], Gualterio Map[22] y Jacobo
de Vitry, al llegar a Jerusalén, tanto Hugo como los ocho
caballeros que lo acompañaron se pusieron al servicio de
los hermanos del Hospital y del cabildo del Santo Sepulcro.

Para asistir de sus dolencias a los peregrinos que
llegaban a Jerusalén, a finales del siglo XI algunos de los
más distinguidos mercaderes de la ciudad de Amalfi, con el
consentimiento del califa fatimí Al-Mustansir, decidieron
fundar un hospital bajo la advocación de san Juan Bautista

a la vera del Santo Sepulcro, además de la iglesia de Santa María La Latina. La dirección, tanto del hospital como de la iglesia, estuvo a cargo de los monjes cluniacenses que más tarde serían conocidos como la Orden del Hospital de San Juan de Jerusalén, la Orden de Malta o, sencillamente, como los caballeros hospitalarios. Sabemos de buena tinta que su primer maestre, Gerard de Sant Genís, extendió su influencia más allá de Palestina, llegando incluso hasta Siria y Europa en un intento de abarcar la mayor parte de las rutas que convergían en Tierra Santa. Aunque su labor principal fue asistir a los cristianos, así como a los huérfanos y a las viudas, pronto se ganaron la confianza de los gobernantes musulmanes, sanando de igual manera a judíos y sarracenos.

Tras la llegada de Hugo de Payns a la ciudad, con sus revolucionarias ideas, el segundo gran maestre Raimundo de Puy comprendió que ni los santos lugares ni los peregrinos podían protegerse únicamente con palabras, aunque estas fueran plegarias y oraciones, sino que se hacía necesaria una fuerza armada que retrajese a los enemigos y los disuadiese de futuros ataques, por lo que los frailes hospitalarios acabaron convirtiéndose también en una orden religiosa y militar. En 1120 cambiarán la regla de san Benito por la de san Agustín y la nueva milicia pasará a depender única y exclusivamente del papa. Portaban aquellos gentileshombres vestidos negros mientras se encontraban dentro de las ciudades, los cuales eran cubiertos por un jubón bermellón cuando entraban en batalla; aunque su insignia principal siempre fue la cruz blanca de ocho puntas y trazos rectos conocida como la cruz de las ocho beatitudes[23], de las ocho bienaventuranzas[24], y a partir del 1462 también de las ocho lenguas que se hablaban dentro de la cofradía[25].

Al cabo de algunos meses de convivencia, Hugo de Payns y sus caballeros abandonarán las dependencias de la orden sanjuanista y el patrocinio del cabildo sepulcrista para unir el voto de armas a los ya conocidos de pobreza, obediencia y castidad, fundando así la primera hermandad monástico-militar de la historia. Bajo la protección de Gormundo de Piquigny, patriarca de Jerusalén, la nueva milicia se encargaría de proteger los santos lugares del Reino Latino así como a los peregrinos que transitaban por ellos.

Balduino II decidirá alojar a la recién nacida guardia en los sótanos del edificio ubicado en la mezquita Al-Aqsa, que, como ya hemos mencionado, perteneció a las caballerizas del templo de Salomón, de ahí que a partir de entonces empezara a conocérseles como los Caballeros del Templo de Salomón o sencillamente templarios[26]. El maestre del Hospital, por su parte, les asignará una renta para que pudieran subsistir hasta que consiguieran ser autosuficientes. Además, les diseñará el Baussant, un estandarte mitad blanco mitad negro —que más adelante será adornado con una cruz encarnada en el centro—, el cual servirá como primera insignia de la recién aparecida milicia de Cristo.

Mucho se ha discutido sobre el significado del Baussant. Lo primero que nos llama la atención son los colores opuestos dentro del pendón, los cuales quizás simbolicen la disparidad entre la vida monástica y militar; aunque también se ha especulado que podrían representar a las dos órdenes de caballería presentes en Tierra Santa antes de la llegada de los templarios: el Hospital y el Sepulcro. El blanco, símbolo de la paz, era el color de los andantes, el cual contrastaba con el negro, distintivo del caos, pero que sin embargo era vestido por los postulantes a caballeros —sargentos—, por lo que tal vez, de un modo velado, el emblema esté convocando a los iniciados a emprender la lucha de la luz contra las sombras tanto fuera como dentro de uno mismo.

Los caballeros del Temple vistieron una doble armadura, la de metal y la de la fe. Vivieron para el Señor y murieron por él. Aspiraban a conseguir una paz duradera por medio de una espada siempre presta. Únicamente los que superaban todos sus vicios y lograban purificarse completamente llegaban a convertirse en custodios de su propio camino, en vigilantes de sí mismos y en protectores del legado del Cristo Interior. Solo entonces eran merecedores de vestir el blanco[27].

NUEVE CABALLEROS Y UN MISTERIO

No cabe la menor duda de que los Pobres Caballeros de Cristo arribaron a Jerusalén para hacer algo más que rezar y salvaguardar los caminos del ataque de los sarracenos. Incluso desde su nacimiento, no parece que los templarios fuesen una orden de caballería al uso. No eran como los caballeros hospitalarios, que se dedicaban a sanar a los pobres y enfermos, ni tampoco eran como los canónigos del Sepulcro, que velaban por la seguridad de la iglesia de la Anástasis. De sus primeros años no se puede contar que participasen en grandes gestas, ni tampoco que buscasen reclutar nuevos miembros, lo que resulta tremendamente paradójico. Ninguno de los historiadores que reseñaron sus orígenes sugieren que se prodigaran en el auxilio de los más necesitados, ni que sintieran el desprecio que se esperaba hacia los musulmanes, como tampoco que participaran en la defensa de Tiberiades o de Antioquía cuando hizo falta. Sin embargo, lo que sí conocemos es que esos nueve caballeros, durante casi nueve años, se dedicaron a buscar algo debajo del suelo tanto de la mezquita Al-Aqsa, donde se instalaron, como del Domo de la Roca, al que no dejaban que nadie se acercara, ya fuese judío, cristiano o musulmán. Juan de Wurzburgo, un peregrino alemán del siglo XII, menciona en sus crónicas las bóvedas que posiblemente los caballeros blancos desescombraron dentro de su cuartel general. Curiosamente, el trovador bávaro Wolfram von Eschembach menciona que los custodios del grial no dejaban aproximarse a los lindes del castillo del Rey Pescador a nadie que no hubiera sido invitado previamente, o que estuviera destinado a entrar en la hermandad griálica.

De todos es sabido que, antes de la guerra de 1948 que enfrentó a palestinos e israelíes, diversos túneles subterráneos conectaban el Muro Occidental con la explanada de las Mezquitas —Haram esh-Sharif—, y esta a su vez con el Santo Sepulcro y la cueva de Sedecías, a la cual todavía se puede acceder por el paso abierto en la muralla norte de la ciudad vieja. Los numerosos problemas que durante la creación de los dos Estados se vinieron produciendo hicieron que esos túneles y cavidades subterráneas se taparan y cayeran en el olvido. En 1982, dos militares del grupo ultranacionalista hebreo Gush Egunim, exaltados por un iluminado cabalista, pensaban introducirse por uno de estos túneles para poner veintiocho cargas de explosivos, que consiguieron robar de un campamento militar en los Altos del Golán, para hacer volar la Cúpula de la Roca y la mezquita Al-Aqsa durante la hora del rezo musulmán. Con ello se proponían provocar la tercera guerra mundial e incitar el advenimiento del Mesías. Por suerte, sus planes se vieron frustrados, ya que ningún rabino quiso bendecir su macabro intento.

Con todo y con eso, algunos años más tarde, un guardián que se paseaba de noche por la explanada de las Mezquitas escuchó voces provenientes de la Cúpula de la Cadena, uno de los dos pozos que se yerguen a ambos lados del Domo de la Roca. Alarmado, decidió descender para ver de qué se trataba, encontrando allí a los hombres del rabino Guetch, que, según dijeron después, estaban buscando el arca de la alianza.

Tras el nuevo desencuentro con los musulmanes, las autoridades israelíes decidieron bloquear todos los accesos subterráneos a la explanada, incluso los que se encontraban en el túnel de los Asmoneos que se abre paralelo al muro, olvidando para siempre lo que fuera que se encontrara en aquellas galerías. Ibn Al-Faqih, historiador de principios del siglo X, asegura que muchos fieles se reunían para rezar en una cueva que se encontraba justamente debajo de la Roca Fundacional, en la que cabían al menos sesenta y dos personas. En 1173, el cronista Ali de Herat certificó haber visto otra gruta bajo la piedra original del *Templum Domini*, a la que llamó Pozo de Almas, donde se supone que los sacerdotes de Israel escondieron el arca para preservarla de los conquistadores babilónicos, pero que sin embargo su ubicación real no se conoció hasta después de que los templarios estuvieran allí.

Esta gruta difiere de la que narra Al-Faqih tanto en sus dimensiones como en su función. Si bien la anterior puede acoger algo más de sesenta almas, en esta apenas caben diez o quince personas.

Según pude comprobar cuando estuve en ella —más información en mi libro *El Grial de la Alianza* (Almuzara, 2018)—, bajando apenas una decena de peldaños, se accede a una pequeña cueva que muestra un extraño basamento

en la pared norte, tallado groseramente como para deposi-
tar algo que bien podría haber sido una caja de madera y
oro. De hecho, el lugar no tiene otra razón de ser que la
de querer esconder algún secreto, y aquella elevación en la
roca a modo de mesa improvisada solo puede deberse a una
cosa: ese tuvo que ser el escondite del arca del pacto que los
nueve caballeros cristianos encontraron y rescataron hace
ahora poco menos de novecientos años.

Cueva de Sedecías, Jerusalén.

No podemos olvidar que, durante la Edad Media, diversos
cabalistas de Toledo divulgaron la creencia de que Salomón
había ordenado construir dos hipogeos debajo del templo
que llevaba su nombre. En uno, el más accesible, ocultó unos
cuantos objetos de valor y libros sapienciales para que, en
el caso de que Jerusalén cayese en manos enemigas, estas

encontraran esos tesoros fácilmente y dejaran de buscar la segunda gruta, donde los sanedrines habrían ocultado el arca de la alianza y lo más granado de la sabiduría hebrea.

Durante muchos años el número nueve se vino asociando a diversos personajes que fueron considerados como los máximos representantes de los cantares de gesta. Separados por tríadas, estos son Héctor de Troya, Alejandro Magno y Julio César; el patriarca Josué, el rey David y Judas Macabeo, libertador de Jerusalén, y, por último, el rey Arturo, Carlomagno y Godofredo de Bouillon, por lo que, como tantas otras peculiaridades, no parece que tanto el número de los caballeros originales como los años que permanecieron en reclusión se deban a una mera casualidad.

Según la numerología medieval, el nueve es el nivel más alto que el hombre puede alcanzar en su búsqueda de la perfección antes de llegar a la sublimación en la excelencia de Dios, representado por el diez. Por tanto, esos nueve caballeros, trabajando durante nueve años, son en realidad un símbolo del camino de perfección que Hugo de Payns y sus compañeros emprendieron hasta alcanzar el umbral donde el cálamo se rompe y el cielo se funde con el mar.

A pesar del apoyo de Raimundo de Puy y del monarca de Jerusalén a las revolucionarias ideas del fundador de los caballeros templarios, las normas de la Iglesia seguían prohibiendo el uso de las armas por parte de cualquier religioso. Para salvar este impedimento, el gran maestre del Temple y el patriarca de Jerusalén acordaron redactar una regla inicial con setenta y dos enmiendas que debería ser aprobada por el papa, para lo cual contarán con la revisión y corrección del mismísimo Bernardo de Claraval, quien se basará en la del Císter para acabar de darle forma.

En 1127 Hugo de Payns y cinco de los caballeros iniciales regresaron a Francia quizás con algo que habían encontrado excavando en el subsuelo de la explanada de las Mezquitas…, más concretamente en el Pozo de Almas. Bernardo, a la sazón protector de Hugo de Payns y pariente de André de Montbard, otro de los andantes que habían acompañado al primer caballero blanco, los recibirá con gran pompa. Durante ese año, el señor de Payns se dedicará a recorrer Francia, Inglaterra y Escocia tomando posesión de las donaciones que tanto reyes como nobles cedieron con sumo gusto a una fraternidad que no había hecho nada reseñable y que, de momento, no era nada más que una idea en un trozo de papel.

Con todo y con eso, al año siguiente, un concilio lo estaría esperando en Troyes, donde lo más granado de la curia y de la aristocracia de la época aguardaba para conceder distinciones, gloria y dispensas a la regla monástico-militar de un paladín que, a partir de aquel instante, revolucionaría el modo de ver el mundo.

El tiempo que los templarios pasaron en Tierra Santa antes de que se aprobase la regla es totalmente innecesario a menos que, como muchos creemos, estuvieran buscando alguna reliquia que validara su pretensión de convertirse en soldados de Cristo.

Con el visto bueno de todos sus mecenas, desde Bernardo de Claraval al conde de Champaña, pasando por el patriarca de Jerusalén, los canónigos sepulcristas, el maestre del Hospital y el mismísimo rey Balduino II, el primer gran maestre del Temple podría haber viajado a Roma mucho antes para validar sus ideas delante del alto clero… y sin embargo decidió esperar. Hugo de Payns hizo una pregunta a toda Europa: ¿quién está dispuesto a convertirse en un ángel para defender a Cristo? Y la respuesta no se hizo esperar. Tras el abrazo del santo padre, la fama de la milicia se extendió por toda la cristiandad y centenares de jóvenes acudieron seducidos por el encanto de portar sobre sus hombros la preciada cruz patada. Poco a poco, los *Militia Christi* fueron haciéndose cada vez más ricos, teniendo que crear dos clases más de caballeros conjuntamente con la de monjes-soldados. La primera en surgir será la de los seglares solteros que se comprometían a abstenerse de cohabitar con mujeres mientras durase el tiempo que ellos mismos habían elegido para servir dentro de la orden. Pero, por otra parte, estaban los caballeros de la Orden Tercera, que podían ser indistintamente solteros, casados o viudos, toda vez que, al morir, dejasen parte de su herencia a la cofradía jerosolimitana[28]. Esta nueva ordenanza, sin embargo, traerá innumerables quebraderos de cabeza a los jinetes blancos.

Muchos piensan que fue Felipe el Hermoso quien acabó con el Temple, pero en realidad fue esta permisividad para que los nobles accedieran, aunque fuese de manera momentánea, a la orden, la que acabó con los valores originales que su fundador quiso instaurar en sus seguidores. La atomización de la cofradía los hizo vulnerables a las numerosas herejías que venían repartiéndose dentro del cristianismo, además de a las impurezas y a los actos licenciosos que se les imputaron después.

El acceso de personas poco preparadas y de escasos valores morales al reclamo de la moda del momento llevará a los maestres a incluir sus preocupaciones dentro la Regla Primitiva, exhortando al capítulo a la expulsión por cualquier vicio de todo aquel que sin discreción hubiese estado en la Casa de Dios y de los caballeros del Temple.

También se prohibió que los sargentos y escuderos pudieran vestir los hábitos blancos, dado que aquella costumbre había traído gran deshonra a la casa, pues en diferentes regiones falsos hermanos, hombres casados y otros que fingían ser caballeros del Temple usaron sus capas para jurar sobre ellas acerca de asuntos mundanos y heréticos. Trajeron tanta vergüenza y perjuicio a la honorabilidad de los templarios que muchos se vieron envueltos en terribles escándalos.

Si cualquier caballero seglar o cualquier otro hombre desea dejar el siglo y abandonar la vida secular, escogiendo la vuestra en comunidad, no consintáis en recibirlo inmediatamente, porque según ha dicho san Pablo: «Probate spiritus si ex Deo sunt». Que quiere decir: prueba el alma a ver si viene de Dios. Sin embargo, si la compañía de los hermanos le debe ser concedida, dejad que le sea leída la Regla, y si desea explícitamente obedecer los mandamientos de la Regla, y complace tanto al maestre como a los hermanos el recibirle, dejadle revelar su deseo ante todos los hermanos reunidos en capítulo y hacer su solicitud con corazón digno (Regla Primitiva).

En 1139, el papa Inocencio II liberó a los templarios de tener que prestar lealtad o someterse a otra autoridad que no fuera la del santo padre. Curiosamente, a partir de esa fecha comenzarán a construirse en Francia numerosas iglesias, catedrales y encomiendas en un estilo nuevo llamado «gótico», algunas de las más importantes alrededor del condado de Champaña, cuyo señor era el mejor amigo de Hugo de Payns y ahora además había abandonado su título, sus tierras y a su familia para ponerse al servicio de quien fuera su vasallo, ingresando así en las filas de los caballeros del Grial.

Muchas de sus abadías eran edificaciones poligonales erigidas sobre alguna piedra o gruta, a semejanza del Domo de la Roca y de la capilla de la Ascensión, en lugar de cruciformes como las catedrales románicas. A partir de ese momento, tanto los cistercienses de Bernardo como los templarios de Hugo de Payns comenzarán a sentirse extrañamente atraídos por el culto a las vírgenes negras, la mayoría de ellas talladas en madera oscura con medidas que rondaban los setenta centímetros de alto por treinta y cinco de ancho y de largo, sentadas en cátedra, envueltas en un manto dorado y custodiadas por al menos un par de ángeles.

Aunque muchos historiadores proponen que la adopción de esas efigies pudo deberse a algún tipo de impregnación entre los gentileshombres francos y el culto a Isis importado de Egipto, también sabemos que el arca de la alianza estaba hecha con tablones de acacia, una madera de color oscuro, casi negro, que medía dos codos y medio de alto por uno y medio de ancho y de largo[29], recubierta de oro y que además estaba protegida por dos querubines que se encontraban labrados en el propiciatorio[30].

Según el relato veterotestamentario, dentro del cofre se guardaban las tablas de la ley que hicieron posible la antigua alianza del pueblo judío con Yahvé. De la misma manera, los Evangelios aseguran que la Virgen María era el receptáculo de la nueva ley, la cual vino en la forma de su hijo Jesucristo, quien acabaría trayendo una nueva alianza con el Dios de Israel. Si bien el arca de la alianza era una mediadora entre Moisés y Yahvé. María, sobre todo para Bernardo de Claraval, haría las mismas funciones de mediadora entre los hombres y Dios.

Como acabamos de ver, la vinculación entre las vírgenes negras y el arca de la alianza es más que evidente, por lo que no sería descabellado pensar que quizás, para los templarios, esas efigies fueron el símbolo de lo que encontraron en el subsuelo del *Templum Domini*. Un secreto velado a los ojos de los no iniciados que sin embargo estaría mostrando a gritos una verdad únicamente perceptible para los elegidos que podían sentarse a la mesa del Rey Pescador y disfrutar de las delicias que manaban del cáliz de Cristo.

La antigua regla de la orden, corregida por san Bernardo, aseguraba que ella —no sabemos si se refiere al arca o a María— estaba al principio y además era el fundamento del Temple: «Nuestra Señora ha sido el comienzo de nuestra religión». Lo que justifica que la mayoría de iglesias cistercienses comiencen también a tener advocaciones marianas.

Por ella habrían podido reconstruirse las ruinas de la Jerusalén celeste, en cuyo centro el arca ocupaba un lugar de honor en el nuevo templo, casi como una reina (Apocalipsis 21). Sabemos que Bernardo solía dirigirse a la Virgen en oración llamándola *Salve Regina Colei* —«salve Reina de los Cielos»—. Sin embargo, hay una incongruencia en sus declaraciones. Y es que la Jerusalén celeste no estaba en ruinas, sino más bien todo lo contrario. Era en ella donde se reunían los santos y los ángeles a la espera del juicio de las naciones.

Cuenta la leyenda que al final de los días, cuando los primeros cielos y la primera tierra hayan pasado, descenderá desde el trono de Dios la Jerusalén celeste como una esposa ataviada para su esposo. En el mismo centro de la ciudad, Yahvé edificará un tabernáculo para morar entre los hombres por y para siempre. Por tanto, a tenor de lo anterior, cabe preguntarnos si esa Jerusalén en ruinas a la que Bernardo se refiere no es en realidad la capital del Reino Latino de Oriente, si la Virgen no es en realidad una metáfora del arca de la alianza y si ese templo que hay que reconstruir no es tal vez el *Templum Domini*, debajo del cual los caballeros francos posiblemente encontraron la respuesta que andaban buscando.

Salomón, después de construir el santuario de Jerusalén y de poner el arca en su lugar, cayó en la tentación de ir detrás de ídolos extraños, a los cuales incluso levantó altares en la ciudad consagrada a Yahvé. Arrepentido, antes de morir, compondría el *Cantar de los Cantares*, un libro donde se relata la historia de amor entre un hombre y una virgen de origen sulamita. Curiosamente, el poema no es un libro profético ni sapiencial. No relata las hazañas de los héroes de Israel ni advierte de los peligros que supone alejarse de las normas de la Torah, sino un romance donde las alegorías se engarzan creando un todo armonioso que no tendría cabida dentro de la Biblia de no ser porque en realidad la historia en sí es una metáfora del alma del ser humano en busca de su Amada, en este caso, Dios, quien también sufre de amor por la separación.

En varias ocasiones, los amantes se juntan y se separan, lo que bien podría referirse a las veces que el alma se acerca y se aleja de Yahvé, que aquí es presentado como una mujer sulamita de rostro negro y piel oscura: «Nigra sum sed formonsa filiae Hierusalem sicut tabernacula Cedar sicut pelles Salomonis».[31] A la cual el ser humano intenta seducir diciendo: «Vuélvete, vuélvete, oh sulamita, y te miraremos».

A lo largo del Antiguo Testamento encontramos esta misma declaración puesta en boca de distintos profetas que también reclamaron la atención de Dios diciendo: «Vuelve a mí tus ojos, oh Señor».

Si además sabemos que el arca era la única representación de la divinidad de Israel y que estuvo hecha de madera negra de acacia, solamente nos queda unir los puntos para concluir que el *Cantar de los Cantares* es la historia del mismo Salomón y de sus encuentros y desencuentros con el Dios hebreo, a quien, después de haberle sido infiel, se vuelve arrepentido y enamorado para postrarse a sus pies.

Uno de los mayores admiradores de esta obra fue Bernardo de Claraval, quien se basará en sus cántigas para crear numerosos sermones y homilías. Pero lo que para este capítulo de verdad nos interesa, es el símbolo que Salomón utilizó para representar a Dios: nada más ni nada menos que una virgen negra.

Como ya hemos mencionado, a partir del regreso del Temple a Francia comenzarán a encontrarse a las afueras de las villas y aldeas una ingente cantidad de figurillas de este color, reclamando para sí capillas, iglesias y ermitas, las cuales conservaban la cripta de donde fueron sacadas, sin contar con que sus paredes, frisos y capiteles estuvieron adornados con sierpes o dragones, símbolo pagano de trasmutación y renacimiento, pero también de los secretos que deben permanecer ocultos.

Algunos investigadores, en este sentido, han postulado que tanto la Orden del Císter como los caballeros de la cruz patada adoraron a María como una diosa aparte, a la cual pusieron por encima del Dios verdadero. Empero, como acabamos de demostrar, las vírgenes negras no eran diosas paganas de la naturaleza, ni siquiera imágenes de la madre de Jesús, sino una alegoría del arca de la alianza en la que se manifestaba la Shejiná, la presencia de Dios. La mística hebrea —denominada Cábala— asegura que el significado de *virgen* como madre del Mesías no debería atribuírsele a un ser humano, sino a la sabiduría de Dios. Según Pablo en Efesios 3, el Evangelio de Jesús era tan perfecto que nunca antes se había dado a conocer a los hombres, por tanto era un conocimiento virgen que venía directamente del Padre. Es por esto que, allá donde una virgen negra se levanta, los nuevos templarios debemos descalzarnos, puesto que el lugar en donde vamos a entrar es sagrado.

¿UN TESORO FÍSICO O ESPIRITUAL?

Que los Pobres Caballeros de Cristo se dedicaron a amasar una gran fortuna es algo innegable, pero que el auténtico tesoro templario consistiese única y exclusivamente en riquezas materiales no tiene mucho sentido. ¿Qué encontraron realmente aquellos nueve caballeros debajo del sancta-sanctórum del templo de Salomón? ¿Más dinero? ¡No lo creo!

Sabemos que todos y cada uno de ellos, desde Hugo de Payns hasta André de Montbard, pariente de Bernardo de Claraval, dejaron su fortuna en Francia para embarcarse en esta nueva aventura. Por consiguiente, no parece plausible que abandonasen sus riquezas para ir en busca de más riquezas. Con el regreso de Hugo de Payns a Europa aparecerán puntuales referencias al arca de la alianza en algunos monumentos góticos, aunque el símbolo que más se repetirá será el de la copa que contuvo la sangre de Cristo, el santo grial. Pero ¿qué es el grial?

Tanto el Antiguo Testamento como los Evangelios están llenos de metáforas, símbolos y analogías que pretenden revelar una verdad superior. La interpretación literal de los textos sagrados propició que los sanedrines de Israel, teniendo al Mesías delante, no lo reconocieran, puesto que no encajaba con lo que ellos pensaban que debía ser. De la misma manera, la interpretación literal de los documentos cristianos desembocó en una espiritualidad que dejaba a un lado la búsqueda de la sabiduría para conformarse con la vacuidad del rito, el cual se convertirá en el eje central de la cosmovisión medieval.

Cuando el Temple comience a hacerse visible, veremos aparecer extraños símbolos que se repartirán a modo de tallas y vidrieras en todos y cada uno de sus edificios. Un sutil arte basado en insignias que solo los iniciados en los secretos de la orden podían interpretar. En consecuencia, cabría preguntarse si los caballeros blancos no llegaron a convertirse en herederos de un antiguo conocimiento que habría permanecido oculto durante milenios bajo el subsuelo de Jerusalén.

Siguiendo esta línea de investigación, el santo grial, más que un objeto físico, parece más bien la imagen arquetípica de una sabiduría que debía ganarse tras una larga búsqueda llena de pruebas a superar; algo que podemos deducir en los primeros poemas donde aparece, en los que a veces se asemeja a una copa, otras a una bandeja, pero en otros es una piedra insertada en la diadema de Lucifer que cayó a la tierra, siendo sus custodios los *Templeisen*.

Como sumun del ser humano que se ha fundido con el Logos Eterno estaría la figura de Jesucristo, quien habría conseguido convertirse en Hijo de Dios, no por la herencia dinástica del rey David, sino por su encuentro en el Jordán con el Espíritu Santo —una alegoría de la gracia divina—, cuya sangre salvífica se convertirá, a partir de entonces, en otro símbolo de conocimiento.

Contrariamente al dogma y al rito, la sabiduría es la única cualidad capaz de salvar a la humanidad de su propia destrucción. El «nuevo cristianismo templario» romperá las barreras y los dogmas preexistentes, por lo que ya no creerá conveniente tener que luchar contra los musulmanes como hicieron el resto de las órdenes guerreras de su tiempo. La meta de todo buen templario era encontrar el santo grial, es decir, la sabiduría que pudiera salvarle, y salvarnos a todos, de caer en los mismos extremismos que llevaron a sus coetáneos a matarse unos a otros por un trozo de tierra supuestamente sagrada. No obstante, esa sabiduría debía ser buscada, escondida y vuelta a encontrar por las siguientes generaciones. Solo de esa manera, los nuevos miembros del Temple permanecerían a salvo de tener que creer en verdades impuestas por sus antecesores y se embarcarían en su propia cruzada en pos de encontrar la copa sagrada que salvara su alma.

EL HALLAZGO ORIGINAL

Con todo, ese saber ancestral también pudo estar acompañado de los sacrosantos objetos que la religión mosaica llevaba siglos buscando. Curiosamente, en un antiguo evangelio apócrifo podemos descubrir un listado de lo que originalmente había debajo de la Roca Fundacional, justamente donde los hidalgos franceses se dedicaron a excavar durante nueve años.

Un ángel descendió hasta el Santo de los Santos y vi el Arca Santa, el Asiento del Pacto, las dos Tablas de la Ley, el Altar de los Inciensos y las cuarenta y ocho Piezas Preciosas. Entonces el ángel gritó a la tierra: «Tierra, tierra, tierra, oye la palabra de Dios

Todopoderoso y recibe lo que te encomiendo. Guárdalo hasta el fin de los tiempos, de modo que cuando te lo pidan, puedas restaurarlo, para que los extranjeros no puedan apoderarse cuando Jerusalén sea entregada en sus manos» (Apocalipsis de Baruch 6; 6-8).

Sabemos que en el año 597 a. C. Jerusalén fue tomada por Nabucodonosor II, quien destruyó el templo de Salomón, quemó las Sagradas Escrituras, robó todos sus tesoros y deportó a los ciudadanos de Judea a Babilonia. Sin embargo, en el listado de tesoros robados por Nabucodonosor no aparece ninguno de los citados en el Apocalipsis de Baruch. Cuando el pueblo hebreo regresó de nuevo a Tierra Santa y Herodes reconstruyó el templo de Salomón, como asegura el historiador judío Flavio Josefo: «En el Santo de los Santos ya no había nada en absoluto». El arca de la alianza se encontraba en paradero desconocido, la Menorah original había sido sustituida por la lámpara que la reina Helena de Adiabene regaló al nuevo santuario —la Nivreshet—, y las escrituras judaicas tuvieron que volver a redactarse posiblemente por Esdrás, ya que las originales habían sido destruidas por las tropas babilónicas. Así que, por una parte, en el mencionado apócrifo hebreo vemos un listado de tesoros que supuestamente debieron permanecer ocultos durante cientos de años. Y, por otra, a nueve caballeros que llegaron a Jerusalén con una tarea específica que no cumplieron, la de defender los caminos, pero que en lugar de ello se dedicaron a buscar incansablemente algo que a la postre los convirtió en la orden de caballería más importante y poderosa de la historia, vindicando de esa manera el carácter divino del sueño que su fundador, Hugo de Payns, habría tenido a la vera del *Templum Domini*.

EL ARCA DEL PACTO

Los teólogos afirman que toda religión se soporta principalmente en tres columnas: en el nombre de la divinidad a la que rendir culto; en el sentimiento que esa entidad produce en los corazones de sus devotos —también llamado «fe»—; así como en un objeto tangible que otorgue credibilidad a lo narrado en las escrituras de cada religión.

Como todos sabemos, el símbolo por excelencia del judaísmo es el arca de la alianza. Un objeto que, al igual que el santo grial, se encuentra en paradero desconocido, lo que no ha sido óbice para que cientos de aventureros, religiosos y buscadores de tesoros de todos los tiempos se hallan echado a los caminos en pos de alcanzar el sueño de escribir sus nombres junto a los de Moisés, David, Salomón y Jesús de Nazaret.

Según la tradición rabínica, en el interior del arca de la alianza no solo estaban los rollos de la Torah y las tablas de la ley, sino que también tenía grabado el Nombre Secreto de Dios, por lo que en ella moraba la Shejiná —la presencia divina—. Sin embargo, no todo el mundo podía acercarse a ella. Solo unos pocos, los levitas, después de haberse consagrado por completo a Dios, lavado sus cuerpos del pecado y tras ataviarse con las vestiduras apropiadas, eran dignos de servir en el tabernáculo del Señor.

De la misma manera, la tradición artúrica advierte que «Solo un caballero perfecto podrá acercarse al castillo del Rey Pescador donde se custodia el grial». Por tanto, como ya hemos explicado, si alguien desea emprender la búsqueda del arca, del grial o de los templarios, al igual que los levitas, primero deberá purificar su alma, luego encomendarse a la divina providencia y finalmente seguir las indicaciones del destino hasta ver cómo las aguas del mar Rojo se abren a su paso, teniendo en cuenta que «a Tierra Santa o se entra de rodillas o se vagará por el desierto durante cuarenta años».

Según encontramos en el libro del Éxodo, Yahvé ordenó a Besalel fabricar un arca con madera de acacia, recubrirla de oro y labrar dos querubines en el propiciatorio. Será en esa caja donde Moisés guarde las tablas de la ley, la vara de Aarón y el cuenco con el maná[32]. Luego de salir del Sinaí, el arca acompañará a los hebreos en su vagar por el desierto durante cuarenta años hasta que entren en Canaán, donde por un breve espacio de tiempo se asentará en Gilgal, frente a Jericó. Más tarde será puesta en Silo, la primera capital de Israel. Durante su permanencia en Silo, ocasionalmente se trasladará a Siquem para la renovación del pacto de los israelitas con Yahvé a petición de Josué. También la encontramos en la batalla de Eben-Ezer, donde los filisteos la tomaron como botín de guerra y se la llevaron a su capital, Asdod.

Teniendo que sufrir las plagas que estaban asolando la ciudad por culpa del arca, los filisteos decidirán trasladarla a las ciudades de Gat y Ekrom. Tras siete meses sufriendo pestes y calamidades, finalmente decidirán montarla en un carro tirado por bueyes y la pondrán camino a la ciudad israelita de Bet-Semes. De Bet-Semes se trasladará a Quiriat Yearim, cerca de Jerusalén, a la casa de Abinadab, donde será puesta a cargo de Eleazar. Con la subida al trono del rey David, el arca será traída a la nueva capital del reino unificado de Israel, Jerusalén, y, sobre el monte Moriah, Salomón comenzará la construcción de un templo para custodiar el cajón del pacto siguiendo fielmente las instrucciones del ángel que se le apareció a su padre.

Según las crónicas, Salomón trajo cedros del Líbano, oro de Ofir y toda clase de materiales nobles. Así, al cabo de siete años, el colosal edificio estuvo acabado. Rodeando la explanada, una columnata delimitaba el patio interior, donde se ubicaba la capilla del templo flanqueada por dos enormes pilares llamados Jakin y Boaz. Dentro, tras el vestíbulo —Ulam— se alzaba el Helaj, una habitación donde se hallaba la Menorah, la Mesa de los Panes de la Proposición y el Altar de los Inciensos.

En la última cámara, denominada, y con razón, el sanctasanctórum, se guardaba el arca, separada del Helaj por una cortina que solo los sumos sacerdotes podían traspasar una vez al año, el día del Yom Kippur, para pedir perdón a Yahvé por los pecados de todo el pueblo.

Cuentan que, cuando Salomón puso el arca en su sitio, una nube bajó del cielo y la gloria de Yahvé inundó el edificio como en los tiempos de Moisés. Al ver este prodigio, el rey se echó al suelo y le suplicó a Dios que habitase en su templo. Con todo y con eso, tendrán que pasar veintitrés días de silencio divino hasta que Dios se aparezca en sueños a Salomón y le diga: «He oído tu oración y mis ojos, mis oídos y mi corazón estarán siempre puestos en este sitio» (2.º Libro de Crónicas).

Contrariamente a lo que cabría esperar, los reyes de Israel no siempre fueron fieles a la ley mosaica. Con la muerte de Salomón, el reino se dividirá en dos, quedando las tribus de Judá y Benjamín al sur, creando el nuevo estado de Judea; mientras que las diez tribus restantes formarán el nuevo reino de Israel, al que después se le anexionará Benjamín y que será gobernado por Jeroboam, un títere del faraón Sísaq.

Con el pasar de los años, los monarcas hebreos no pararon de hacer guiños a las divinidades paganas, sobre todo Manasés y su hijo Amón, los cuales se atrevieron incluso a hacer sacrificios humanos —especialmente de niños— en el recinto del templo, sacando el arca de la alianza del sancta-sanctórum e introduciendo en su lugar una efigie de la diosa Aserá. Con la llegada al trono del rey Josías, el reino volverá a adoptar el judaísmo y el arca es devuelta al templo. Será la última vez que en las Escrituras se hable de ella.

Como ya hemos mencionado, en el 597 a.C. Nabucodonosor II entró en Jerusalén tras un épico asedio y se llevó todos los objetos de oro y plata del recinto del templo, destronó a Joaquín y puso en su lugar a un rey títere, Sedecías. No obstante, Sedecías acabará rebelándose contra su mecenas y Nabucodonosor tendrá que regresar a Jerusalén en el año 587 a. C. para destruir el templo, quemar las Sagradas Escrituras, arrasar la ciudad y deportar a todos los ciudadanos de Judea a Babilonia.

Será durante estos años de incertidumbre que el arca desaparezca para siempre, bien robada o destruida por el soberano babilónico, o bien porque los sacerdotes hebreos la pusieron a salvo en algún lugar secreto.

Tras medio siglo de cautiverio, Ciro, rey de los persas y de los medos, conquistará el Imperio babilónico y devolverá la libertad al pueblo judío, financiándoles la reconstrucción de un segundo templo y restituyéndoles los objetos robados por Nabucodonosor…, entre los cuales no se encontraba el arca de la alianza.

Aunque los sacerdotes pensaban que, cuando el segundo templo estuviese en pie, el arca volvería a aparecer milagrosamente, esto nunca sucedió. No obstante, Dios mandó al profeta Hageo para consolar a los sacerdotes, asegurándoles que, si bien el arca no aparecería ya más, aquel templo vería la gloria del Ungido. Una promesa que se cumpliría en el año 33 d. C., cuando Jesús entró en el recinto sagrado, expulsó a los cambistas y predicó que el reinado de Dios se había acercado.

Cuarenta años más tarde, el general romano Tito destruyó de nuevo la ciudad y saqueó los tesoros del templo de Herodes, llevándoselos a Roma. No obstante, en el Santo de los Santos ya no había nada en absoluto. Como sabemos, tras la conquista musulmana del 690 d. C., el califa Abdl Malik edificó la Cúpula de la Roca donde se alzaba el sanctasanctórum hebreo, la cual se convertirá en el tercer lugar más sagrado del islam.

LOS PODERES DEL ARCA

«Era un medio de comunicación con Dios». Éxodo 25, 22.

«Era la receptora de la Shejiná, la presencia de Yahvé en forma de nube que bajaba desde el cielo para posarse sobre los querubines del propiciatorio». Éxodo 40, 34-35.

«Destruyó las murallas de Jericó dando siete vueltas alrededor de la meseta donde se edificó la urbe». Josué 6, 3-5.

«Era un oráculo para orientarse en el desierto». Josué 3, 2-4.

«Separó las aguas del río Jordán para que los israelitas pasasen a Tierra Santa». Josué 3, 14-17.

«Destruyó a los que no eran fieles a las leyes de Yahvé, como le sucedió a Nadab y Abidú, hijos de Aarón, los cuales acercaron al Arca un incienso extraño que Dios no había pedido, por lo que acabarán siendo devorados por las llamas». Levítico 10, 1-2.

«Bendecía a los que eran fieles a Yahvé, como Obededom, en cuya casa el arca estuvo durante al menos tres meses». 2.º Samuel 6, 10-12.

«Destruía a quienes se acercaban a ella sin permiso, como le pasó a Uzza, que se atrevió a tocarla mientras era transportada en un carro tirado por bueyes». 2.º Samuel 6, 5-8. «Era capaz de hacer que los ídolos se postrasen ante ella». 1.ª Samuel 5, 1-5.

«Ocasionó numerosas plagas en las ciudades filisteas, las cuales eran consideradas idólatras». 1.º Samuel 5, 6.

«Quitaba la vida a todos los que se atrevían a profanarla, como los setenta de Bet-Semes que quisieron mirar en su interior». 1.º Samuel 6, 19.

POSIBLES TEORÍAS DE LO QUE PASÓ CON EL ARCA

«El profeta Ezequiel, estando prisionero en Babilonia, aseguró haber tenido la visión de unos querubines sacando la "Gloria de Yahvé" —¿el arca?— de Jerusalén». Ezequiel 22, 11.

Jeremías da a entender que Nabucodonosor destruyó el arca la primera vez que entró en Jerusalén, ya que en su libro asegura que «cuando fructifiquéis la tierra, ya no se hablará más del Arca de la Alianza de Yahvé (…), ni será reconstruida jamás» (3, 16). Lo que vendría a confirmar que el cronista del segundo libro de Reyes (24, 13) asegure que Nabucodonosor «rompió todos los objetos de oro que había hecho Salomón, rey de Israel, para el santuario de Yahvé, según la palabra de Yahvé».

Según el segundo libro de Macabeos, el profeta Jeremías habría sacado el arca de Jerusalén y la habría escondido en la tumba de Moisés, situada en algún lugar desconocido en la cadena montañosa Abarim, que discurre desde la moderna ciudad de Amman hasta Arabia, donde se habría localizado el monte Nebo. No obstante, el libro de los Macabeos es demasiado reciente como para concederle la necesaria credibilidad.

El Apocalipsis de Baruch afirma que, antes de que el arca cayera en manos extranjeras, la tierra se la habría tragado, lo que marida a la perfección con la gruta encontrada por los caballeros templarios en el Domo de la Roca de Jerusalén, llamada Pozo de Almas.

Muchos judíos ortodoxos piensan que el arca todavía se encuentra escondida debajo de la explanada del templo, más concretamente detrás de la Hilada Maestra, en el túnel de los Asmoneos, un camino de quinientos metros aproximadamente que cruza la ciudad herodiana y fluye a varios metros bajo el pavimento actual.

Según las tallas que podemos admirar en el pórtico norte de la catedral de Chartres, con sus respectivas leyendas, si los caballeros del Temple encontraron el arca, puede que la trajeran hasta allí y hoy se oculte en algún lugar de la cripta subterránea de aquella iglesia, donde una virgen negra estaría señalando el lugar exacto (más información en mi libro *El Grial de la Alianza*).

La tradición etíope sostiene que el arca está custodiada en el templete central del complejo religioso Santa María de Sion, en Axum, donde un monje hace además la labor de protegerla día y noche.

No sería descabellado pensar que el rey etíope Lalibela trasladara el arca a su nueva Jerusalén y la escondiese debajo de la iglesia Beta Gólgota, donde además se encuentra su capilla mortuoria, dado que la tradición local asegura que debajo de aquella cripta se conserva una réplica del arca original.

LOS TEMPLARIOS DE LA MESA REDONDA

Arturo miró a Merlín e hincó una rodilla en el suelo. «¿Qué buscas?», preguntó el mago. El joven se quedó pensando y finalmente respondió: «La verdad». «¿La verdad?», inquirió el anciano con cierto aire de escepticismo antes de volver a preguntar. «¿Y qué temes?». Arturo bajó la cabeza y respondió. «A la verdad». Merlín se echó a reír a carcajadas. «¡Bien! Es bueno que la temas... porque por ella serás probado».

No cabe duda de que el universo literario de la Alta y Baja Edad Media es tan variado como complejo. En las crónicas de los trovadores y literatos, sobre todo en las materias de Francia y de Bretaña[33], vemos una clara influencia del pensamiento mágico celta, aderezado además por mitos nórdicos, grecorromanos y egipcios, los cuales pretenden ser preservados para las generaciones futuras circunscribiéndolos dentro de la tradición judeocristiana.

Con ese ánimo se irá creando el nuevo prototipo de héroe que deberá ser redimido del pecado a través de la búsqueda de objetos y lugares maravillosos, capaces de obrar ese cambio sustancial en la psique del protagonista. Asimismo, será acompañado de personajes que lo conducirán, después de haberse enfrentado a los peligros del camino, hacia la perfección o la ruina eterna, dependiendo de las decisiones que llegue a tomar. No obstante, la auténtica proeza de los narradores medievales, incluso en las obras anónimas que refieren el ideal de caballería, fue insertar hechos históricos y personajes auténticos, dentro de una trama de ficción, conjugando armoniosamente pasado y presente para sembrar una semilla que seguirá dando sus frutos y alimentando la imaginación de las generaciones del futuro.

El hito de las cruzadas, sobre todo de la primera, disparará la creatividad de los poetas y dramaturgos europeos para sentar las bases de un nuevo ciclo literario que exaltará el ánimo de toda la cristiandad, donde Jerusalén será vista como el reino mágico del grial que únicamente un caballero perfecto, como Godofredo de Bouillon, pudo liberar de las manos de los malvados islamitas. Algunos de estos autores acompañarán a sus mecenas más allá del mar y serán testigos de primera mano de la liberación de la Ciudad Santa, mientras que otros llegarán después e intentarán hacer lo propio con las circunstancias que les tocó vivir.

Los iniciados en el conocimiento antiguo, versados de los arcanos espirituales de las diversas tradiciones mediterráneas, supieron encerrar con maestría en sus escritos muchas de las instrucciones esotéricas para que convivan con sus protagonistas, dando a luz así a relatos iniciáticos en los que el lector debía, además de adiestrarse en las normas morales más elevadas, resolver un problema teológico, haciéndose copartícipe con el héroe de la versatilidad de un mundo inmaterial sujeto a lo que pudiera suceder si alguien lograba descifrar alguna de sus claves. Este será el caso del ciclo artúrico y de los poemas del grial, en los que se nos presentan reinos ideales, gobernados por reyes utópicos, cuyo destino está íntimamente ligado a la tierra que les tocó administrar, lo que marida a la perfección con el mito egipcio de Osiris y Seth.

Los caballeros del Rey Arturo reunidos en la Mesa Redonda, para celebrar Pentecostés, teniendo una visión del Santo Grial. El grial aparece como un copón velado, de oro y decorado con joyas, sostenido por dos ángeles. [De la Biblioteca Nacional de Francia. *Lancelot* atribuido a Walter Map (Gaultier Moap) o Michel Gantelet]

Según Herodoto, cuando el dios Amon/Ra se marchó del país de los faraones, dejó como regente a Osiris para que instruyera a los hombres en las leyes de Maat. En la tradición popular, Maat era equiparada con el concepto de la verdad, el equilibrio y la justicia; aunque en ocasiones también se la identificaba como la diosa que velaba para que los hombres cumpliéramos las ordenanzas divinas. Si bien el acatamiento de las leyes de Maat traía paz y prosperidad a las provincias, romperlas significaba todo lo contrario, ruina y muerte tanto para la tierra como para sus habitantes.

Seth, el dios de la oscuridad, deseando para sí el poder regente, descuartizará a su hermano Osiris, rompiendo de esa manera el orden celestial, y repartirá sus miembros por las cuarenta y dos diferentes provincias de Egipto, asimilando desde aquel momento la idea de que la tierra y Dios eran una misma cosa.

Isis, esposa y a la vez hermana de Osiris, se dedicará a buscar impenitentemente los restos de su amado para consumar con él un último acto de amor que la deje encinta de Horus —el Hijo de la Viuda—, quien, cuando crezca, se dedicará a luchar contra el asesino de su padre para devolver el reino al dictamen establecido. Tras la victoria y el gobierno de Horus, y la restauración del orden celestial, serán los faraones quienes se encarguen de velar por el cumplimiento de las leyes de Maat, confrontando de esa manera la tarea de los dioses de fundirse y hacerse uno con la tierra.

Este mismo pensamiento, siglos después, se trasladará a la cultura hebrea, y por extensión a todos los monarcas europeos, donde la figura del rey David, el soberano por excelencia de Israel, será quien se encargue de reestablecer las leyes de Maat en el Reino de los Cielos, rotas por su antecesor Saúl.

En el mito de Osiris encontramos el viaje del héroe, llevado a cabo en esta ocasión por una diosa, Isis, quien emprenderá la búsqueda del grial, o lo que es lo mismo, de todos y cada uno de los miembros de su marido muerto, para juntarlos y que la tierra vuelva a reverdecer. Empero, ese hallazgo no hubiera sido posible si Isis antes no hubiera encontrado el poder de sanación en ella misma, lo que demuestra que, para descubrir el grial externo, antes debemos hallar el grial que se esconde en nuestro interior.

El clérigo y escritor galés Geoffrey de Monmouth, c. 1100-1155, será el principal responsable de reinventar el pasado de su nación para crear un tiempo mítico que insertará en la realidad a través de su obra *Historia Regum Britanniae*, donde tuvo a bien recopilar las biografías de todos los reyes de Britania para presentarnos al hijo de Uther Pendragon, Arturo[34], y a su consejero, el celebérrimo mago Merlín.

Conjugando leyendas celtas de origen irlandés, extraídas del *Lebor Gabála Érenn* —el *Libro de las invasiones de Irlanda*—, con puntuales referencias a un *dux bellorum*[35] llamado Artorio que habría combatido contra los sajones —*Historia Brittonum*—, y que venció en la batalla de Badon llevando la cruz de nuestro Señor a hombros durante tres días y tres noches —*Annales Cambriae*—, De Monmouth compondrá un cuento basándose, según sus propias palabras, en un libro que el archidiácono de Oxford le había regalado, donde dará cabida a seres feéricos, como Morgana, a lugares mágicos, como la isla de Ávalon, a espadas poderosas, como Caliburn —Excalibur—, y a personajes que se pasearán en la cuerda floja que separa la leyenda de la realidad, como Arturo y Ginebra.

En su primera obra, *Las Profecías de Merlín* —circa

1135—, el monje tomará prestada la imagen, e incluso el nombre, del druida que acompañó a los milesianos de Breogán en su lucha contra los Tuatha de Dannan, los fabulosos reyes de Irlanda. Según el ya mencionado *Libro de las invasiones*, Amergin —Merlín— logró contrarrestar con acierto los hechizos que los seres feéricos estaban lanzando contra los milesianos invocando a las fuerzas elementales de la naturaleza[36].

La leyenda aseguraba que el padre de Merlín era un diablo que acabó seduciendo a una joven doncella para que yaciera con él y concebir de esa manera al anticristo. No obstante, la dulzura de la madre de Merlín conseguirá desbaratar los planes del demonio, lo que no impidió que el niño gozase del don de la profecía y de la virtud de la Segunda Mirada (más información en mi libro *El Regreso de la Diosa*, Almuzara, 2019).

De Monmouth también habría utilizado las leyendas veterotestamentarias del profeta Samuel y del rey David para acabar de componer la gesta de Arturo y Merlín, por lo que Camelot, o en este caso Tintagel, sería en realidad un paralelismo del reino de Israel, con sus constantes luchas internas y externas, en el que Mordred, al igual que Absalón, representará al hijo o sobrino que traicionará a su padre o tío para conseguir el cetro real.

Inesperadamente, *Historia Regum Britanniae* se convertirá en todo un éxito de ventas, y otros muchos escritores se sentirán libres de continuar la estela de las aventuras del rey Arturo y sus compañeros según su propio criterio e intereses personales. En 1066, los normandos habían invadido Inglaterra, acabando con el gobierno sajón, por lo que los nuevos dirigentes vieron en la leyenda artúrica un aliado para legitimar sus aspiraciones políticas.

Robert Wace, a mediados del siglo XII, tomará como referencia la obra de Geoffrey de Monmouth para crear su *Roman de Brut*, dedicado a Leonor de Aquitania, en el que por primera vez encontramos a los mejores hombres de Arturo sentados alrededor de la Mesa Redonda. Ese era el lugar más sagrado dentro del castillo, donde cada caballero podía sentarse en perfecta armonía y equidad con los otros barones de la corte para departir sobre la mejor manera de llevar una vida honorable y de cómo cumplir sin excepciones con todas las virtudes que se ajustan al ideal de la caballería.

Empero, cuando la obra de Geoffrey caiga en manos de Chrétien de Troyes, este desdibujará los escenarios, e incluso el tiempo en que transcurría toda la aventura, y los circunscribirá a su presente. Arturo, el mítico héroe que defendió Britania de la invasión de los sajones, pasará a ocupar un segundo plano y esta vez serán las aventuras de sus caballeros las que cobren relevancia junto con la búsqueda de una reliquia sagrada, el *graal*.

Nacido en Troyes alrededor del 1135, capital de la Champaña francesa, y muerto en 1187, desafortunadamente no le dará tiempo a finalizar su obra *Perceval ou Li Contes del Graal* —*Perceval o el cuento del Grial*—, relato que dedicará a su mentor, Felipe de Alsacia, conde de Flandes, quien, según él mismo afirma, puso en sus manos el manuscrito original del que se inspiró para compilar su obra inacabada. Anteriormente al mecenazgo de Felipe, Chrétien había estado al servicio del conde de Champaña y de María de Francia, hija de Leonor de Aquitania, para quien escribiría algunas otras obras.

Si en la materia de Francia los hechos de Carlomagno son idealizados e insertados en fábulas y leyendas, los autores de la materia de Bretaña harán lo propio con los hitos de las cruzadas y con las fábulas de los caballeros que arribaron hasta Tierra Santa y recuperaron Jerusalén. Hugo de Payns y sus novedosas ideas habían sacudido los cimientos de toda Europa, algo que de alguna manera tuvo que verse reflejado en las obras de juglares y bardos como Chrétien de Troyes, el cual, además, había nacido y crecido en la misma tierra, y servido a las mismas familias que el señor de Payns.

Emulando a Geoffrey de Monmouth, Chrétien revestirá a los más destacados personajes de su época con nombres ficticios y los insertará en la trama artúrica, intentando que no llamen demasiado la atención, como Leonor de Aquitania, o lo que es lo mismo, la reina Ginebra.

En *Le Chevalier de la Carrete* —*El Caballero de la Carreta*—, el poeta francés hará mención por primera vez al castillo de Arturo y de Lanzarote del Lago, el caballero blanco, hijo del rey Ban de Benoic y de su esposa Elaine, quien acabará siendo conocido por ese sobrenombre debido a que se crio en los dominios de Viviane, la Dama del Lago, la cual habría raptado al muchacho y mantenido a su lado hasta los dieciocho años sin revelarle jamás su verdadera identidad.

Cuando Lanzarote cumpla la mayoría de edad y llegue a Camelot para ser armado caballero, se quedará prendado de Ginebra, a quien no tardará mucho en ofrecerle un amor casto y cortés que sin embargo pronto olvidará su inocencia para convertirse en el motivo por el que no será digno de regresar de su larga búsqueda del santo grial.

Galehaut, uno de sus mejores amigos, lo convencerá para besar a la reina, lo que devendrá en el inicio de una relación adúltera entre ambos que concluirá rompiendo las leyes de Maat y que conducirá al reino de Arturo a la ruina, razón por la que los caballeros de la Mesa Redonda tendrán que partir en busca de un objeto mágico capaz de hacer volver el reino al orden establecido.

En la obra de Thomas Malory *La muerte de Arturo*, Ginebra es acusada de haber envenenado a un caballero, por lo que tendrá que buscarse un defensor que la ampare en un juicio por combate ante los ojos de Dios. Conociendo que Lanzarote había tenido que alejarse de Camelot por culpa suya, la reina se arrodillará ante el primo de este, *sir* Bors, uno de los elegidos, junto con Perceval y Galahad, para encontrar el grial en el castillo del Rey Pescador. Algunas tradiciones sostienen que *sir* Bors murió luchando como cruzado en Tierra Santa, en donde conoció a Hugo de Payns a tiempo de contarle la historia del grial.

Al igual que Ginebra, Leonor de Aquitania se casó siendo muy joven con un hombre al que no amaba, Luis VII de Francia. Bernardo de Claraval arremetería contra ella en más de una ocasión, echándole en cara su comportamiento liberal e independiente, lo que sin embargo no tendrá ninguna repercusión en el ánimo de la noble dama. Ni siquiera las críticas de su suegra, Adelaida de Saboya, harán que el rey desconfíe lo más mínimo de su mujer. Será en 1147, cuando la pareja decida emprender un viaje a Tierra Santa, que Leonor conocerá en Antioquía a su tío Raimundo de Poitiers, con quien, según Guillermo de Tiro, mantendrá una relación que acabará no solo con su matrimonio, sino también con la partición de su reino, convirtiéndolo en una tierra baldía.

Pero la condesa de Aquitania no será la única candidata a encarnar el papel de la esposa adúltera del rey Arturo. Isabel de Borgoña, hija de Esteban I de Borgoña y de Beatriz de Lorena, también encaja a la perfección en el guion de Chrétien de Troyes. En 1105 Constanza de Francia, hija de Felipe, solicitará la anulación de su matrimonio con el conde Hugo de Champaña, acusándolo de no ser capaz de darle ninguna descendencia, por lo que se casará en segundas nupcias con Bohemundo de Tarento —uno de los héroes de la primera cruzada—, mientras que su exmarido hará lo propio con Isabel de Borgoña, de la que, si bien tendrá un hijo, Eudes de Champlitte, sin embargo el conde jamás lo reconocerá como suyo. Tras este lance, Hugo de Champaña decidirá ceder una parte de sus posesiones a Bernardo de Claraval y la otra a su sobrino, Teobaldo IV de Blois, y partir a Tierra Santa para alistarse en las filas del Temple.

Si Isabel de Borgoña es la reina Ginebra, Hugo de Champaña sería Arturo, y Chrétien de Troyes se habría inspirado en Bernardo de Claraval para crear a Merlín. En este sentido, Hugo de Payns encarnaría a Perceval, el mejor y más noble caballero de la Mesa Redonda, el cual debió dejar su reino para ir en busca del santo grial…, como de hecho así fue.

PERCEVAL O EL CABALLERO PERFECTO

El poeta de Champaña comienza su cuento inacabado presentándonos a un joven mozalbete galés llamado Perceval y a su madre, la Dama Viuda, la cual se había exiliado a la campiña para proteger a su hijo del espíritu aventurero que había extraviado a su padre y por el que dos más de sus hijos habían perecido en la guerra.

Desprendiéndose de toda clase de lujos, madre e hijo se recluyeron en una cabaña, donde Perceval será educado en la sencillez de la vida contemplativa y humilde. Cuando el muchacho se haga mayor, paseando por la Yerma Floresta, escuchará el trote de cinco caballos con sus respectivos jinetes montados en sus lomos. Aunque inicialmente la visión le espantó, pronto se armará de valor, sobre todo cuando los caballeros le refieran la existencia de un reino más allá del bosque y le hablen de un monarca del todo singular, Arturo.

Ávido de vivir aventuras, Perceval decidirá emprender la marcha a pesar de los consejos de su madre, que caerá al suelo rota de dolor cuando vea partir al muchacho sin que este se ocupe de averiguar si está viva o muerta. Al llegar a la corte del rey, situada en Carduel —posiblemente el castillo de Caldbury—, nuestro protagonista se encontrará con su antagonista, el Caballero Bermejo, quien, al igual que él, es hijo de una dama viuda, se ha criado a solas en el bosque y se ha encandilado con la vida caballeresca al encontrarse fortuitamente con algunos hidalgos de la Mesa Redonda entre la vegetación de Guingueroi.

Antes de salir del castillo a toda prisa, el Caballero Bermejo se atreverá a insultar a Arturo, haciéndose con su copa y derramando el contenido sobre la reina. Para colmo de males, Perceval conocerá que aquel malandrín se había atrevido además a desafiar a cualquier caballero a vencerlo en justa o torneo, por lo que decidirá imprudentemente salir a su encuentro. Cuando ambos tropiecen, el Caballero Bermejo le asestará un mandoble que le hará hincar la rodilla, recibiendo por respuesta un golpe de lanza que partirá la cabeza del andante rojo.

Perceval, vistiendo con orgullo la armadura de su contrincante que había ganado en la batalla, enviará con un paje la copa robada a la reina Ginebra para restituir su honor y, en lugar de regresar a la corte de Arturo, marchará en busca de más aventuras. Siguiendo un caudaloso río, el joven encontrará el castillo de Gornemans de Gorhaut, quien a la postre lo educará en el arte de la guerra y terminará por armarlo caballero. Partiendo del castillo de su noble instructor, se encontrará con la joven Blancheflor, con quien tendrá un tórrido *affaire*.

Como acabamos de ver, el relato del poeta francés está lleno de simbolismos y de guiños a la tradición celta. La secuencia del Caballero Bermejo haciéndose con la copa y volcándola sobre Ginebra es semejante en todo a la que encontramos en *L'Elucidation*, un texto que años más tarde prologará la obra de Chrétien, donde leemos que el rey Amangón violó miserablemente a la Dama de la Fuente para robarle su copa de oro, por lo que a partir de aquel momento, debido al deshonor del soberano, su reino quedará estéril por siempre jamás.

Con todo y con eso, el cuento también es análogo a la fábula de *Peredur son of Efrawg*, uno de los tres romances galeses asociados a los mitos celtas que recoge el *Mabinogion*[37]. Empero, en esta trama, el Caballero Bermejo no resulta ser el villano que Chrétien propone, sino más bien una primera versión de Perceval que el bardo de la región de Champaña intentará desacreditar para que únicamente el héroe de su obra triunfe.

Al igual que Perceval, a Peredur le enseñaron a no preguntar el significado de lo que veía, algo que a la postre lo conducirá a la ruina. La doncella Blancheflor, por otra parte, será bien conocida en su época sobre todo a través de los mitos gaélicos que acabarán cristianizándose en la península ibérica. Un trovador normando, Robert d'Orbigny, dijo haber escuchado la leyenda mientras realizaba la peregrinación a Compostela, traduciéndola y dándola a conocer en Francia, lo que a su vez originará que otros muchos autores se tomen la licencia de traducirla con alguna que otra variante argumental.

El texto narra los amoríos entre un joven musulmán y una damisela cristiana llamada Blancheflor, cuyo señor, al descubrir los escarceos que la muchacha estaba manteniendo con su hijo, decidirá venderla para que forme parte del harén del soberano de Babilonia. Hasta allí se aventurará el joven enamorado para rescatar a su doncella y regresar a su patria para convertirse, junto con todos sus súbditos, al cristianismo.

Empero, otra versión plantea la historia de los gobernantes de cierto lejano país que, ante la imposibilidad de tener descendencia, decidirán hacer un pacto con el maligno, a quien le prometieron que, si les favorecía, le entregarían a su hijo antes de que cumpliera veinte años. Como era de esperar, cuando el tiempo expiró, los reyes requirieron al diablo que los eximiera de tan penosa carga, por lo que este les prometió que, si el muchacho superaba tres pruebas imposibles, lo dejaría en libertad. La primera era allanar una ladera, sembrar trigo, recolectarlo, hacer harina y cocer pan en un solo día. Si obtenía lo anterior, seguidamente debería allanar una montaña, sembrar cepas y recolectar vino igualmente en una única jornada. Pero, por si esto no fuera suficiente, por último debería recuperar el anillo que el diablo había perdido al caer al mar en el estrecho de Gibraltar.

Inesperadamente, en el castillo de Irás y no Volverás, el joven recibirá la ayuda de una anciana, quien le aconseja que se acerque al lago donde se bañan las hijas del demonio, esconda la ropa de la más pequeña, y que no se la devuelva hasta que ella no le prometa su auxilio, pues de esa manera podría superar todas las pruebas. El nombre de la hija pequeña del diablo era Blancheflor.

Volviendo al poema de Chrétien, a pesar de que Blancheflor trata de colmar de arrumacos y de caricias al hidalgo paladín, Perceval no podrá dejar de pensar en su madre. Los remordimientos por haberla abandonado no le dejarán siquiera disfrutar de los placeres de la vida en el castillo de Belrepiere, por lo que emprenderá la marcha para regresar a su hogar y poder verla de nuevo. En el camino, sin embargo, tendrá que detenerse ante un río que, por más que lo intentaba, no podía cruzar ni vadear. Estando en estas, descubre una balsa donde van montados dos hombres, uno es el timonel y el otro un triste pescador. Nuestro héroe habla con el pescador, quien le sugiere que busque refugio en el castillo del Grial que señorea aquellas tierras para guarecerse de los peligros de la noche. Perceval le hace caso y se dirige a la fortaleza, donde es amablemente recibido por cuatro pajes que lo llevan ante la presencia del rey, que no es otro que el pescador con quien se había encontrado momentos antes.

El soberano se disculpa, pues se encuentra tendido y no puede ponerse en pie para recibirlo debido a una herida que tiene abierta en la entrepierna. Sin embargo, Perceval no quiere saber nada del mal que le aqueja. Insospechadamente, el muchacho le suelta a su contertulio: «En el nombre del cielo, señor, no me contéis nada. No me interesa, si Dios me da gozo y salud». El comportamiento tremendamente egoísta del caballero le impide conocer las causas del padecimiento del rey, lo que igualmente le hará indigno de comprender el cortejo que empezará a desfilar delante de él, encabezado por un paje portando una lanza sangrante, otros dos sirvientes con sendos candelabros de oro, con diez velas cada uno, y finalmente una doncella vestida de blanco llevando en su mano un objeto que resplandecía más que el sol, el *graal*, seguida de otra con una bandeja de plata.

La palabra *graal* procede del latín *cratalis* y aún se sigue utilizando tanto en el Languedoc como en el norte de Italia para designar una copa, cuenco o algún tipo de recipiente de metal, madera o barro vidriado semejante a una pequeña bandeja circular. Como curiosidad, la iglesia de la Gran Madre de Dios, en Turín, presume de custodiar el santo grial, el cual podemos ver en manos de una escultura de Magdalena que se alza justo frente a la entrada principal.

El orgulloso Perceval, aunque boquiabierto, no consentirá en preguntar nada. El cortejo continúa desfilando delante de él durante varias horas sin que el joven cambie de actitud. Acabada la «cena del Señor», nuestro héroe es conducido a sus aposentos, donde se echa a dormir hasta el día siguiente, cuando, al despertar, descubre que toda la gente del castillo ha desaparecido como por arte de magia. Ya en el bosque, de vuelta a casa, Perceval se topará con una doncella sosteniendo a un caballero decapitado entre sus brazos. Esta le recriminará no haber preguntado por el grial, lo que habría propiciado la cura del anciano rey, el cual, desde su lesión, se pasaba los días pescando en el río. Igualmente le reprocha no haber querido saber nada de la lanza, ni de la sangre que manaba de ella, ni tan siquiera de la bandejita de plata que cerraba el cortejo.

Ante la sinrazón del muchacho, la joven le preguntará si conocía al menos su propio nombre, a lo que nuestro protagonista respondió que se llamaba Perceval el Galés y ella le replicará que es su prima, y que a partir de ahora lo conocerán como Perceval el Desdichado, ya que su ingratitud únicamente había causado ruina a su alrededor. La doncella le sigue echando en cara no haberse parado a averiguar el estado de su madre cuando la vio caer al suelo tras su partida y le anuncia que está muerta y enterrada. Ese pecado de egoísmo, a la postre, fue lo que acabó trabándole la lengua y alejándolo de la gracia de Dios que simbolizaba el cortejo del grial.

Carlos Taranilla, en su fabuloso libro *El Santo Grial* (Almuzara, 2018), compara esta comitiva con el viático eucarístico que se suele administrar a las personas que están enfermas y no pueden acudir a la iglesia.

Sea como fuere, la doncella animará a su primo a buscar de nuevo el castillo del Grial para regresar al estado de gracia. Mientras tanto, Arturo ha salido en su busca, admirado por los rumores de sus andanzas.

A la mañana siguiente, Perceval se detiene a contemplar una bandada de ocas y decide lanzar un dardo contra una de ellas que acaba cayendo herida al suelo. Sin embargo, antes de reemprender el vuelo, el animal deja tres gotas de sangre sobre la nieve que imbuyen al galés en un ensimismamiento del que únicamente Gauvain, el tercer caballero que partirá a su encuentro, consigue sacarlo para que lo acompañe a la tienda donde Arturo se encuentra.

Ya en la corte, tanto Ginebra como sus damas no reparan en halagos hacia el joven, momento en que aparece una anciana contrahecha para echarle en cara, como su joven prima, no haber preguntado por el grial ni por la lanza sangrante, lo que habría salvado tanto al reino del Grial como al de Arturo de la decadencia en la que ambos se encontraban. Perceval se consagrará entonces a encontrar de nuevo el recipiente sagrado y la lanza del Destino. Luego de cinco años en esta empresa, hastiado y medio loco por tantas aventuras y desventuras, se tropieza con una procesión de diez damas y tres caballeros que le hacen recordar el sacrificio del Señor durante el Viernes Santo y le hablan de un anciano que podría ayudarlo. En su indigencia, aquellas personas parecían felices porque se habían abandonado a la Divina Providencia. Será entonces cuando Perceval reconozca por primera vez su caída en desgracia a causa del pecado y se dirija llorando a la ermita donde residía el monje, que lo escucha en confesión y le revela que en realidad es su tío, el hermano de su madre y hermano además del Rey Pescador. Solamente después de haber llorado todos sus pecados, el religioso le deja ver el secreto del grial, en el cual su abuelo había comulgado durante al menos doce años la hostia que fue su único alimento, la misma que pondrá en su boca para que Perceval regrese al estado de gracia original del buen caballero, del caballero templario.

Tanto el vaso como la lanza habían entrado en contacto con la divina sangre del Nazareno, por tanto, ambos eran en realidad el grial, puesto que representaban la continuidad del linaje de Dios entre los hombres a través de un objeto capaz de devolver la vida y la salud al mundo entero. Simbólicamente, el grial representaba todo aquello que debía despertar en los hombres la preocupación por el otro, algo que Perceval no conseguirá entender hasta el final del relato.

Como ya hemos mencionado, el cuento de Chrétien acaba sin acabar. Su fallecimiento nos dejó sin saber si Perceval logró por fin redimirse y hacer las preguntas que liberaron de la desgracia tanto al anciano Pescador como al reino de Arturo.

Haciendo un paralelismo entre el cuento del grial y la vida de Felipe de Alsacia, encontramos que el conde de Flandes peregrinó a Tierra Santa en 1177, donde su primo, el rey Balduino IV de Jerusalén —apodado el Leproso—, le ofreció el gobierno de la Ciudad Santa, poniendo en él todas sus esperanzas. La hermana del rey, Sibila de Jerusalén, se había casado con Guillermo de Montferrato, de quien tuvo un hijo, Balduino V, un niño enclenque y enfermo que no podría defender el Reino de los Cielos de las tropas de Salah-Ad-Din. En 1177, justo cuando Felipe llega a la corte de Jerusalén, Guillermo de Montferrato muere repentinamente por unas fiebres, por lo que Balduino IV le ofrece la mano de Sibila, que sin embargo Felipe se niega a aceptar, llevándose con él a sus hombres de armas y dejando Jerusalén aún más desguarnecida si cabía. Al cabo de algunos meses, el joven rey Leproso, con apenas dieciséis años de edad y cuatrocientos hombres de armas, entre los que se encontraban ochenta templarios comandados por el maestre Eudes de Saint Amand, conseguirá una victoria imposible para la cristiandad contra las tropas de Saladino.

Ante el desplante del conde de Flandes, Sibila se casará con Guido de Luisegnan, a quien su hermano tendrá que destituir del cargo de regente del reino en 1183. Con la muerte del rey tullido y leproso, la corona recayó en el hijo de Sibila y Guillermo de Montferrato, que no durará más de un año en el trono. En contra de los deseos de su difunto hermano, Sibila se hará fuerte y reclamará la silla real para ella y para su marido. Como consecuencia de sus decisiones políticas, Saladino vencerá a las tropas cristianas en la batalla de los Cuernos de Hattin el 4 de julio de 1187 y recuperará Jerusalén el 2 de octubre de ese mismo año. Felipe, roto de dolor por su pecado de egoísmo, como Perceval, aprenderá a dejar atrás su propio interés y a poner su vida al servicio de una causa mayor. Si bien no entrará a formar parte de la Orden de los Caballeros Blancos, serán ellos quienes le enseñen a llevar una vida de acuerdo a los más altos valores de la caballería. Recordemos que su padre, Thierry de Alsacia, había fundado en 1155 la casa de la Orden del Temple de Douai, y que durante toda su vida fue valedor de los Pobres Caballeros de Cristo.

Felipe, habiendo encontrado por fin el grial dentro de sí, regresará a Tierra Santa en 1188 con la tercera cruzada, donde acabará perdiendo la vida en San Juan de Acre asistido por el Temple en su fortaleza de la ciudad. Pero lo más curioso es que el noble ya tenía una relación muy estrecha con la sangre de Cristo, puesto que su padre había participado en la segunda cruzada y se había casado con la hija de Fulco V de Anjou, rey de Jerusalén, emparentándose de esa manera con la dinastía griálica. Fue justamente de Tierra Santa de donde en 1130 se pudo traer a Europa un frasquito con algunas gotas de la sangre de nuestro Señor, regalado, según se cree, por Balduino III, el cual todavía puede admirarse en la basílica de la Santa Sangre de Brujas.

Joan Ramón Resina, en su obra *La búsqueda del Grial* (Anthropos Editorial del Hombre, 1999), señala que el mismísimo Carlomagno había depositado también en la abadía alemana de Reichenau un cuenco con la santa sangre que se trajo de Palestina, cuya descripción puede leerse en la crónica *De Traslatione Sanguinis Christi.*

Será precisamente en Brujas donde comience a fraguarse la leyenda de que José de Arimatea[38] recogió en el grial la sangre de Jesús durante su embalsamamiento, la cual habría sido trasladada primero a Glastonbury y luego a diferentes ciudades europeas, como Londres y París, llegando incluso hasta la abadía de la Trinidad de Fécamp.

Algunos autores sugieren que el libro que Felipe entregó a Chrétien para que compusiera su cuento inacabado del grial era en realidad la historia del linaje de su familia, y de cómo el frasquito con la santa sangre llegó a Brujas.

La madre de Felipe, Sibila de Anjou, murió en el convento de San Lázaro de Betania en 1165, en el que ingresó y se hizo abadesa cuando se separó de su marido, al cual únicamente le preocupaba el arte de la guerra. Algunos medievalistas han insinuado que el trance en el que Perceval se sumergió al ver la sangre de la oca sobre la nieve podría ser una analogía al estado de congoja en el que el conde de Flandes se sumió al enterarse de la muerte de su progenitora. Su tío era además un religioso muy respetado, Pedro de Flandes, obispo de Cambrai, que en el poema de Chrétien encontraremos como el ermitaño que reveló a Perceval el secreto del grial. Acto seguido, el caballero egoísta y caprichoso que empezó siendo el galés se convertirá en el conde arrepentido y altruista que aprendió a deshacerse de su ego a la sombra de los templarios de la Mesa Redonda, y que regresó a Tierra Santa para enmendar su error, empero ya fue demasiado tarde.

ANFORTAS DE JERUSALÉN

En el extremo oeste de Inglaterra se yergue, desde tiempos inmemoriales, uno de los lugares más mágicos del planeta, la pequeña abadía que acogió los restos mortales del rey Arturo y de su esposa Ginebra. Geoffrey de Monmouth, en su obra *Historia Regum Britanniae,* identificó la isla de Ávalon con la villa de Glastonbury, morada de hadas, lugar de encuentro con el misterio y reducto imperecedero de la espiritualidad celta. Cuenta la leyenda que aquí acabó la historia del rey Arturo y sus caballeros de la Mesa Redonda, cuya tumba de mármol negro, que albergaba el cuerpo de un hombre de dos metros y medio de altura junto al de una mujer de cabellos rubios, desapareció sin dejar rastro cuando diversos grupos académicos comenzaron a hacer prospecciones en el lugar, aunque una pequeña lápida todavía recuerde el lugar donde supuestamente se ubicaba.

Robert de Boron, monje o caballero borgoñón al servicio del conde Gautier de Montbéliard, basándose en las obras de Troyes y de Monmouth —así como en otro misterioso libro semejante al que Felipe de Alsacia le entregó a su biógrafo— redactará su trilogía *Li livres dou Graal* —*Los libros del Grial*— hacia el año 1200 mientras viajaba por Tierra Santa, la cual estará compuesta por los romances *José de Arimatea o la historia del Grial*, *Merlín* y *Perceval*.

Basándose en parte en los apócrifos el Evangelio de Nicodemo y Los Hechos de Pilatos, Boron hará una adaptación de la historia de Chrétien —que se desarrollaba durante la Edad Media—, trasladándola hasta la época de Jesucristo, en la que conocemos que José de Arimatea, el tío materno de Jesús, será el único que se atreva a ir a Pilatos a pedirle el cuerpo sin vida de su sobrino, conectando de esa manera el origen de la copa de Cristo con el ciclo artúrico.

Pilatos, que por aquel entonces poseía el santo grial, puesto que un judío sin nombre lo había robado de la casa donde el Señor celebró su última cena y se lo llevó al prefecto, decidió ponerlo en un lugar seguro debido a la belleza de sus formas y a que estaba adornado con piedras preciosas. Cuando José se encuentre con Pilatos, este no solo le concederá el cuerpo de Cristo, sino que, por alguna razón, además le entregará la sagrada reliquia, con la que el de Arimatea recogerá la sangre de las heridas de Jesús al ser bajado de la cruz, puesto que únicamente un vaso divino podía contener la sangre divina del Hijo de Dios.

El Sanedrín, que deseaba que el cadáver del Galileo fuese devorado por los perros salvajes, no se esperó esta jugada por parte del de Arimatea y decidió acusar a José de querer robar el cuerpo de su sobrino para hacer creer al pueblo que Jesús había resucitado. Como era de esperar, cuando el Domingo de Resurrección María Magdalena encontró el sepulcro vacío, José fue enviado inmediatamente a la cárcel sin comida ni bebida. Sin embargo, durante su encierro, Jesús se le aparecerá para entregarle el santo grial —que refulgía más que el sol—, además de una oblea con la que mantenerse cada día durante su encierro, lo que conecta al tío de Jesús con el padre del Rey Pescador del cuento de Troyes. Un alimento que, más que físico, era espiritual, pues confirió a este hombre, aparentemente normal, una posición superior a la de cualquiera de los discípulos de Jesús. Algo que no pasará desapercibido para la Iglesia, puesto que le quitaba a san Pedro la preeminencia sobre los apóstoles. Una herejía camuflada dentro de un relato de aventuras donde el trasfondo del mismo era desacreditar la hegemonía del catolicismo para tal vez ensalzar el linaje de los descendientes sanguíneos del Nazareno, como veremos más adelante, así como su enseñanza más selecta.

Desde aquel momento, José de Arimatea se convertirá en el primer custodio del grial místico; el guardián de una sabiduría que debía transmitirse solamente a los que se hacían merecedores de ella. El auténtico legado de Jesús de Nazaret que ahora se establecía en una sagrada asamblea de hombres y mujeres inmaculados en torno a una mesa redonda, semejante a la que se utilizó en la cena del Señor, donde solo unos pocos, tras arduos esfuerzos por tratar de convertirse en damas y caballeros perfectos, podían sentarse.

Entre las sillas que rodeaban la mesa se encontraba el asiento número trece —*Siege Perilous*—, el cual habría pertenecido originalmente a Judas Iscariote y que estaba destinado a aquel que se hiciera digno de redimir por completo a la asamblea del grial so pena de acabar tragado por la tierra como le pasó al apóstol que había traicionado y vendido al Hijo de Dios.

Cuarenta años después, José será liberado de su cárcel por el general Tito tras la toma de Jerusalén como gesto de gratitud para con los cristianos, puesto que la leyenda aseguraba que fue el pañuelo de la Verónica el que sanó a su padre, el emperador Vespasiano, de la enfermedad que padecía, posiblemente la lepra. Acto seguido, el de Arimatea llevará el grial a Britania, concretamente a Glastonbury, junto con Enigeo, su hermana, y el marido de esta, Bron —conocido como el Rey Pescador—, donde fundará la primera iglesia cristiana mistérica.

Curiosamente, cuando Agustín de Canterbury —un evangelista enviado por Roma en el siglo VI— llegó a este lugar para cristianizar a los paganos, encontró una iglesia muy bien asentada y compleja, a cuyo origen no encontró explicación. Es en Glastonbury donde, cuenta la tradición, José le cedió la custodia del grial a su yerno, que será apodado el Rico Pescador —aunque en la adaptación de Wolfram von Eschembach se le conocerá como Anfortas—, quien a su vez se lo cederá a su hijo Alain, y este a los descendientes de su linaje, entre los que destaca el joven Perceval, Lohengrin —el Caballero del Cisne—, y posteriormente Godofredo de Bouillon.

Como testigo milagroso de todos estos sucesos, en Glastonbury encontraremos el espino blanco, procedente del bastón que José clavó en el suelo al llegar a las islas británicas, el cual únicamente crece en estas tierras y solo florece en Pascua y en Navidad.

La superstición local asegura que los custodios del grial escondieron la copa en el pozo que hoy se encuentra a los pies de un otero cercano a la abadía de Glastonbury, el Tor, y que puede visitarse en los jardines Chalice Weell, donde, según parece, las hadas protegen el misterio del cáliz. Dentro, el pozo de aguas ferrosas resuena como los latidos de un corazón y sigue siendo causa de admiración para quienes creen que ese sonido tiene algo que ver con el vaso sagrado que contuvo la sangre de Cristo. Al mismo tiempo, en la parte de atrás de los jardines, otra fuente mágica, White Spring, a la derecha del pasaje que conduce hacia la colina, brinda al peregrino aguas de color blanco que, mezcladas con las rojas del Pozo del Cáliz, tienen, o al menos eso dicen, propiedades curativas.

El autor arrodillado frente a la tumba del
Rey Arturo, Glastonbury Abbey.

El otero, que anteriormente tenía el aspecto de una isla rodeada por un lago y cubierta por la bruma —tal como la describe Geoffrey de Monmouth—, sería en realidad la entrada al mundo mágico de las hadas, Annwn, cuyo rey, Gwyn, solía salir a pasear por las inmediaciones antes de que san Collen se encontrara con él y rociara el collado con agua bendita, haciendo construir una iglesia en la cima de la colina para tapar la entrada al reino de la magia. No obstante, aunque la curia intentó remover durante siglos el recuerdo de los seres mágicos que habitaban este lugar, la epopeya de Arturo narra que su hermana, el hada Morgana, junto con la Dama del Lago y algunas otras más trajeron su cuerpo sin vida hasta aquí montado en una barca para velarlo por siempre jamás. Entretanto, Excalibur aguarda pacientemente el regreso de su dueño sumergida en las aguas de algún arroyo cercano.

Será De Boron quien haga algunas de las aportaciones más relevantes a la saga artúrica, como la extracción de la espada Excalibur de un yunque, acto que consagrará a Arturo como rey de Bretaña; la remisión de Perceval tras su primer fracaso como custodio del grial después de haber ocupado el «asiento peligroso» en la Mesa Redonda; su nuevo encuentro con la reliquia y la sanación del Rey Pescador y de la Tierra Yerma, así como la completa cristianización del vaso, si es que en el poema de Troyes todavía quedaba alguna duda de que en realidad se trataba del cáliz que Cristo utilizó durante la última cena.

Boron relegará el verso y utilizará la prosa para crear su trilogía, un estilo asociado con la verdad en contra de la romántica poesía, heredera de los mitos y de las leyendas antiguas que no tenían por qué ser ciertas. La prosa imprimirá en el ciclo artúrico el carácter serio de los hechos consumados de la literatura religiosa y de los manuscritos fieles a la verdad, lo que nos concede la licencia que necesitamos para pensar que, tras el mito de Arturo, necesariamente debe esconderse una historia en parte real.

Ya sea que Robert de Boron muriera en Francia o en Palestina, de lo que podemos estar seguros es de que, al igual que sus predecesores, compuso sus *Livres dou Graal* basándose en personas y lugares existentes. El castillo del Grial, o del Rey Tullido, por ejemplo, podría situarse en el monte de la Salvación, donde, como ya hemos referido, Yahvé envió un cordero para evitar que Isaac sacrificase a su hijo. Sobre esta colina, que los judíos llaman Moriah, «del temor», Salomón habría construido el primer templo de Israel; el emperador Justiniano, una basílica dedicada a Santa María; los musulmanes la transformarán en la mezquita Al-Aqsa, y Balduino I la convertirá en su palacio, cediéndosela años más tarde a la Orden del Grial, es decir, a los caballeros del Temple.

Según diferentes historiadores, en el sanctasanctórum del castillo del rey Balduino I se localizaba una mesa en la que solían sentarse junto al soberano los más bravos andantes de la cristiandad, honrados por la virtud caballeresca, los cuales estuvieron obligados a prestarle ayuda para preservar el Reino de los Cielos del pecado y que no acabase en manos de los sarracenos y se convirtiera en una tierra yerma. Será a este lugar donde, en 1101, el rey de Jerusalén lleve una especie de plato o bandeja hexagonal recuperada en la conquista de Cesarea, la cual se creía que Jesús había utilizado en la última cena y que los ingleses llamaron en sus crónicas el santo grial según Jacobo de la Vorágine en su *Leyenda áurea*.

Aunque en un principio se juzgó que la vasija era de

esmeralda —el *Lapsit Exillis* que Wolfram von Eschenbach relata en su *Parzival*—, recientemente se ha sabido que en realidad es de cristal verde. Tras una serie de aventuras, entre las que habría pasado incluso por Almería, el cuenco acabó en Génova, donde todavía se venera con el nombre de Sacro Catino en el Museo del Tesoro de la catedral de San Lorenzo.

Cuando Hugo de Payns arribó por primera vez a Tierra Santa junto con su mecenas, el conde de Champagne, fueron recibidos en el palacio de Balduino I, quien muy posiblemente les enseñó el recipiente durante una cena bastante parecida a la que los cuentos del grial narran que tuvo lugar en el castillo del Rey Pescador.

Sabemos que, algo más al sur de Jerusalén, Godofredo de Bouillon también logró conquistar la aldea de Hebrón, localizada en lo alto de un monte que a día de hoy sigue siendo considerado santo para los judíos y que el duque de Lorena renombró como Castellion Saint Abraham. Benjamín de Tudela visitó la localidad en el año 1170 y la bautizó con su nombre franco, St. Abram de Bron, de donde dijo que se encontraban las tumbas de los patriarcas Abraham, Sara, Isaac, Rebeca, Jacob y Lea en una cueva que escondía otra cueva, que a su vez ocultaba una tercera, donde finalmente se levantaban los seis monumentos funerarios.

Poco después de la fundación del Reino Latino de Jerusalén, una incursión egipcia intentará recuperar Hebrón para los musulmanes, por lo que Balduino I tuvo que acudir personalmente en defensa de la localidad. Recordemos que Robert de Boron asegura que el nombre del Rico Pescador es Bron, lo que de alguna manera lo relaciona con esta ciudad y con su defensor, Balduino I.

Siguiendo este orden de extrañas coincidencias entre la literatura artúrica y las epopeyas de los cruzados, sabemos que a principios del siglo XII, el hermano de Godofredo de Bouillon cayó postrado por unas fiebres que achacó a su matrimonio bígamo con Arda de Armenia y con Adelaida del Vasto, a quien después de que su salud empeorase gravemente enviará de vuelta a Sicilia para ponerse en paz con Dios y con su Iglesia. En 1118, repuesto del mal que lo aquejaba, decidirá hacer una incursión en Egipto, donde, para calmar el hambre, tanto sus hombres como él se dedicaron a pescar en el Nilo con sus lanzas. Como refirió el historiador Fulquerio de Chartres, «cuando el rey comió los peces, sintió los dolores de una antigua herida y sufrió una gran debilidad». Aunque su séquito intentó trasladarlo a Jerusalén, el Rey Tullido, y ahora también Pescador, acabó muriendo en la aldea de Al-Arish[39].

El monarca herido de Troyes y de Boron sufre por la lesión de una lanzada en el muslo que le impide levantarse de su asiento para recibir a Perceval cuando nuestro héroe accede a su castillo. Wolfram von Eschembach, algunos años más tarde, nos aclarará que dicha lesión era consecuencia de haberse unido sexualmente a una mujer que no pertenecía al linaje del grial, es por tanto una herida de índole sexual. Aquella imprudencia condujo a Anfortas a olvidarse de su misión y a emprender aventuras en nombre del amor, no del santo amor de Dios —grito de batalla de los caballeros templarios—, por lo que en su camino se topará con un hidalgo que lo desafiará en combate para arrebatarle la posesión de la copa. Ese jinete llevaba escrita la palabra *grial* en la punta de su lanza, la cual consiguió introducir en la entrepierna de Anfortas antes de morir en la refriega. Desde aquel día, el monarca únicamente podía dedicarse a pescar en un río que se encontraba cercano a su castillo, puesto que la herida seguía abierta y su dolor únicamente menguaba cuando ponía sobre ella la lanza que se lo había producido.

Aunque puede que los paralelismos entre el Rey Tullido-Pescador del poema del grial y Balduino I no se traten de una mera casualidad, este no será el único monarca de Jerusalén en encajar en el papel de Anfortas. Como ya hemos mencionado, Balduino IV, hijo de Amalarico y de Inés de Courtenay, pasará a la historia con el sobrenombre del Leproso. Educado por Guillermo de Tiro, el historiador pronto se dará cuenta del mal que afligía al muchacho cuando, jugando con otros niños, se hirió en el brazo con una espada pero sin embargo no sintió dolor. Su enfermedad, empero, no fue óbice para que con trece años subiera al trono y consiguiera una gran victoria sobre las tropas de Saladino en la batalla de Montgisard, donde, antes de arengar a sus hombres con su único brazo bueno, el izquierdo, descendió de su caballo, se arrodilló frente a la vera cruz e invitó a sus caballeros a hacer lo mismo ante el asombro de las tropas sarracenas.

Aunque se suponía que el califa loco Al-Hakim había hecho quemar todo rastro del madero sagrado en el año 1009, los cruzados pudieron recuperar un trozo de él excavando en el subsuelo de la iglesia de la Anástasis, siendo a partir de ese momento los templarios y la orden sanjuanista los encargados de velar por su salvaguarda y custodia.

Con apenas veinte años, el joven monarca ya no podía levantarse de la cama, por lo que cada día el patriarca de Jerusalén, Heraclio, le mandaba un viático eucarístico a sus aposentos acompañado, según se cree, de una procesión con la lanza de Longinos que los cruzados encontraron en

Antioquía, una astilla de la vera cruz, el santo grial y otras tantas reliquias más para que obrasen el milagro de sanar al paladín de la cristiandad. Como curiosidad, el nombre Anfortas que Wolfram von Eschembach le da en su obra Parzival significa «sin fuerzas».

De los veintidós arcanos mayores que componen la baraja del Tarot, el último de ellos es el Loco, la figura de un hombre con una bolsa al hombro —herido en el muslo como el Rey Pescador—, que se dedica a viajar por el mundo acompañado únicamente por un perrillo. A lo largo del Camino de Santiago nos encontraremos la imagen del Loco bajo la advocación de san Roque, el cual se habría convertido en peregrino y se dedicaría en cuerpo y alma a atender a los enfermos de lepra, haciendo sobre ellos la señal de la cruz hasta que él mismo contrajo dicha enfermedad. Como no quiso ser una carga para nadie, se retiró a las afueras de Piacenza para morir en soledad. Pero, hete aquí que un cachorrillo llegaba cada día adonde él estaba para llevarle un mendrugo de pan. Según la leyenda, cuando por fin pudo recuperarse, le quedó una marca en el muslo en recuerdo de la lepra. Pero lo más curioso es que, según la obra de Chrétien de Troyes, dentro del castillo del Grial encontramos juntos a dos reyes, padre e hijo, posiblemente a Amalarico I y Balduino IV, los cuales estuvieron a merced y fueron víctimas de la desidia de Perceval/Felipe de Alsacia.

La nobleza feudal del Reino Latino de Jerusalén —Haute Cour— consideraba que Amalarico I había pecado contra la santa moral cuando se casó con Inés de Courtenay, con quien compartían un abuelo, por lo que tanto la Iglesia como los señores de Jerusalén se le echaron encima, achacando que el matrimonio no era válido por motivos de consanguineidad. Acuciado y amenazado con retirarle su apoyo, el padre de Balduino IV tendrá que renunciar a su amor para subir al trono, viendo como su esposa acabó contrayendo matrimonio con Hugo de Ibelín mientras él seguía suspirando por su amor. Una herida en la entrepierna que únicamente un poder superior podía cerrar.

LA SANGRE REAL

«*Este es el libro de tu descendencia, aquí comienza el libro del Sangreal, aquí comienzan los temores, aquí comienzan los milagros*».

ANÓNIMO FRANCÉS DEL SIGLO XIII

Las leyendas francesas del grial que se circunscriben en el entorno de la primera cruzada, cuyo origen debemos remontar a Chrétien de Troyes, comenzaron a insertar pequeños relatos dentro de un cuento aún mayor hasta acabar componiendo el ciclo artúrico, plagado de objetos de poder y de seres feéricos caminando de la mano entre hombres y mujeres de carne y hueso. Como ya hemos mencionado, Chrétien se basará en las leyendas celtas para inspirar sus obras, De Boron, por su parte, las ajustará a un entorno puramente judeocristiano, mientras que Eschembach, de quien hablaremos más adelante, lo hará a caballo entre el Temple y el islam.

Robert de Boron creó un tiempo aparte y un mundo aparte, donde nos presenta el linaje de los herederos de Jesús y el legado de su auténtico mensaje a través de José de Arimatea, el hermano menor de Joaquín, padre de la Virgen María, quien para la Iglesia oriental también habría sido el tutor del Nazareno luego de que su madre enviudara. Será la primera vez que un seglar se atreva a enumerar la estirpe sagrada del Mesías, que comenzará con la orden expresa a su tío abuelo nada más entregarle el sagrado cáliz: «Tú custodiarás el grial y después de ti aquellos que tú designes».

El último de esos herederos del que tenemos constancia, según el relato de Boron, será Perceval, sobrino nieto de José de Arimatea, hasta que hacia el 1192 nos topemos con *La leyenda del Caballero del Cisne*, que comienza con la huida de la joven Isonberta del palacio de su padre, el rey Ponpeo de Lillefort, para evitar que sus progenitores la obliguen a casarse en contra de su voluntad. En su huida conocerá a su alma gemela, el conde Eustaquio, con quien se desposará contraviniendo los deseos de su suegra, la condesa Ginesia. Desafortunadamente, Eustaquio tendrá que partir a la guerra, por lo que encomendará a Isonberta a su madre y al caballero Bondaval. Durante la ausencia del conde, Isonberta dará a luz a siete hijos, que nacerán todos ellos con un collar de oro alrededor del cuello. El parto múltiple, para la mentalidad medieval, era un símbolo inequívoco de adulterio y cada niño correspondería a un amante de la madre.

En un intento de salvar a los recién nacidos de las malvadas garras de la condesa Ginesia, Bondaval decidirá abandonar a los pequeños en el desierto, donde serán encontrados por un clérigo que los adoptará y los educará en los más altos valores de la fe y de la humildad. Empero, cuando llegue a oídos de la condesa madre que siete jóvenes pedigüeños, adornados con collares de oro, andaban recorriendo las aldeas, deducirá sin mucho esfuerzo que son en realidad sus nietos y acudirá enseguida a ver al eremita, a quien logrará convencer para que se los entregue, prometiéndole que les proporcionaría una vida mejor al amparo de la corte. El anciano accederá y enviará a todos los niños con su abuela, menos a uno, Ponpeo, que tiene el mismo nombre que su abuelo —aunque en otros manuscritos recibe el pseudónimo de Elías—, puesto que fue designado para la sagrada tarea de custodiar una misteriosa ermita. Estando los jóvenes en poder de la condesa, esta ordena a sus secuaces que los decapiten y recuperen los collares. Pero, antes de que las espadas toquen su carne, los muchachos se convierten en cisnes y escapan volando.

Ginesia, para evitar que sus nietos vuelvan a recuperar su apariencia humana, ordena a un orfebre que funda los collares y que con el oro fabrique un cáliz como el que Cristo utilizó en la última cena. Milagrosamente, el orfebre conseguirá acabar la copa utilizando únicamente uno de los abalorios, dejando intactos el resto de los collares. Luego de esto, los cisnes regresarán al lago que se encuentra a la vera de la ermita y frecuentarán la compañía tanto de su hermano como del monje que los crio.

Quizás nunca antes nos hayamos encontrado con un texto tan groseramente alquímico, en el que podemos adivinar que la condesa Ginesia es en realidad una representación de la Iglesia católica, la cual pretende hacerse con los collares de oro para crear un falso cáliz después de haber asesinado a sus legítimos poseedores. Isonberta, por otro lado, sería la representación de la Iglesia real, aquella cuyos cimientos se remontan a Glastonbury y cuyo nacimiento debemos a José de Arimatea, pariente de Jesús, y a los custodios de la sangre real.

Cuando el conde Eustaquio —sigue el romance— retorna a casa y descubre lo que Ginesia ha hecho con los niños, la condesa madre se excusa asegurando que Isonberta era una mujer adúltera —como María Magdalena—, y exige a su hijo que se dirima la inocencia o culpabilidad de su esposa mediante una justa, puesto que el caballero que ostente la verdad jamás podrá perder en combate ante aquel que defienda a un pecador.

Por mucho que Isonberta ruega y ruega, desafortunadamente no consigue que ningún caballero acepte amparar su honor. No obstante, la noche antes del torneo, un ángel se aparecerá al joven custodio de la ermita anterior y le encomendará que se llegue al castillo y preserve la honradez de Isonberta, que en realidad es su madre. A la mañana siguiente, el Caballero del Cisne se dirige a la corte y vence rápidamente a su adversario. Madre, padre e hijo se encuentran y por fin todo se aclara. La malvada Ginesia es encerrada para siempre y los muchachos retornan a su forma anterior. Todos excepto aquel cuyo collar fue usado para fabricar la copa de oro. Este último se encargará de acompañar a su hermano, el custodio de la ermita sagrada, en todas sus aventuras y desventuras, tirando de la barca en donde irá montado hasta llegar a la desembocadura del Rhin, en la ciudad de Maençia. En aquellas lejanas tierras, la duquesa de Bouillon se había quedado viuda, lo que aprovechó el duque Rainer de Sajonia para robarle sus posesiones. Al igual que en la gesta anterior, Ponpeo acepta ser el defensor de la duquesa de Bouillon y de su hija Beatriz mediante el juicio de Dios, en el que derribará al duque Rainer, de quien conocemos que pretendía convertirse al islam. Desaparecido el sajón, el emperador y la duquesa ofrecen la mano de Beatriz al Caballero del Cisne, quien accederá poniendo como condición a su enamorada que nunca le pregunte por su verdadero nombre, condición u origen.

Que los custodios del grial se empeñen en no revelar su identidad y que cuando son descubiertos desaparezcan inmediatamente parece una clara metáfora de que, en el seno de la comunidad templaria, existía una especie de sociedad secreta, y de que es precisamente esta élite la que se encargó de velar para que los secretos de la orden no fuesen revelados.

El mismo ángel que se apareció a Ponpeo, se presentará luego a Beatriz para anunciarle que un descendiente suyo acabará siendo rey de Jerusalén. Tras un relativamente corto periodo de calma, Beatriz dará a luz a Ydan, la madre de Godofredo de Bouillon. Sin embargo, la mujer acabará por sucumbir a la curiosidad y le preguntará a su marido aquello que no debía, lo que ocasionará el regreso de Ponpeo a la ermita sagrada de la que era custodio montado sobre la barca tirada por su hermano para no regresar jamás. Cuando Ydan se haga mayor se desposará con Eustaquio de Bolonia y la noche de bodas concebirá al mesías Godofredo, que, como ya hemos visto, será el líder de la primera cruzada tras ser armado caballero por su padre, quien le encomienda la espada familiar, descendiente de la Joyosa, la espada de Carlomagno.

UN ALEMÁN EN LA CORTE DEL REY ARTURO

A principios del siglo XIII, el trovador germano Wolfram von Eschenbach tomará la historia inacabada de *Contes del Graal* de Chrétien, y *Li livres dou Graal* de Boron, y creará su *Parzifal*, para lo cual aseguró haber recibido mejor información que sus predecesores de manos de un extraño personaje, a quien llamará Kyot, quien a su vez habría encontrado la historia en Toledo en unos viejos legajos escritos por un judío llamado Flegentanis, el cual a su vez aseguraba conocer la historia del grial porque la había leído en las estrellas, de donde los ángeles dejaron caer a la tierra una piedra preciosa desprendida de la corona de Lucifer durante su batalla contra las huestes celestiales: el grial.

No podemos saber si el misterioso libro que inspiró a Eschenbach, supuestamente escrito por Flegentanis, es el mismo que Felipe de Alsacia entregó a su amigo, el poeta francés, ni si el que Geoffrey de Monmouth recibió del archidiácono de Oxford tiene algo que ver con el que iluminó a Robert de Boron, pero lo cierto es que todos los relatos que tienen relación con el grial parecen prorrogar una saga cuyo origen somos incapaces de encontrar. Algunos estudiosos han querido vincular este manuscrito original con diversos autores, como Guiot de Provins, quien habría completado el cuento inacabado de Troyes y además pudo haber ilustrado a Eschenbach debido a la semejanza entre el nombre Kyot, del que el alemán dice haber recibido toda su ciencia, y Guiot. Empero, otros nos atrevemos a proponer un origen aún anterior, más en consonancia con esa ciencia secreta que se esconde tras el símbolo y con ese linaje de hombres y mujeres perfectos que pudieron custodiarla.

Al contrario que sus predecesores, Eschembach jamás puso un pie en Tierra Santa, por lo que tuvo que describir tanto Camelot como el castillo del Grial basándose en lo que tenía a su alrededor. Sabemos que comenzó a redactar su *Parzival* en la fortaleza de Wertheim y que acabó el quinto acto en otro cerca de Wildenberg, probablemente en Amorbach o Preunschen. Cuando Parzival —Perceval— se encuentra por primera vez con el Rey Pescador en el río, este le promete recibirlo en su castillo esa misma noche y le aconseja que, cuando llegue al foso, pida amablemente a los guardias que bajen el puente y que lo dejen pasar. Una vez dentro, Eschenbach describe un patio de armas con la hierba verde recién cortada, pasillos iluminados por antorchas y una gran sala llena de nobles hidalgos sentados frente a cien mesas cubiertas con manteles blancos, donde pronto aparecerá el cortejo de la lanza sangrante y del grial.

Curiosamente, tanto la disposición del castillo del Rey Pescador como el río donde solía pescar coinciden a la perfección con la fortaleza de Hermann I Landgrave de Turingia en Wertheim.

El trovador alemán comienza su obra contándonos las aventuras de Gahmuret de Anjou en Zazamac —posiblemente Etiopía—, adonde marchó para hacerse un nombre, puesto que era hijo menor del rey Gandin y su hermano Galoes había heredado el reino de su padre. Allí se enamoró y contrajo primeras nupcias con la reina morisca Belacane, quien engendró y dio a luz a Feirefiz, un niño mitad blanco como su padre y mitad negro como su madre. Como ya hemos mencionado, también Balduino I se casó con Arda de Armenia, la cual, aunque cristiana, se consideraba que estaba más próxima a los musulmanes que a los europeos, motivo por el cual Balduino acabará pidiendo la anulación del matrimonio.

Harto de la vida hogareña, Gahmuret regresa a Gales y se casa con la reina Herzeloyde, la madre de Parzival —tal vez Adelaida del Vasto—, a quien también abandonará para enrolarse en los ejércitos latinos que luchaban en el Lejano Oriente, donde acabará sus días. Rota de dolor por la pérdida de su esposo, Herzeloyde se exiliará junto con Parzival a la campiña para protegerlo del espíritu aventurero que extravió a Gahmuret, temiendo que un día el joven pueda enamorase también de la Dama Aventura y quiera salir en su busca.

Al igual que en el poema de Chrétien, Parzival es educado en la vida sencilla. Herzeloyde le enseñará a rezar diciéndole que, allá donde viera una hermosa criatura, se arrodillara, pues seguramente sería un ángel. Y que, donde viera un bello edificio, entrase a rezar, pues seguramente sería una iglesia. Cuando el joven se hizo mayor se topó con tres caballeros de fulgurante armadura y, confundiéndolos con ángeles, se arrodilló ante ellos. Como era de esperar, los caballeros se burlaron de él llamándole el Tonto Perfecto debido a su inocencia. Aunque Parzival intentó seguirlos, acabó perdiéndose en el bosque, donde se topó con un hermoso campamento y, como nunca antes había visto nada semejante, creyó que se trataba de una iglesia, por lo que entró a rezar, tropezándose dentro con una hermosa dama a la cual quiso robarle un beso.

Tras estas peripecias, el Hijo de la Viuda llegará a la corte del rey Arturo, defenderá a Ginebra y será instruido en las reglas de la caballería, las cuales recomendaban no hacer demasiadas preguntas, pues se consideraba un gesto de descortesía. Después de verse envuelto en diferentes intrigas, se casará con la reina Condwiramurs. No obstante, como su padre, marchará de nuevo en pos de aventuras. En sus andaduras será invitado al castillo del Grial, donde será convidado a cenar junto al señor de la hacienda, el cual estaba gravemente enfermo. Durante la cena, un paje pasará por entre los comensales llevando una lanza que chorreaba sangre, seguido de una doncella portando el grial que colmaba de luz toda la estancia. Empero, obligado por las reglas de caballería, Parzival no se atrevió a preguntar nada.

Eschenbach añadirá algo fundamental en su relato, que la portadora del objeto sagrado, Repanse de Schoye, es a la sazón pariente de Parzival y que sus acompañantes son damas que se han consagrado también a la pureza. Si bien en *Contes del Graal,* de Chrétien de Troyes, no se afirma explícitamente que el grial sea un cáliz, parece que queda implícito dado el contexto de la historia. No obstante, el trovador alemán afirma ahora que el grial es en realidad «una piedra preciosa que el sol atraviesa y que recibe el nombre de radiante (...) Los alimentos que consumen los templarios proceden de ella y su nombre es *Lapsit Exillis*».

Acabada la «cena del Señor», Parzival es conducido a sus aposentos, donde dormirá toda la noche. Al despertar, descubrirá que está solo y que incluso el castillo ha desaparecido, por lo que decide regresar a la corte de Arturo, donde su prima Sigune le echa en cara no haber preguntado por los objetos sagrados. A través de la bruja Cundry, el caballero conocerá que su nombre está grabado en el grial. Consumido por la culpa de no haberle preguntado a Anfortas lo que debía, se pasará cinco años buscando de nuevo el castillo del Grial hasta caer abatido por la desesperación, llegando incluso a renegar de Dios y de su propia fe.

Durante el combate que mantiene con un caballero del grial —el cual podría considerarse su contraparte—, gana un caballo que la mañana del Viernes Santo lo conduce hasta un ermitaño llamado Trevizent, quien a su vez le revelará el secreto de la piedra mágica en cuyo borde se encontraban inscritos los nombres de los caballeros que podían tocarla, los cuales debían ser tan puros como los ángeles que la bajaron del cielo. Recordemos que los caballeros del Temple intentaron imitar a los ángeles que estuvieron al servicio de Jesús.

Trevizent le advierte que «Dios no escoge a los preparados, sino que prepara a los escogidos», por lo que, aunque esté destinado a convertirse en un caballero perfecto, esa perfección tendrá que ganársela con el sudor de su propio esfuerzo. También le confiesa que la herida en el muslo de Anfortas se debió a que el rey no respetó su voto de castidad, por lo que su misma maldición pasó también a su reino. Será allí donde Parzival descubra que su madre es la hermana de Anfortas, hija a su vez de Frimutel, descendiente de Titurel, el primer rey del Grial.

Nuestro héroe parte de nuevo en busca del castillo de su abuelo y se encuentra en el camino con un caballero medio blanco medio negro que lo reta en combate. Sin saber que son hermanos, los dos contendientes comienzan la lucha hasta que la espada de Parzival se rompe por la mitad y Feirefiz le perdona la vida. Esa espada rota era una de las condiciones para encontrar el santo grial, al cual no podía accederse por la fuerza, de la misma manera que cristianos y musulmanes no podían disputarse una tierra que de hecho pertenecía a toda la humanidad. Eschenbach nos revela que la espada es inservible, de hecho inútil, y que únicamente conduce al sufrimiento. Si Jerusalén es una ciudad bendecida por Dios, también está maldita por las incesantes guerras y matanzas que los hombres han llevado a cabo dentro y fuera de sus murallas. Federico II Hohenstaufen, emperador del Sacro Imperio Romano Germánico, inspirado por la obra de Eschenbach y por el ejemplo de san Francisco de Asís, comprendió la inutilidad de la violencia, motivo por el cual marchó a Palestina en 1228, en la que se considera la sexta cruzada, escoltado únicamente por su guardia personal con la intención de pactar un condominio cristiano-musulmán con el sobrino de Saladino, el sultán Malik al Kamil. Federico, que conocía a la perfección la lengua árabe, el Corán y la Sunna —la vida de Mahoma—, consiguió que Jerusalén, Belén y Nazaret pasaran a manos cristianas en menos de un año utilizando la diplomacia, volviendo a templar una espada anteriormente rota por una contienda fratricida.

Solo cuando Parzival aprehende esta última lección, Cundry entra de nuevo en escena para decirle que su nombre ha brillado en la piedra, pasando a ser desde aquel momento el nuevo rey del grial. Los dos hermanos se dirigen juntos a Munsalwäsche, cuyos centinelas son los caballeros del Temple —*Templeisen*—, que los dejan pasar felices porque saben que el sufrimiento de su antiguo rey toca su fin. Cundry señala los blasones y los escudos de los jinetes blancos y le dice a Parzival que las tórtolas que llevan grabadas son el emblema del grial y que esos soldados están a su servicio. Tras un fastuoso recibimiento, los hermanos son llevados ante Anfortas, que sigue postrado en la cama sin poder levantarse. Parzival, consciente ahora del secreto del grial, se arrodilla tres veces en dirección a la reliquia, honrando a la Trinidad, y le pregunta al rey: «¿Tío, qué os atormenta?».

Ese interés por el otro era todo lo que la humanidad, simbolizada en la persona del Rey Pescador, necesitaba para recuperar la salud. Anfortas deja su trono a su sobrino y el reino sana milagrosamente. Feirefiz, aunque no puede ver el grial, se enamora de su portadora, Repanse de Schoye. Su hijo será conocido más adelante como el preste Juan.

Condwiramurs, la esposa de Parzival, cabalga largo tiempo junto con sus dos hijos, Kardeiz y Lohengrin, para encontrarse con su amado en Munsalwäsche. Estando en estas, un templario informa a su nuevo señor que muchos caballeros se han ocupado de defender los intereses de la reina en su ausencia, por lo que nuestro héroe marcha también en busca de su amada rodeado ahora por los jinetes blancos. Algunos versos más tarde encontramos a la familia por fin reunida y a los más distinguidos señores de Europa rodeándola después de la misa matutina, en la que Kardeiz es nombrado soberano de Gales, Anjou y otros territorios, y Lohengrin, el Caballero del Cisne, se convierte en el nuevo custodio de la piedra preciosa asistido por la Orden Blanca. Como curiosidad, al contrario que en el ciclo francés, en esta ocasión el Caballero del Cisne no pertenece a la casa de Bouillon, sino a la de Brabante y Cleve.

EL TEMPLARIO DE ASÍS

En 1181 nació en Asís Giovanni Bernardone, hijo del rico comerciante de telas Pietro Bernardone y de Donna Pica Bourlemont, de origen francés, quien inculcó a sus hijos el amor por la Provenza, motivo por el que al joven Giovanni pronto se le conocería por el sobrenombre de Francesco. Conocedor de la lengua gala y del latín, desde muy temprano tuvo que ayudar a su padre en el negocio familiar, no destacando sin embargo entre los jóvenes burgueses de su entorno. El hijo de Bernardone era divertido, soñador, alegre, algo alocado y con un ávido afán aventurero que lo empujaba a demostrar su espíritu caballeresco, deseando emular las gestas del rey Arturo y de los caballeros del santo grial. No obstante, junto con su gallardía, llevaba por bandera la caridad y la compasión, como relata J. Joergensen en la biografía del santo:

Cierto día, atareado en la tienda de su padre, casi sin advertirlo, despidió bruscamente y sin socorro a un mendigo que llegó a pedirle limosna. No obstante, tras esto, sintió su corazón como traspasado por un agudo puñal, diciéndose a sí mismo: «Si ese hombre hubiese venido a mí de parte de alguno de mis nobles amigos, de un conde o de un barón, yo, sin duda, le habría dado el dinero que me pedía. Pero ha venido en nombre del Rey de los reyes, del Señor de los señores, y yo no sólo le he despedido con las manos vacías, sino que le he avergonzado». Resolvió, pues, no negar en adelante cosa alguna que se le pidiese por amor de Dios, y salió corriendo detrás del mendigo para darle algunas monedas.

Fruto de los conflictos con la vecina Perugia, estuvo prisionero durante al menos un año tras la batalla del puente de San Giovanni en noviembre de 1202. Luego de ser puesto en libertad, una cruenta enfermedad lo dejaría postrado en la cama durante algún tiempo, temiéndose incluso por su vida. No obstante, al recuperarse, quiso enrolarse en el ejército papal a las órdenes de Gualterio III de Brienne.

Francesco iba creciendo al mismo tiempo en orgullo y ambición, en soberbia y vanidad. Sin embargo, algo inesperado le sucederá de camino a la guerra... Saliendo de Asís por Porta Nuova, tomó el camino de Apulia, vía Espoleto, donde cuenta la leyenda que una estremecedora voz le impidió seguir.

Tendido estaba en su lecho, medio despierto, medio dormido, cuando de repente oyó una voz que le preguntó hacia dónde se dirigía: «A la Apulia —contestó Francisco— para ser allí armado caballero». «Dime, Francisco —siguió la voz— ¿a quién quieres servir, al Amo o al siervo?». «Al Amo, ciertamente —contestó el joven—». «¿Cómo entonces vas tú buscando al siervo y dejas al Amo? ¿Cómo abandonas al príncipe por su vasallo?». Francisco exclamó, como en otro tiempo hizo san Pablo: «Señor, ¿qué quieres que haga?». A lo que la voz contestó: «Vuélvete a tu patria y allí te diré lo que debes hacer...». Calló entonces la voz y Francisco despertó y pasó el resto de la noche revolviéndose en la cama, pugnando en balde por conciliar el sueño. Llegada la mañana, se levantó, ensilló su caballo y, desvistiéndose de los arreos guerreros, de cuya vanidad acababa de convencerse, emprendió la vuelta a Asís (*San Francisco de Asís. Su vida y su obra*).

Los relatos piadosos que nos han llegado intentan explicar su drástico comportamiento y por qué, cierto día, se refugió junto con los leprosos del hospital de Porciúncula y convivió con ellos. Pero lo único que sabemos es que Francisco había caído en esa enfermedad del alma llamada Jesús. Una bendita dolencia que, en lugar de matar, da la vida.

Llamado por el nuevo espíritu que había encontrado, sintió la profunda necesidad de peregrinar a Roma y visitar la tumba de san Pedro y san Pablo, donde esperaba encontrar respuestas y una señal de la Divina Providencia que allanara sus caminos. Llegando hasta la tumba de los apóstoles, cambió sus ropas con las de un mendigo y repartió su bolsa para sentir en sus carnes la necesidad, el hambre y el frío, experimentando asimismo el desprecio de la gente. Lo que antes tanto había temido, a la enfermedad y a la pobreza, ahora abrazaba con ardor en el corazón. A la dama que antes había despreciado, ahora pedía en matrimonio.

Poco a poco, el alma de Francisco fue forjándose en el Señor. Contemplando la soberbia de la curia y sus edificios, no dejaba de repetirse las palabras de Jesús: «Bienaventurados los pobres. Bienaventurados los pobres». De vuelta a casa, con el corazón más ligero, se encontró a un leproso escondiéndose a la vera del camino y, abandonando por completo cualquier rastro de miedo y de autoprotección, se arrodilló ante él y besó sus llagas. El hijo de Bernardone había muerto, el auténtico soldado de Cristo, para mayor gloria de Dios, había nacido.

Francisco descubrió que el Dios de Jesús no era el dios de los nobles ni el de los ricos, que parecen bellos por fuera, pero por dentro están llenos de inmundicia. Como Dios es eterno, el corazón de Francisco debía hacerse eterno también si quería conocer al Padre Celestial. Entonces, desde lo más profundo de su alma surgió el llanto, pero esta vez era un llanto de alegría y de felicidad. «¡No a nosotros, Señor! —gritó— ¡No a nosotros sino a tu Santo Nombre da la Gloria!». Este salmo, cuya autoría se remonta al rey Salomón después de acabar de construir el templo de Jerusalén, era el más apropiado para un hombre que había muerto y renacido, convertido ahora en un templo de carne y hueso para el Señor, como también sucediera con Hugo de Payns y sus caballeros blancos. Si bien la única arma que este pobrecillo de Asís utilizó para vencer a sus rivales fue el amor incondicional.

Francisco, como Jesús, había visto el despotismo de la sociedad con los pobres y enfermos. Los había visto callar ante las injusticias de la Iglesia, llorar a escondidas, criar a sus hijos en la desdicha, llevárselos a la cama sin haber probado un solo bocado en todo el día teniendo que contemplar cómo morían de hambre y de pena. Francisco los había visto a solas, volver su mirada al cielo y rezar al Dios de los pobres, confesarse con Él y desahogar sus almas. Francisco, como Jesús, había sentido su dolor y padecido por su humillación, avergonzándose de quienes decían ser sus representantes en la tierra, los cuales comían y se cebaban hasta hartarse sin hacer caso a los que, como perrillos, imploraban a su alrededor. Verdaderamente, al igual que Cristo, el reino de Francisco no era de este mundo.

Durante mucho tiempo el joven de Asís pasó los días sin apenas probar bocado, mirando por la ventana de su casa o recorriendo las calles de su localidad con la cabeza gacha, buscando la fuerza definitiva para volverse enteramente al proyecto que se había forjado en su alma.

Aunque sus amigos le inquirían para invitarlo a festines y diversiones, él los rehuía en favor del sabor de la oración en cualquier iglesia cercana, en alguna cueva solitaria o bajo algún modesto arbolillo. Descubriendo y forjando una íntima amistad con Dios, fue despreciando los placeres de la vida mundana. Habiendo saboreado el valor de la sencillez, le asqueaba la vanidad del hombre y sus arrogantes intentos de cultivar la belleza externa, olvidando la hermosura del corazón. En este deambular, Francisco encontró el cobijo deseado en el interior de la pequeña y casi derruida iglesia de San Damián, a escasos dos kilómetros de Asís, cuyo único adorno era el Cristo que, desde antiguo, se ubicaba sobre el altar mayor y que ahora se había convertido en su confidente. Sentado en alguno de sus banquillos, apoyó la cabeza sobre la pared sin dejar de contemplar el crucifijo en serena meditación hasta que, poco a poco, un profundo sentimiento de admiración y de gozo fue creciendo en su interior. Y sucedió que, uno de esos días, en perfecta conversación con Jesús, cuenta la leyenda que Francisco oyó de nuevo la voz que le había quebrado la vida en Espoleto, la cual esta vez le ordenó: «Francisco, ve y repara mi casa, que, como ves, está en ruinas».

El joven ahora podía identificar al dueño de aquella voz. Estaba frente a él ¡Era Jesús! Francisco, llorando de alegría, contestó inmediatamente a la orden con la mayor disposición y, viendo primeramente que aquella capilla amenazaba con venirse abajo de un momento a otro, tomó como literal el mandato divino y comenzó allí mismo su labor. No obstante, Jesús no se refería a san Damián, sino a la Iglesia católica, empezando por sus pilares hasta llegar al tejado que sus dirigentes habían echado por tierra, cambiando a Dios por los placeres del mundo.

Como hijo de la Iglesia, Francisco rechazaba por completo la idea de salirse de ella, como hicieron otros movimientos contemporáneos de su época, ya que en su seno estaba el testamento de los apóstoles y la luz de los santos. Sin embargo, se sentía movido a demostrar que otra Iglesia era posible. A salirse de su tiempo para vivir en el tiempo de Dios.

El hijo de Bernardone creía que Dios habitaba en el corazón de los hombres y, aunque escondido, era posible encontrarlo, porque Dios quería ser encontrado. La simpatía hacia Francisco creció tanto que decenas de jóvenes comenzaron a seguirlo, de manera que se vio obligado a pedirle al papa la admisión formal de su grupo dentro de la Iglesia.

Llegando de nuevo a Roma, lo primero que hizo fue visitar al obispo Guido, amigo y consejero suyo en otros tiempos, quien a su vez le presentó al cardenal Juan de San Pablo. Tras pasar algunos días en su casa, el cardenal, admirado igualmente por el alma del jovenzuelo de Asís, no dudó en organizar una reunión con el santo padre. La Iglesia, que antes había otorgado ya su bendición a órdenes como la de San Benito, no veía con malos ojos que los frailes vivieran sujetos a la pobreza evangélica, pero los instaba a no ser una carga para el pueblo ni para la propia institución.

Son diversos los testimonios que nos relatan el encuentro entre Francisco e Inocencio III, pero todos admiten que el santo no fue tomado demasiado en serio y que fue despedido sin ninguna contemplación. Francisco se solía presentar diciendo: «¡Soy el heraldo de un gran Rey!». Pero el heraldo de este Rey vestía ropas harapientas y malvivía de la limosna y de la caridad, contrariamente a otros que, vestidos de grana y oro, pretendían el mismo estatus espiritual.

Id y proclamad que el Reino de los Cielos está cerca (le dijo Francisco al santo Padre utilizando las palabras del Evangelio de Mateo). Curad enfermos, resucitad muertos, limpiad leprosos y echad demonios. Lo que habéis recibido gratis, dadlo gratis. No llevéis en la faja oro, ni plata, ni calderilla; ni tampoco alforja para el camino, ni dos túnicas, ni sandalias, ni bastón... Sed pobres porque pobre soy yo.

Quizás sus palabras atentaron contra los intereses de la rica curia cardenalicia, que enseguida vio en él una peligrosa amenaza. No obstante, Juan de San Pablo sembró la discordia en el capítulo diciendo:

Este hombre solo pide que se le permita vivir conforme al Evangelio. Si nosotros declaramos que tal conformidad es imposible a las fuerzas humanas, por el mismo caso vendremos a establecer que la vida evangélica es impracticable, con lo que haremos una gran ofensa al mismo Jesucristo, primero y único inspirador del libro sagrado.

Cuentan que esa noche Inocencio III soñó que la iglesia de Letrán, consagrada a san Juan Bautista y Evangelista, la cual a su vez cobijaba el fastuoso palacio de los vicarios de Cristo, comenzaba a desplomarse, siendo sostenida y vuelta a poner en pie por la esquelética espalda de un hombrecillo vestido con saco, descalzo y con una cuerda atada a la cintura. Cuando el papa despertó, ordenó buscar a Francisco y traerlo de nuevo a su presencia. Estando otra vez el uno enfrente del otro, el papa se volvió a los cardenales y dijo en tono solemne e inspirado: «En verdad este hombre es el escogido por Dios para restaurar su Iglesia». Luego se levantó y abrazó a Francisco mientras por la espalda ordenaba el asesinato de cientos de inocentes cátaros en el Languedoc.

El pobrecillo de Asís no regresó inmediatamente a su aldea. Paseando por la Ciudad Eterna se cruzó con algunos jinetes que vestían túnicas inmaculadas con la cruz tau bordada en sus cuellos y descubrió que eran templos vivos del Señor y custodios del grial del que él tanto había leído en la materia de Bretaña tiempo atrás. Se vio reflejado en su pobreza y adoptó para sí igualmente el símbolo templario, que a partir de entonces siempre lo acompañaría.

El historiador francés Jacobo de Vitry menciona que en 1219 Francisco se embarcó a Tierra Santa y que, cuando llegó, no tuvo miedo de pasar al ejército enemigo a predicar la Palabra de Dios. El cronista musulmán Al-Farisi, que formaba parte de la corte del sultán Malik Al Kamil, relata el encuentro que ambos tuvieron, así como una posible discusión teológica en la que el soberano de Egipto y Siria confundió a Francisco con un sufí —místico islámico— y luego, despertándose en él una gran simpatía, le enseñó la belleza de los noventa y nueve nombres de Allah, reservados únicamente a la élite espiritual mahometana. Francisco se quedó un año entero con el sultán, en el que se dedicó a recorrer el país de Jesús con total libertad. Debido a que en su tumba se encontró un rosario musulmán, podemos suponer que las joyas del sufismo calaron profundamente su alma, a la vez que su presencia dejó una honda huella en el corazón del sultán.

La piadosa biografía que Buenaventura da Bagnoregio hace del santo propone algo absurdo, que Francisco le pidió a Al Kamil que prendiese una hoguera y que metiese en ella a un par de sus más devotos ministros junto a él para dilucidar cuál de las dos era la fe verdadera. Algo que nunca ocurrió. Pero lo que sí sucedió es que Francisco y Al Kamil propusieron una más que ventajosa tregua a los cruzados, en la que tanto Jerusalén como los restos de la vera cruz pasarían de nuevo a manos europeas a cambio de que se respetasen el resto de los territorios palestinos que quedarían en manos islámicas. Aunque las órdenes del Temple y del Hospital recibieron la noticia con buenos ojos, el cardenal Pelagio, representante del papa Honorio III, no dio su brazo a torcer.

Advertido por uno de sus frailes de que la hermandad de Asís corría peligro, Francisco tuvo que regresar de nuevo a la región de Umbría, donde encontró la muerte el 3 de octubre de 1226. Fray Elías, gran conocedor de la alquimia y el arte sacro, ideó la basílica donde su cuerpo fue enterrado. Dividida en dos edificios, los trabajos en la iglesia inferior se terminaron al cabo de dos años, momento en el que los restos del santo serían trasladados desde la basílica de Santa Clara a la cripta del santuario actual. En el centro de la nave, junto al altar mayor, que antiguamente estaba rodeado por doce columnas como el Santo Sepulcro de Jerusalén, se abrían dos escalerillas que conducían hasta la cueva donde se encontraban los restos de Francisco. Cuando el cortejo fúnebre, compuesto por las altas eminencias de la ciudad, así como por los emisarios del mismísimo papa Gregorio IX, llegó a los límites de la basílica, fray Elías los detuvo, cerró las puertas y se quedó a solas con el cuerpo de Francisco. Seguidamente, y ante el desconcierto generado, procedió a colocar el cadáver en su última ubicación y a sellar los accesos, que no se volvieron a localizar hasta el 1818.

Pasados unos años, fray Elías se convertiría en el consejero personal de Federico II, consiguiendo del sultán Al Kamil la tregua que sus correligionarios no habían consentido aceptar hasta ese momento. Como curiosidad, Federico fue educado por el Temple, como Jaime I de Aragón, quien a instancias del papa tendrá que darle la espalda durante su coronación en Jerusalén, lo que no dejó de ser una pose, puesto que sabemos que en su testamento, en el 1250, les legó muchos de sus bienes.

Con la muerte de Francisco, sus seguidores consideraron Tierra Santa como una de las provincias donde poder practicar su ministerio con los pobres, ayudar al necesitado, asistir al peregrino y velar por los santos lugares. De esa manera, en 1333, los reyes de Nápoles Roberto I y Sancha de Mallorca compraron a los musulmanes el Cenáculo y se lo entregaron a los monjes franciscanos, que desde entonces tendrán presencia en Jerusalén y Palestina, velando, como los templarios, por seguir el ejemplo de Cristo tal como Francisco lo había concebido y cuidando además para que la preservación del espíritu cristiano en aquellos lugares nunca se olvide. Como vemos, aunque mediante otras armas, Francisco fue un defensor de los santos lugares de Jerusalén y un templo vivo para el Señor.

LA CONEXIÓN ARAGONESA

Antes de que los poetas franceses y el trovador bávaro escribiesen sobre el grial, puede que el santo cáliz que Jesús utilizó en la última cena llevara años en tierras jacetanas.

Cuenta la tradición que posiblemente la copa fuese traída a Roma por san Pablo[40], que a su vez habría viajado desde Antioquía o Corinto, donde, tras su muerte, la habría dejado en manos de la comunidad de la capital del Tíber. Tras las múltiples persecuciones contra los cristianos, especialmente la llevada a cabo por el emperador Valeriano en el año 258, el papa Sixto II, antes de ser decapitado en las catacumbas de san Pretextato, encomendó a san Lorenzo, su diácono, que sacara a escondidas el cáliz de la ciudad y que lo pusiera a salvo lejos del poder imperial.

A través de Precelio, san Lorenzo envió el santo cáliz a Huesca, a la casa de sus padres, san Orencio y santa Paciencia, los cuales deberían ser considerados los primeros custodios del grial en la península. A partir de entonces, la copa recorrerá al menos nueve moradas conocidas. La primera será la ya mencionada casa de los padres de san Lorenzo, actual santuario de Loreto en Huesca. Hacia el año 533, será trasladado a la iglesia de San Pedro el Viejo, construida a expensas del obispo Vicencio únicamente para albergar la copa. Con la invasión islámica amenazando desde el sur, san Acisclo, obispo de Huesca, y su sobrina santa Orosia huyen con él y lo esconden en una cueva de Yebra de Basa. Mientras tanto, el conde don Julián, el mayor traidor de la historia, será enterrado en la puerta de la iglesia de San Pedro en el castillo de Loarre para que todos puedan pisotear su tumba por haber abierto la península a los islamitas. En el año 833, el grial se trasladó al monasterio de San Pedro de Siresia y a Santa María de Sásabe. Del 1014 al 1045 descansó en la sede real de Bailo, residencia de los reyes de Aragón. Posteriormente, el rey Ramiro I construyó una catedral para el grial en Jaca que curiosamente coincide con el principio del Camino de Santiago. Una inscripción en el crismón de la puerta principal advierte al peregrino: «Si quieres vivir, tú que estás sometido a la ley de la muerte, ven aquí suplicante y renuncia a los alimentos envenenados. Purifica de todo vicio el corazón para que no tengas que degustar una segunda muerte».

El grial, como recipiente de salvación, podía obrar el milagro de transmutar la esencia de los hombres para convertirnos en hijos de Dios, de la misma manera que fue capaz de transmutar el vino de la última cena en la sangre de Jesús.

En el 1071 se trasladó al monasterio de San Juan de la Peña, que algunos consideran el castillo del Grial, según atestigua el canon de Zaragoza Carreras Ramírez en su obra *Vida de san Lorenzo*, momento en que empezaron a surgir en Europa las leyendas acerca del sagrado cáliz y de sus caballeros custodios. Dicha mudanza supondrá un conflicto entre la curia de Jaca y los reyes de Aragón, que preferían que la reliquia quedase a buen resguardo en lo más alto de la montaña.

En 1104 Alfonso I el Batallador heredará el trono de su padre, Sancho Ramírez, tras la muerte de su hermano Pedro I. Estando en el castillo de Agüero, cuenta la leyenda que Alfonso tuvo un sueño en el que un ángel se le apareció para mostrarle el grial y decirle que el cáliz lo acompañaría siempre. A partir de ese momento, las figuras de Anfortas y del Batallador tendrán tantos puntos en común que algunos eruditos se han atrevido a postularlo para ocupar el título del Rey Pescador de la saga artúrica. Y puede que no les falte razón. De hecho, como los candidatos anteriores, él también habría poseído otro de los supuestos recipientes que Jesús utilizó para celebrar la primera eucaristía, por tanto, podemos decir a ciencia cierta que fue, junto con su familia, uno de los reyes/custodios del grial.

Al igual que Anfortas, el soberano de Aragón prefirió la vida caballeresca a la familiar, motivo por el cual llegaría a cumplir los treinta y seis años sin haberse comprometido. Por intereses meramente políticos, en el 1109 accedería a casarse con Urraca I de León en el castillo templario de Monzón. El matrimonio, condenado desde el principio por la falta de entendimiento entre ambos cónyuges, acabó en desastre al poco tiempo. Urraca, que estuvo casada con Raimundo de Borgoña antes de enviudar, quien le había dado un hijo y una hija, echó la culpa a Alfonso de no ser capaz de darle más descendencia, lo que podría equipararse con la simbólica herida en la entrepierna de Anfortas.

No cabe la menor duda de que Alfonso estuvo fervientemente enamorado de la Dama Aventura. Tras numerosas batallas en las que infligió terribles derrotas a sus adversarios, el rey de Aragón se adentró en Al Ándalus, donde a la altura de Motril o Vélez Málaga pidió que le pescaran un pez antes de regresar a Jaca. A partir de entonces, también fue conocido con el sobrenombre del Rey Pescador, sobre todo en León, Castilla y Toledo. Como el lector recordará, fue en Toledo donde Eschenbach dijo que su confidente Kyot encontró la historia del grial en un librito escrito por un judío llamado Flegentanis, el cual no habría hecho sino recoger esta leyenda.

En algunas de las monedas acuñadas por el soberano de Aragón podían leerse las abreviaturas *Anfus-di-gra-rex* —«Alfonso, por la gracia de Dios, rey»—, las cuales, sin hacer demasiados equilibrios lingüísticos, Eschenbach habría convertido en Anfortas, el nombre del Rey Pescador.

De hecho, puede que esta sea la mejor explicación para el origen de dicha palabra, teniendo en cuenta que en muchos de los romances de los trovadores de la época, como el que Ramón de Miraval dedicó a un juglar llamado

Bayona, el nombre del rey Alfonso aparece escrito como Anfos. Asimismo, según algunos estudiosos, en Santa María de Sásabe se guardaban decenas de documentos en los que podían leerse distintas versiones de su nombre, como Anfurso de Aragón o Anfortius, que tal vez más tarde se convertirá en Anfortas.

Con sesenta años de edad, el Batallador tomó como prioridad acabar la conquista del Ebro, ganando cada vez más territorios y extendiendo sus dominios hasta Fraga, donde en el verano de 1134 los almorávides, comandados por Avengania, gobernador de Valencia, lo sorprendieron durante el sitio a la localidad. El rey recibió heridas muy graves y fue trasladado a Poleniño, donde acabaría falleciendo el 7 de septiembre. Sus restos, para sorpresa de todos, serán enterrados en el monasterio/fortaleza de Montearagón en lugar de en el panteón de los reyes de San Juan de la Peña, donde descansaban los restos de su padre, hermano y abuelo.

En 1848, tras la expulsión de la comunidad monacal del castillo de Montearagón, los despojos del Batallador serían colocados en un sepulcro en San Pedro el Viejo, enfrente de la tumba de su hermano Ramiro II. Pero lo más sorprendente, lo que acabará de relacionarlo con los cuentos del grial, es la leyenda que asegura que el monarca no murió en el rifirrafe con los moros, sino que sobrevivió malherido y que desapareció de la faz de la tierra.

La *Crónica Pinatense de San Juan de la Peña* atestigua que, para expiar su culpa por haber sido vencido, Alfonso marchó en peregrinación a Jerusalén, o bien que se recluyó en un lugar secreto para olvidarse del mundo, pero que solo unos pocos conocían la verdad. Ese lugar bien podría haber sido San Juan de la Peña, donde los monjes habrían guardado el secreto de la ubicación del rey y además lo habrían honrado con la procesión del viático con el cáliz de Cristo a la cabeza.

Antes de proclamar el fallecimiento del rey Alfonso, los nobles habrían ido preparando la sucesión al trono de su hermano Ramiro II, apodado el Monje, quien desde muy pequeño se dedicó en cuerpo y alma a la Iglesia, llegando a ser abad de San Pedro del Viejo y más tarde obispo de Roda. Recordemos que el hermano del Rey Pescador es el monje Trevizent que Perceval se encuentra en su periplo, quien le revelará el linaje de su familia.

Haciendo caso omiso al testamento del monarca, que decidió legar el reino a las Órdenes del Temple, del Hospital y del Santo Sepulcro, la nobleza aragonesa se reunió en Jaca y urdió un plan para entronizar a Ramiro II y dejar sin cumplir el testamento del Batallador. Jerónimo Zurita y Castro, en sus *Anales de la Corona de Aragón* —de mediados del siglo XVI—, explica que, siendo doña Petronila —hija de Ramiro II— soberana de Aragón, se levantó de entre el pueblo el rumor de que el rey don Alfonso no había muerto, sino que seguía vivo veintiocho años después de la batalla de Fraga. El cuchicheo causó un gran escándalo en todo el reino, toda vez que su protagonista era un hombre cuya edad coincidía con la que habría tenido el difunto, y además hacía gala de saber hasta el más mínimo detalle los entresijos de la corte, de su alcurnia, así como los pormenores de todas las batallas en las que se supone que fue partícipe.

El anciano aseveraba que se había retirado voluntariamente del siglo debido al desamparo de sus leales vasallos y amigos, los cuales además traicionaron sus últimas voluntades al no ceder el gobierno de sus territorios a las órdenes de caballería como él había estipulado, lo que lo llevó a emigrar a Tierra Santa junto a los caballeros del Temple, donde siguió luchando contra los moros en mil y una batallas.

Debido a su retórica, y a la gallardía con la que se desenvolvía, muchos grandes del reino llegaron a creerle y a considerarle el auténtico soberano de Aragón, por lo que la reina, temiendo una revuelta contra ella, ordenó que lo prendieran y lo mandó ahorcar sin ningún miramiento. Bertran de Born, poeta provenzal, acusará al rey Alfonso II, hijo de doña Petronila y nieto del Batallador, de asesinar a este hombre, a quien consideraba el auténtico rey don Alfonso. No obstante, el estudio genético y antropológico de los reyes de Aragón llevado a cabo por la Universidad de Zaragoza y por la catedrática de Medicina Legal y Forense Begoña Martínez Jarreta, junto con otros expertos de talla mundial, concluyeron que los restos que se encuentran en la tumba de San Pedro el Viejo corresponden efectivamente a Alfonso I.

Cuando la leyenda del Batallador llegue a oídos de Wolfram von Eschenbach a través del supuesto Kyot, el trovador bávaro corregirá los errores de Chrétien de Troyes y de Robert de Boron introduciendo en más de veinte ocasiones el nombre de los caballeros templarios dentro de la saga artúrica, bien sea como custodios del objeto sagrado o como centinelas de los reyes y reinas relacionados con él, entre los que destacará por méritos propios Anfortas, el Rey Tullido y exiliado del feudo del Grial que esperaba pacientemente la oportunidad de poderse resarcir.

Si ponemos atención a los relatos originales de la saga de los Pendragón, da la impresión de que tanto Anfortas como el castillo del Grial pretenden encajar a la fuerza dentro un relato que les es ajeno, cuyo nexo de unión con Arturo es única y exclusivamente la búsqueda del grial. Aunque los poetas de la materia de Bretaña y el trovador germano intenten integrarlo armoniosamente, queda claro que el mundo de Anfortas es un reino aparte que se rige por otras leyes y por otro tiempo.

En 1270, Albrecht von Scharfenberg continuará la saga artúrica de Eschenbach con su obra *El joven Titurel*, asegurando sin el menor género de dudas que los templarios eran los custodios del grial, cuya información, como la del resto de sus predecesores, pudo extraer de un misterioso libro del que tampoco nos revela nada. Pero lo que sí podemos saber es que, según Scharfenberg, todos los que se inclinaban ante el grial se convertían en caballeros templarios; que el castillo del Rey Pescador era en realidad una fortaleza o monasterio del Temple; que el blasón de los caballeros del Grial ya no es una tórtola, sino una cruz encarnada que los *Templeisen* lucen en una capa blanca, y que Parzival llegó a convertirse en la cabeza de la cofradía de los Pobres Caballeros de Cristo y del templo de Salomón.

A partir de Alfonso I, Aragón, los templarios y el grial permanecerán unidos para siempre. Según nos consta, Hugo de Rigaud —uno de los caballeros fundadores de la Orden del Temple— arribó por primera vez a la península ibérica a instancias del conde de Barcelona y de Gerona, Ramón Berenguer III, quien lo hizo llamar en su lecho de muerte para ingresar en la cofradía. Una vez pronunciados los votos, el ya caballero templario exhaló su último aliento y fue sepultado vestido con los hábitos blancos del Temple. En su testamento legó sus armas y el castillo de Grañena a la hermandad de los caballeros blancos. Ramón Berenguer III será el primer templario español, y Grañena, su primera fortaleza en la península.

Al conde de Barcelona le siguió Guillem de Montredon, uno de los templarios originales de la Corona de Aragón, el cual alcanzó el grado de maestre de Aragón, Cataluña y Provenza. En el año 1213, durante la batalla de Muret que enfrentó a Pedro II y sus vasallos, los herejes cátaros, contra las tropas de Felipe II de Francia, el soberano oscense perdió la vida y el barón francés Simón de Montfort mantuvo prisionero a su hijo, el infante Jaime, en el castillo de Carcasona. Tras un año de negociaciones con el papa, Guillem de Montredon conseguirá que pongan al muchacho bajo su custodia en la fortaleza de Monzón. Educado en los valores del Temple, Jaime acabará convirtiéndose en el soberano de Aragón, Valencia y Mallorca, y será conocido por el sobrenombre del Conquistador y del Rey Templario. En su lecho de muerte pidió que lo amortajaran con los hábitos del Císter.

Con la Corona de Aragón apoyándose en la hermandad de los caballeros blancos, muchos jóvenes hidalgos se postularon para entrar en las filas del Temple, como Gilbert Hérail, que en 1193 se convertiría en el duodécimo gran maestre. Inocencio III, el mismo papa que había ordenado la cruzada contra los cátaros, lo acusará de ser amigo de los sarracenos y de traicionar a la Iglesia. Las denuncias de uno de los vicarios de Cristo más despiadados de todos los tiempos propiciará el enfrentamiento entre los hospitalarios y el Temple. Gilbert Hérail apoyará a Alfonso II de Aragón en la reconquista de la península ibérica, por lo que el soberano le cederá la fortaleza de Alfambra.

El decimoquinto gran maestre templario también saldrá de tierras aragonesas, nos estamos refiriendo a Pedro de Montaigú, tomando parte de la cruzada de las Navas de Tolosa. El penúltimo de los maestres de Aragón fue Berenguer de Cardona, quien acabó sus días en 1307, en

Chipre, mientras preparaba una última incursión en Tierra Santa antes del edicto de acusación de Felipe el Hermoso.

Con el ocaso del Temple, el grial se verá desprotegido. En el 1399, el cáliz de San Juan de la Peña pasará una temporada en Barcelona custodiado por el rey Martín el Humano hasta que sea ubicado definitivamente en Valencia por Alfonso V en el año 1437, donde todavía descansa gracias a sus protectores, entre los cuales debemos destacar la figura del canónigo Elías Olmos, quien lo preservará, arriesgando su propia vida, durante la guerra civil española.

Como curiosidad, Alfonso V de Aragón se identificó a sí mismo como uno de los reyes del grial, adoptando como insignia el «asiento peligroso» de la Mesa Redonda —*Siege Perilous*—, el cual ordenó poner no solo en sus ropas, sino también en los uniformes de su ejército, así como en los numerosos azulejos que decoraban sus palacios.

En 1442, el monarca de Aragón entraría triunfante en Nápoles, destronando así a Renato de Anjou, cuya familia había comprado los derechos al título de reyes de Jerusalén a María de Antioquía en 1277, por lo que Alfonso, con el visto bueno del papa Eugenio V, se convirtió en el soberano de la ciudad de David. A partir de entonces, en las posteriores representaciones del emblema del rey, el asiento número trece ya no aparecerá vacío, sino ocupado por él mismo, como podemos observar en el arco del triunfo de Castel Nuovo en la capital de Campania.

Los indicios a favor de la veracidad de este cáliz son numerosos, como el que podemos encontrar en el Canon Romano —*Antiguo misal que contiene la fórmula para la consagración de la Eucaristía*—, el cual asegura que el Señor Jesucristo, tomando en sus manos «este cáliz» —*Hoc Praeclarum Calicem*—, bendijo el vino y lo pasó a sus discípulos, confirmando así la tradición de la copa papal, la cual era utilizada únicamente por el representante de Pedro y Pablo, pues se consideraba que era el mismo vaso que Jesús utilizó en la última cena.

El insigne profesor de Arqueología Antonio Beltrán consiguió datar el cáliz de ágata en el siglo I d. C., y su origen romano está bien documentado por el frecuente uso de vasos tallados en piedras semipreciosas que competían con los de oro y plata durante aquella época. Recordemos que Eschenbach es el único que afirma que el cáliz es una piedra, aunque más bien se trate de un error y lo que leyó en ese librito desconocido es que en realidad el grial estaba hecho de piedra, aunque las asas y el pie sean medievales.

LA TIERRA DEL PRESTE JUAN

Lentamente comenzó a expandirse en Europa la idea de que, allende los mares, en una región inaccesible y desconocida, se ubicaba la tierra del preste Juan. Un lugar idílico donde los ríos manaban leche y miel, donde entre los páramos y las montañas se escondía la fuente de la eterna juventud, y donde sus habitantes eran capaces de realizar portentos similares a los de los apóstoles y discípulos de Jesús. Según se decía, el preste Juan estaba llamado a unir el poder político y religioso de todo el orbe mundial, para lo cual había enviado emisarios a la mayor parte de monarcas europeos, al emperador de Bizancio, e incluso al santo padre de Roma. La leyenda en torno al preste Juan fue creciendo y hubo quienes se atrevieron a ubicar esa nueva Jerusalén en la India, el Tíbet o Mongolia, olvidando algunos datos cruciales, como que el preste Juan aseguraba descender de uno de los tres Reyes Magos y que su tierra estaba rodeada de reinos paganos[41].

Las primeras referencias que tenemos de este fabuloso monarca, patriarca además de la cristiandad, son gracias a la obra *Crónica o Historia de las Dos Ciudades* del monje de la Orden del Císter Otón de Freising c. 1145. Otros dos libros donde se menciona la presencia del soberano son el anónimo *De Adventu Patriarchae Indorum Ad Urbem Sub Calixto Papa Secundo* y la epístola de 1331 *Ad Thomam Comitem De Quodam Miraculo S. Thoma Apostoli Apud Indos,* del autor Odón de Reims.

Tras la caída del condado de Edessa en 1144, el papa Eugenio III convocó la segunda cruzada. Un año después, el obispo y cronista alemán Otón de Freising asegura que un ejército cristiano de Oriente había atacado por la retaguardia a los turcos, pero que, antes de llegar a Jerusalén, el invierno no los dejó continuar y tuvieron que darse la vuelta. Esta fábula pudo basarse en hechos reales, más concretamente en la batalla de Qatwan, cerca de Samarcanda, de 1141, donde el grupo étnico protomongol que conformaba el Imperio Kara Kitai aplastó a los ejércitos selyúcidas de Ahmad Sanjar. Los kitán estaban organizados en ocho tribus dirigidas por un *jan* —gobernante supremo—, entre los que se encontraban budistas y cristianos nestorianos, por lo que cabría suponer que una de esas facciones pudo haber estado liderada por un *jan* al que los cruzados posteriormente adjudicaron el título de preste. A todo esto hay que añadir el hecho de que, cuando los cruzados eran capturados por los selyúcidas, alguno de ellos aseguró haber sido liberado por el preste Juan, el cual habría comprado su libertad al califa de Bagdad.

En 1177, el papa Alejandro III se atrevió a enviar a

un emisario a buscar aquella tierra, reflejo de la Jerusalén celeste, exhortando a tan insigne soberano a aceptar el catolicismo, por lo que cabría suponer que, aunque cristiano, el preste Juan no compartía los mismos dogmas que el clero romano. En 1240, el obispo Jacobo de Vitry convirtió las victorias del *jan* nestoriano Kuchlug en los triunfos del preste Juan contra los musulmanes khwarizmíes de Muhammad II, como podemos leer en su obra *Historia Gestorum David Regis Indorum*.

A pesar de la gloria del ejército del preste Juan en Qatwan, la segunda cruzada acabará con una desastrosa derrota para los europeos en Anatolia, seguida de la pérdida de Jerusalén en 1187, lo que a su vez supondrá el germen de la tercera cruzada. Sin embargo, los cabecillas protomongoles no fueron los únicos candidatos a alzarse con la corona del reino mágico del grial. Según algunos investigadores, el *Negus Nagast* —rey de reyes de Etiopía— Jan Seyum también podría haber vestido los hábitos del preste Juan. Es sabido que las Iglesias siria, armenia, copta, malabar y etíope, tras el Gran Cisma, siguieron su propio rumbo al margen del catolicismo. Según la creencia popular, el rey Bazen, monarca de Aksum, capital de Etiopía en la época de Cristo, podría haber sido uno de los tres Reyes Magos, más concretamente Baltasar, quien en su ancianidad fue bautizado por el apóstol Tomás de camino a la India.

Con todo y con eso, el cristianismo no arraigará con fuerza en Etiopía hasta que san Frumencio llegue con su hermano Edeso a la capital aksumita, donde logrará el favor de la reina y será nombrado tutor del príncipe Ezana, quien conduciría definitivamente el reino a la fe en Cristo. En 1137, Mara Takla Haymanot, asegurando ser descendiente de Salomón y de una sirvienta de la reina de Saba, conquistó el trono de Etiopía dando comienzo así a la dinastía Zagwe. Tras la muerte de Mara Takla Haymanot, le sucederá su hermano Jan Seyum, un monarca descendiente tanto de Salomón como de los Reyes Magos, heredero por más señas de un país cristiano rodeado de reinos paganos en el cual se encontraba una reliquia muy especial, el arca de la alianza (más información en mi libro *El Grial de la Alianza*, Almuzara, 2018).

NI UNA COPA, NI UNA PIEDRA, SINO UN LINAJE

Una antigua tradición occitana asegura que, antes de llegar a Glastonbury, José de Arimatea se detuvo en la región de Camarga, al sur de la localidad francesa de Arlés, y que allí descendieron de la barca María Magdalena, María de Betania y su hermana Marta, las cuales comenzaron la evangelización del oeste de Provenza. Otra versión propone como timonel a Lázaro en lugar de José de Arimatea. En cualquier caso, mientras Marta se dedicó a luchar contra los dragones que asolaban aquellas tierras, la Magdalena se trasladó hasta Marsella, donde se retiró a una cueva —Le Sainte Baume— para vivir en la más absoluta soledad.

De sus supuestas enseñanzas, a mediados del siglo XI, surgiría la secta de los Albigenses, llamados así debido a la ciudad occitana donde se congregaron en mayor número, Albi. Como curiosidad, Languedoc significa «el lenguaje de las ocas», por lo que Occitania se consideró «el país de la oca». En 1163, Eckbert de Schonau, un canónigo de la localidad de Bonn, comenzó a llamarlos despectivamente cátaros —los puros—, nombre con el que también acabaría conociéndoseles por el resto de Europa.

Los enormes gravámenes con los que la Iglesia se jactaba oprimiendo al pueblo, sin contar con que los sacerdotes predicaban una moral que ni ellos mismos podían cumplir, será el caldo de cultivo en el que se gesten multitud de nuevos movimientos espirituales, los cuales miraron al pasado intentando recuperar un modo de vida más en consonancia con el Evangelio para conseguir el contacto personal con Dios sin la necesidad de que ningún intermediario los obligara a tributar por ello. En este sentido, el primer hereje de Francia fue un campesino llamado Leutard, quien saldrá del condado de Champaña asegurando que Dios se le había aparecido para ordenarle que tanto él como sus vecinos dejasen de pagar los diezmos a la Iglesia.

Aunque no conocemos los orígenes del catarismo, su cosmovisión está muy en consonancia tanto con el credo bogomilo como con algunos de los movimientos gnósticos condenados por el Concilio de Nicea de principios del siglo IV. Según la doctrina albigense, Dios era el creador de todos los espíritus, en tanto un demiurgo malvado se habría encargado de fabricar los cuerpos, donde las almas fueron encerradas hasta que pudieran redimirse por completo del pecado y de las pasiones de los sentidos. Entre las obras de ese demiurgo, al que consideraban el diablo, estaba la Iglesia de Roma. Renunciar a ella era el primer rito de paso —*melhorament*—, que los iniciados debían superar para entrar en la congregación de los hombres puros y de las mujeres buenas.

Cuatro rituales más conformaron el canon occitano, el *consolamentum*, un juramento secreto heredado, según decían, de la verdadera Iglesia, cuyos máximos exponentes fueron Juan el Bautista y María Magdalena; el *aparelhament,* o la confesión de los pecados; la *convenenza*, o lo que es lo mismo, el compromiso de recibir el *consolamentum* antes de morir, y por último la *endura,* una especie de suicidio místico que se basaba en la negativa a ingerir cualquier alimento con el fin de entregar el alma a Dios.

Los cátaros tuvieron como modelo a Jesús de Nazaret, a quien consideraban un espíritu puro que había descendido a la tierra para proporcionar un bautismo de fuego que se transmitía mediante la imposición de manos y que garantizaba la redención en la otra vida. El objeto más preciado para el catarismo, contrariamente a la doctrina católica, que apoyaba su fe en el sometimiento a la autoridad eclesiástica y en la creencia en los diferentes dogmas y sacramentos para alcanzar la salvación, era la adquisición de la gnosis. Es decir, una sabiduría que rompiera de una vez por todas con el ciclo de las reencarnaciones para que el alma original volviese a recuperar su cuerpo angelical y retornase al lugar de donde jamás debió salir.

Al rechazar todo lo material, las relaciones sexuales estaban mal vistas, lo que dio paso al amor cortés que tendrá su eco en los cantares de gesta e incluso en el ideal del caballero perfecto del ciclo artúrico.

Algunos escritores de la época aseguran que los cátaros celebraban la cena del Señor sin ceñirse al fundamento de la transustanciación, lo que enseguida hizo saltar todas las alarmas del alto clero. A tenor de lo anterior, el grial de los cátaros no podía ser una copa, ya que el primer milagro que se le reconoce al santo cáliz es haber sido el receptáculo por el que el vino de la última cena se convirtió en la sangre de Cristo. Empero, si dicho milagro nunca se produjo, el grial cátaro pierde todo el sentido que le hemos venido otorgando.

El papa Calixto II condenó la herejía occitana en 1119 y aprobó el uso de la violencia para erradicar el mal que se estaba extendiendo. Domingo de Guzmán, Antonio de Padua, Bernardo de Claraval y por extensión toda la Orden del Císter intentaron sin éxito someter a los infieles cátaros y a sus señores. En 1163, durante el Concilio de Tours, se exigió a los obispos que tomaran medidas para expulsar a los albigenses de sus territorios y condenaran públicamente a los señores que los estaban protegiendo. Pero será el papa Inocencio III quien decida convocar una cruzada en toda regla contra los cátaros, así como contra sus mecenas, entre los que destacaba Raimundo VI, conde de Toulouse.

Aquellos que ayudaran a las tropas del papa a luchar contra los indefensos herejes, al igual que los que habían acudido a batallar a Tierra Santa, podían llamarse a sí mismos cruzados y obtener con ello el mismo honor, gloria y riquezas, tanto materiales como espirituales, que sus homónimos al otro lado del mar. Inocencio III decidió poner al frente de su ejército a Simón de Montfort, un caballero venido a menos que acababa de regresar de Jerusalén, así como a su nuevo delegado, Arnaldo Almarico. El día 22 de julio de 1203, antes del asalto de Béziers, uno de los cruzados le preguntó al representante papal cómo podrían diferenciar a un católico de un cátaro, a lo que Almarico contestó: «¡Matadlos a todos, que Dios reconocerá a los suyos!».

Durante años, las hordas de la Iglesia se dedicaron a atacar ciudades, pueblos y aldeas, asesinando a toda la población. El 16 de marzo de 1244 todavía quedaba en pie el último bastión hereje, situado en la fortaleza que coronaba la cima de Montsegur. Doscientos veinticinco cátaros, entre los que se encontraban ancianos, mujeres y niños, fueron arrojados a las llamas en el que más tarde se conoció como el campo de los Cremados, donde una

213

estela al pie del otero todavía recuerda aquel trágico suceso. No obstante, cuenta la leyenda que la noche anterior a la rendición de los cátaros, dos de ellos, llamados Amiel Aicart y Hug, lograron descender por una de las laderas del castillo sin ser vistos y pudieron poner a salvo algo… o a alguien. Según se cree, Pierre Rotger, señor de Mirepoix, les dio cobijo, los protegió y guardó para siempre el secreto de los cátaros. A tenor de lo anterior debemos admitir que la creencia albigense de que la Iglesia católica era un instrumento de Satanás no estaba tan desencaminada.

EL GRIAL DE LOS NAZIS

A principios del siglo XX, Otto Rahn, escritor alemán aficionado a los relatos artúricos, basaría su tesis doctoral en la posible vinculación entre el grial y el catarismo, lo que fue suficiente para que Heinrich Himmler, uno de los líderes del Partido Nazi, pusiera sus ojos en él y lo reclutara para formar parte de la sociedad cultural Ahnenerbe que había creado con el objetivo de sacralizar la raza aria y legitimar un Tercer Reich que gobernara el mundo *per saecula saeculorum*. Para conseguirlo, las SS primero tendrían que hacerse con la mayor cantidad de reliquias posibles. Si bien la lanza del Destino, con la que Cayo Casio Longinos atravesó el costado de Cristo, ya estaba en su poder tras robarla del Museo de Viena, todavía les quedaban por encontrar el arca de la alianza y el santo grial.

Casi en la ruina y demandado por sus acreedores, el joven escritor alemán se vio forzado a aceptar el encargo del comandante de las SS y tuvo que trasladarse al Languedoc para buscar el tesoro de los herejes cátaros, el cual, por el desprecio que sintieron hacia los bienes materiales, no podía ser algo físico, sino espiritual. Un tesoro que los dos hombres que escaparon de Montsegur la noche antes de su rendición pudieron haber dejado escondido en alguna cueva, pozo o villa de las montañas de Sabarthez. No obstante, en lugar de portar en sus hombros la honrosa cruz paté, Otto Rahn se vio obligado a llevar la terrible esvástica, por lo que su búsqueda nunca dio ningún fruto.

En su libro *Cruzada contra el Grial,* el escritor proponía que Munsalwäsche —el castillo del Rey Pescador— era en realidad la fortaleza de Montsegur donde se recluyeron los últimos cátaros antes de ser masacrados en la cruzada albigense, teoría que el escritor Joséphin Péladan había propuesto algunos años antes. Empero, otra de las casas del grial también podría haber sido el monasterio que se hallaba en la cima de Montserrat, por lo que Himmler y alguno de los miembros más destacados del Partido Nazi se trasladaron hasta el norte de España el 23 de octubre de 1940 para buscar el posible emplazamiento de la reliquia.

Después de algún tiempo persiguiendo quimeras, Rahn acabó perdiendo el favor de Himmler, quien lo degradó de oficial a soldado raso y lo envió como vigilante de seguridad al campo de concentración de Dachau, donde los horrores que allí vio lo llevaron a despreciar abiertamente la política del Partido Nacionalsocialista.

La noche del 13 de marzo de 1939, Otto Rahn subió a la cima de la montaña que tenía más cercana y consumó el suicidio cátaro llamado endura, por el cual, tras varios días de ayuno, el oficiante se quitaba la vida para reunirse voluntariamente con Dios. Algunos creen que fue justo en ese momento cuando el lozano ensayista encontró lo que llevaba tanto tiempo buscando.

Como ya hemos mencionado, si los albigenses repudiaron los bienes materiales, y además no creían en la transustanciación, el grial de los cátaros no pudo ser una copa, sino que más bien tuvo que tratarse de otra cosa. Las leyendas occitanas aseguran que María Magdalena, cuando arribó a Saintes Maries de la Mer, llevaba el tesoro con ella, más concretamente en su vientre, ¡la descendencia de Jesús de Nazaret! De manera velada, casi sin que el lector se dé cuenta, los poemas del grial parecen querer romper con la cadena de continuidad del apóstol Pedro al frente de la Iglesia, proponiendo a José de Arimatea como el auténtico heraldo del mensaje de Cristo en Occidente. Por tanto, el grial ya no es un cáliz, ni siquiera una piedra caída de la frente de Lucifer, sino más bien la sabiduría secreta del Hijo de Dios, la cual habría sido preservada por una dinastía compuesta por ángeles custodios que consagraron su vida a defender lo que algunos han denominado como el *Secretum Templi*.

Un manuscrito anónimo del siglo XII procedente de la región de Champaña relata cómo su autor mantuvo dos encuentros con Jesucristo, quien se le habría aparecido para entregarle un libro —que puso en la palma de su mano durante los maitines del Viernes Santo—, en el que se detallaba la genealogía de Lanzarote y Perceval, ambos descendientes del mismísimo Hijo de Dios, cuya verdadera historia se encontraba cifrada entre las páginas del misterioso libelo. Hojeando el texto, el hombre descubrió que él mismo pertenecía al linaje davídico, por lo que desde aquel momento se convirtió en el custodio de la sangre real de Cristo que corría por sus venas y comprendió que de alguna manera él también era el grial.

La historia continúa cuando Jesús vuelve a aparecérsele en una pequeña ermita para ordenarle que haga una copia del libro y que se la entregue a su familia, o, en su defecto, a aquellos que se hicieran merecedores de conocer el secreto del grial. En dicho libro, Jesús es presentado como el Mesías de Israel, aunque no como Dios, sino como un ser humano que llegó a convertirse, por sus propios méritos, en el Hijo de Yahvé, motivo más que suficiente para que su autor permaneciese en el anonimato por miedo a las medidas que a buen seguro habría tomado la Iglesia en su contra. Lo que nos lleva a preguntarnos si quizás no fue ese librito el mismo que los originadores del mito artúrico utilizaron para componer sus obras.

MARÍA DE MAGDALA

La Magdalena tiene el infame estigma de estar vinculada con la mujer prostituta que Jesús salvó de la lapidación en las inmediaciones del templo de Jerusalén. Fama que promovió el papa Gregorio I en su homilía 33 del año 591, echando así por tierra cualquier intento del pueblo de acercarse a ella con veneración, ocupando también el segundo lugar en el *ranking* de las figuras menos estimadas del catolicismo.

Tras la muerte de Jesús, la tradición de la Iglesia romana la hizo pasar el resto de su vida expiando sus anteriores pecados, por lo que también se le dio el nombre de María la Penitente, confundiéndola claramente con el poema medieval hagiográfico de María Egipcíaca, una prostituta de Alejandría que se arrepintió de su profesión y se exilió al desierto para llevar una vida contemplativa. Sin embargo, que la vinculación de la Magdalena con la prostitución sea un mero accidente es bastante sospechoso. ¿De veras alguien puede pensar que el papa Gregorio, apodado el Magno, no conocía al detalle las Escrituras y que solo pudo tratarse de un terrible malentendido? ¡Por supuesto que no!

A la Magdalena también se la confunde con la mujer que derramó un bote de perfume de alabastro sobre los pies del Nazareno (Lucas 7, 37). Pero en el capítulo siguiente, el tercer Evangelio menciona a María Magdalena, mientras que el nombre de la mujer anterior es desconocido para el evangelista. Algo que nos aclarará san Juan, cuando en el capítulo once de su Evangelio dice que «había un cierto enfermo, Lázaro, de Betania, pueblo de María y de su hermana Marta. María era la que ungió al Señor con perfumes y le secó los pies con sus cabellos».

Como ha quedado demostrado, María de Betania y María Magdalena son dos personas totalmente distintas. Como distinta es también la prostituta que presentan a Jesús para ser lapidada. Pero, si todavía quedara alguna duda al respecto, Juan nombrará a ambas Marías por sus respectivos nombres: María de Betania (Juan 11, 31) y María Magdalena (Juan 19, 25), y huelga decir que ninguna de las dos ejercieron el oficio más viejo del mundo.

Contrariamente a lo que aseguraron todos los papas a partir del siglo VI, María Magdalena nunca fue una cortesana, sino la más fiel de los seguidores del Nazareno, cuando no su esposa. Al contrario que Pedro y que todos los hombres que lo acompañaron, la Magdalena estuvo junto a Jesús desde el comienzo de su vida pública hasta el final, e incluso más allá, en su nuevo principio. A ella le debemos el relato de uno de los amaneceres más bellos de Jerusalén. Aquel domingo por la mañana cuando se acercó al Santo Sepulcro y lo encontró vacío. Ese día los ojos de la Magdalena seguramente fueron los más bellos de Israel porque habían presenciado la obra de Dios en la resurrección de su Hijo.

Que Jesús estuviera casado echaba por tierra las pretensiones de san Atanasio, el valedor del catolicismo en el Concilio de Nicea del año 325, de querer convertirlo en Dios. Si a los defensores del credo niceno ya les resultó difícil explicar cómo Dios pudo nacer de una mujer sin mancharse del pecado original, justificar que Jesús sintiera pasión por una muchacha era poco menos que imposible. Tal vez por esa razón el rol de la Magdalena como esposa de Cristo acabará extirpándose y siglos más tarde se la acusará de haber ejercido el meretricio, maniobra esta con la que los varones que ocuparon la silla de Pedro se aseguraron el desprecio y la falta de interés de la gente por su legado, soterrando además toda vinculación de una posible relación matrimonial con el nuevo héroe/dios que estaban creando.

Empero, hay un pasaje muy interesante en el Nuevo Testamento que se salvó de la quema. En Juan 20, 15-17, tras su resurrección, Jesús se aparece ante María y le pregunta:

«Mujer, ¿por qué lloras? ¿A quién buscas?». Ella, creyendo que era el hortelano, le dijo: «Señor, si le has llevado tú, dime dónde le has puesto y yo le tomaré». Díjole Jesús: «¡María!». Ella, volviéndose, le dijo en hebreo: «¡Rabboni!», que quiere decir Maestro. Jesús entonces le dijo: «Deja ya de tocarme, porque aún no he subido al Padre; pero ve a mis hermanos y diles: "Subo a mi Padre y a vuestro Padre, a mi Dios y a vuestro Dios"».

¿No es extraño que Jesús le ordene que no le toque, pero minutos más tarde coja los dedos de Tomás y los meta en sus llagas? ¿De qué forma le estaba tocando María para que

Jesús le pidiera que dejase de hacerlo? ¿Tal vez como una esposa tocaría y besaría al marido que creía muerto?

Por el Evangelio de María Magdalena —datado entre el siglo I y II—, del cual han llegado algunos fragmentos hasta nuestros días, sabemos que Pedro sentía unos enormes celos de ella, y que además se encolerizaba debido a que la fe de la muchacha era muy superior a la del resto de los apóstoles. Tal vez en el siglo VI, , los posteriores papas sintieron miedo de lo que María Magdalena podía suponer para el nuevo cristianismo que habían creado y sencillamente urdieron un plan para dejar a Jesús soltero.

Con todo, el Evangelio apócrifo de Felipe, ratificado por Lucas en Hechos 21, 8, pero sesgado del canon oficial de la Iglesia, asegura que la compañera —*koinónos*— de Jesús era María Magdalena. También se afirma en él que Jesús la amaba más a ella que al resto de sus discípulos, y que la besaba... «Tres eran las que acompañaban siempre al Maestro: María su madre, la hermana de su madre, y María de Magdala, que era conocida como su compañera».[42]

Curiosamente, durante la misa del 22 de julio que conmemora la festividad de la Magdalena se suelen leer algunas estrofas del *Cantar de los Cantares*. Un libro que, como ya hemos referido en capítulos anteriores, es en realidad un poema de amor entre el hombre y Dios. O, en este caso, entre una mujer y el Hijo de Dios. Una verdad que la Iglesia siempre ha conocido pero que nunca se ha atrevido a aceptar.

De hecho, no conocemos que el Vaticano haya atacado tan visceralmente a nadie como cuando la historiadora Karen Leigh King expuso durante una conferencia en la ciudad inmortal la posibilidad de que la información que revela el Evangelio de la Magdalena fuese real, y que ciertamente ella hubiese sido el apóstol más cercano de Jesús.

Basándose en pruebas encontradas en los manuscritos de Nag Hammadi —Egipto—, así como en sus estudios del cristianismo primitivo y del papel de la mujer dentro de los discípulos más cercanos a Jesús, la profesora de la Universidad de Harvard sacó a la luz el engaño perpetrado por el papa Gregorio I en su ya citada homilía 33 del año 591, por el cual vinculaba a María Magdalena con la prostituta que lavó los pies de Jesús. No obstante, esta jugada del papado no hacía sino confirmar el relato a modo de profecía que podemos encontrar en el Evangelio apócrifo de María Magdalena, donde se nos revela el enfrentamiento que su autora tuvo con san Pedro a causa de los celos machistas del supuesto padre de la Iglesia romana.

A pesar de las primeras críticas de los estudiosos pagados por la curia, años más tarde la mayoría de exégetas han tenido que reconocer que los legajos que hoy se conservan de dicho Evangelio podrían estar relatando de algún modo hechos reales anteriores o posteriores a la muerte de Cristo. Pero lo más curioso es que el complot para acabar con los herederos de Jesús no quedará aquí.

LA FAMILIA PERDIDA DE JESÚS

Después de los apóstoles, Santiago el Justo, hermano del Señor, fue nombrado Jefe de la Iglesia en Jerusalén.

LIBRO V DE COMENTARIOS. HEGESIPO

Hay personas que, por alguna razón, se sienten muy atraídas por la cultura y espiritualidad de la India y el Tíbet; otras encuentran en el cauce del Nilo un lugar para soñar con tiempos remotos, mientras que otras sucumben a los infinitos encantos del continente sudamericano… No podemos saber si esa misteriosa atracción se debe a alguna conexión kármica que llevamos arrastrando con nosotros vida tras vida, ni tampoco que se deba a nuestra herencia genética, la cual, de alguna manera, nos hace suspirar con los mundos que nuestros ancestros plantaron en el interior de cada uno. En mi caso, ya sea por los resistentes vínculos de la religión en la que me criaron, o por mi herencia hebrea —de la que no pienso renunciar—, lo cierto es que el lugar a donde viajo para sentirme como en casa es Israel. Únicamente caminando por las calles de Jerusalén, contemplando el lago Tiberiades, o perdiéndome en Acre, buscando las huellas del santo grial, me siento completo y en paz. No en balde Israel es el escenario de la mayoría de mis libros. La mitad de mi novela *Juicio a Dios* (Almuzara, 2017) transcurre entre Judea y Galilea. *Jesús no era cristiano* (Guante Blanco, 2018) es el compendio de una noche donde me dedico a recorrer los santos lugares de Jerusalén.

Y *El Grial de la Alianza* (Almuzara, 2018) es el diario de campo de más de quince años siguiendo los pasos del arca del pacto de Moisés a través de medio mundo.

Desde que por primera vez visitara Tierra Santa, allá por el año 2002, no he dejado de buscar excusas para poder regresar, y es precisamente una de esas excusas la semilla que planté para que brotara este capítulo. Como tantos otros lugares de Israel, Nazaret resuena en mi interior con la promesa de esos enclaves adonde puedes acudir para reconectarte con lo sagrado. Subiendo la colina en la que se levanta la pequeña urbe, encontraremos a mano derecha la basílica de la Anunciación, inconfundible por su cúpula central en forma de faro, la cual intenta enviar el mensaje de que Jesús —la luz del mundo— se crio en este lugar hasta que comenzó su vida pública.

El solemne edificio se divide en dos alturas. En la basílica superior, donde se encuentra el altar mayor, se muestran diferentes imágenes de la Virgen con sus correspondientes advocaciones, donadas sobre todo por países de mayoría católica, entre los que orgullosamente destaca España. Pero tal vez lo más interesante del edificio lo encontremos en el piso de abajo. Descendiendo hasta la cripta, protegida por un enrejado negro, se encuentra la casa en la que se supone vivió la Virgen María y donde el ángel Gabriel se le apareció para traerle una buena nueva llamada Jesús (Lucas 1, 26-38). Después de examinar cada uno de los detalles de la estancia, antes de regresar de nuevo a la planta superior, quise pararme a descansar en el extremo izquierdo del cercado, donde un extraño mosaico bajo mis pies llamó poderosamente mi atención. Los azulejos, que por alguna razón intentaban pasar desapercibidos, revelaban una leyenda en lengua griega que decía así: «Para Conón, diácono de Jerusalén».

Pasados unos minutos, cuando el monje franciscano que me hacía de cicerone vino a mi encuentro, señalé el mosaico con el dedo y le pregunté quién era ese tal Conón del que yo jamás había oído hablar. Con la voz nerviosa y los ojos agitados, el hombre me cogió por el hombro y me sacó de allí sin decir nada, lo que no hizo sino aumentar mi curiosidad, grabando en mi memoria un nombre que no tardaría en buscar nada más regresar al hotel King David de Jerusalén.

Según el hagiógrafo del siglo XVIII Alban Butler, san Conón había nacido en Galilea, más concretamente en Nazaret. En el año 249 d. C., habiéndose exiliado a Panfilia (Turquía), sería arrestado por las huestes del emperador Decio, que por aquel entonces acababa de proclamar un edicto de persecución contra los cristianos. El prefecto romano le propuso hacer un sacrificio a los dioses por la salvaguarda del emperador a cambio de su vida, a lo que el santo se negó rotundamente. El funcionario entonces quiso saber su nombre y su linaje, a lo que el beato le contestará: «Mi nombre es Conón y pertenezco a la familia de Cristo». Tras esta curiosa declaración, el prefecto hará que le hinquen clavos en los pies y lo pondrá a correr delante de un carro tirado por caballos hasta que desfallezca, momento que aprovechará para asesinarlo vilmente. Los cristianos primitivos, para encumbrar su memoria —allá por el siglo IV o V—, elaboraron un mosaico en su honor en el mismo lugar donde se supone que habría vivido antes de mudarse a Panfilia. Es decir en Nazaret, al lado de la casa de la Virgen, aunque otros aseguren que en realidad sus restos estarían enterrados aquí.

Aunque se podría argüir que, cuando Conón proclamó que pertenecía a la familia de Cristo, lo que realmente quiso decir es que profesaba la fe cristiana, esto se enfrenta con la declaración de los padres de la Iglesia primitiva, los cuales aseguran en sus crónicas que era hijo de uno de los hermanos de Jesús. Por tanto, que Conón fuese en realidad un sobrino de Cristo pudo haber puesto muy nerviosos a los mandamases de la curia romana, los cuales parecen sentirse más a gusto tratando de inculcar en las mentes de sus fieles la figura de un Jesús sufriente y solitario, acompañado únicamente por su madre en los momentos más trágicos de su vida, que alguien con una familia completa. Tal vez por ese motivo han tratado, incluso a día de hoy, de disimular el mosaico, ocultándolo bajo el enrejado para así no tener que responder a preguntas tan incómodas como la mía.

No obstante, y a pesar de los funestos intereses eclesiásticos, en la Biblia encontramos varias referencias a los hermanos de Cristo. Mateo, que estuvo junto a Jesús durante todo su ministerio, escribió en su Evangelio el nombre de sus hermanos uno por uno: «Santiago, José, Simón y Judas», y además se pregunta: «¿No están todas sus hermanas con nosotros?» (13, 54-55). Hegesipo, historiador judeocristiano del siglo II, aporta además el nombre sus hermanas: Salomé y Susana.

Julio Africano, que compiló su libro *Crónicas* allá por el año 220, llamó a los parientes de Jesús con el curioso apelativo de *desposynes,* y los situó sobre todo en la región de Khokhaba —Jordania—, así como en Nazaret, donde casi cincuenta años más tarde encontramos a Conón.

Tanto Hegesipo como Eusebio de Cesarea, obispo del siglo IV, relatan que el emperador Domiciano, asustado como Herodes por la llegada del Mesías, promulgó un edicto de persecución contra los descendientes del rey David, motivo por el cual muchos espías señalaron a dos de los nietos de Judas, el hermano de Jesús, por ser de linaje davídico y estar vinculados con el movimiento Nazareno. Tras ser detenidos, fueron llevados inmediatamente ante el César, quien les preguntó si efectivamente eran descendientes de David, a lo que ambos afirmaron que sí. Luego les preguntó por sus bienes y fortuna. Entonces ellos, mostrando los callos de sus manos, respondieron que tan solo eran dos pobres agricultores que subsistían del duro trabajo de labrar una pequeña parcela de tierra que poseían, y que apenas si ganaban lo suficiente para vivir. Más tarde el emperador quiso saber acerca de Cristo, qué tipo de reino era el suyo y cuándo regresaría, por lo que ellos le explicaron que el Reino de los Cielos no era un lugar terrenal, sino angélico, y que su tío abuelo regresaría al final de los tiempos para juzgar a vivos y a muertos, pagando a cada uno según sus obras. Menospreciándolos, Domiciano los dejó en libertad y retiró el edicto de persecución contra los descendientes de David.

Tanto los Evangelios como los primeros padres patrísticos, con Hegesipo, Eusebio de Cesarea, Julio Africano o Tertuliano a la cabeza, no tuvieron ningún problema en considerar que Jesús tuviera hermanos y hermanas carnales. Incluso san Pablo, el difusor del mensaje de Cristo entre los paganos, nombró a los hermanos del Mesías en sus cartas, entrevistándose al menos con uno de ellos según sus propias palabras: «Pasados tres años subí a Jerusalén… pero no vi a ninguno de los apóstoles, sino a Santiago, el hermano del Señor» (Gálatas 1, 18-19).

De hecho, la mayoría de los familiares de Jesús todavía estaban vivos cuando se redactaron estos textos, por lo que haberse atrevido a negar su existencia habría sido absurdo. Con todo, cuando las primeras generaciones de judeocristianos fueron muriendo, y con ellos los parientes del Señor, los dogmas de los nuevos doctores de la Iglesia romana vendrían a imponerse, a veces de una manera absurda y aborrecible, a la realidad histórica.

Luego de elevar a Jesús al rango de Dios en el año 325, se complacieron en inventar toda clase de bulos sobre su madre. Con el dogma de la perpetua virginidad de María, el cual aseguraba que nunca dejó de ser virgen ni antes, ni durante, ni despúes del parto —implantado a partir del siglo VII en el Concilio de Letrán, pero que venía defendiéndose desde los albores del siglo III—, tanto las palabras de los primeros narradores de la cristiandad como las de los amigos íntimos de Jesús pasaron a tener menos importancia que las elucubraciones de los posteriores papas, adoradores del Sol Invictus, los cuales, huelga decir, no conocieron ni a Cristo ni a ninguno de sus apóstoles.

Inmediatamente después de que los familiares de Jesús que residían al otro lado del Jordán se pronunciasen en contra del dogma de la perpetua virginidad de María, fueron menospreciados y silenciados de forma drástica y definitiva. Epifanio de Salamina, obispo del siglo IV, arremetió contra ellos llamándolos «antidicomarianos» por sostener, como no podría ser de otra manera, que, después de dar a luz a Jesús, María tuvo más hijos con su esposo José. No obstante, y a pesar de las críticas del defensor de la ortodoxia católica, en la Biblia no solo encontramos el nombre de los hermanos de Jesús, sino también indicios suficientes como para pensar que María tuvo más hijos carnales. En el texto de Lucas 2, 7, tropezamos con esta declaración: «Y María dio a luz a su hijo primogénito».

El término *primogénito* —*protótokos*— está compuesto de dos palabras: *proto*, que significa «primero», y *tokos*, que significa «engendrar». Por tanto, la palabra *primogénito* quiere decir «primer hijo». En la cultura hebrea, ese vocablo se usaba para dar preeminencia a un vástago sobre otro. Así pues, que el evangelista lo use en este contexto, y que capítulos más tarde (8, 19) nombre a los hermanos de Jesús, solo puede indicar que María tuvo que tener más descendencia. De lo contrario, Lucas habría utilizado la palabra *unigénito* —monogenés, único hijo—, como hizo Juan en su Evangelio para asegurar que Jesús era el único hijo de Dios: «De tal manera quiso Dios al mundo que envió a su hijo unigénito» (3, 16).

Hasta la invención de la imprenta en 1436, y la posterior traducción de los Evangelios a lengua vernácula en 1522, el pueblo no pudo contrastar lo que la Iglesia decía y hacía, con lo que Jesús dijo e hizo. Con todo, a mediados del siglo XVI, y a pesar de que muchos obispos prohibieron a sus feligreses que leyesen la Biblia, la gente empezó a cuestionarse algunos de los dogmas impuestos por Roma. Por ejemplo, si María nunca conoció varón, ¿por qué leemos en Mateo 1, 25 que, después del nacimiento de Jesús, san José conoció en sentido bíblico a su esposa, de la cual nacieron el resto de los hijos que se nombran en el capítulo trece de dicho Evangelio?

Hay numerosos pasajes veterotestamentarios donde se utiliza la palabra *conocer* para señalar las relaciones íntimas entre marido y mujer: como cuando Adán conoció a Eva (Génesis 4, 1), o cuando Caín conoció a su mujer, la cual dio a luz a su hijo Enoc (Génesis 4, 17).

Molestos por las preguntas del pueblo, como igualmente el monje que me acompañaba se había molestado por mi pregunta, el Vaticano promulgó un nuevo bulo para tratar de mantener su impostura, que la palabra *hermano* en griego —*adelphos*— no significaba «hermano», sino «primo» o «pariente cercano».

Aunque Jesús y sus discípulos hablaban arameo, los cuatro Evangelios y las cartas que componen el Nuevo Testamento fueron escritas en griego, idioma en el cual existen las correspondientes palabras para designar a los primos — *anepsios*—, e incluso a los familiares cercanos —*syngeneis*—, por lo que la excusa de la Iglesia cae por su propio peso. Además de esto, debemos señalar que los padres patrísticos, para dejar patente que los *desposynes* eran parientes de Jesús, añadieron el adjetivo *carnal* a la palabra *hermano* cada vez que se refirieron a ellos.

De no ser por el absurdo dogma de la perpetua virginidad de María, el cual no aparece en modo alguno en la Biblia, nadie tendría ningún problema en admitir que Jesús tuvo hermanos y hermanas, como era lo habitual en una familia judía del siglo I.

Siguiendo las huellas de los parientes del Señor, mi investigación me llevó al barrio armenio de Jerusalén, donde se alza la hermosa catedral de Santiago. En el Nuevo Testamento encontramos a dos personas que responden al nombre de Santiago: una es el hijo de Zebedeo y hermano de san Juan, conocido como Santiago el Mayor, quien habría viajado a España y nombrado a los siete santos varones que se ocuparon de evangelizar la península ibérica. Y por otra parte a quien sin duda será una de las figuras más incómodas, junto con María Magdalena, para el cristianismo romano: Santiago el Justo, el hermano de Jesús.

Pasando casi desapercibida para los ojos no avisados, la catedral de los armenios se yergue tras una robusta pared que esconde un pequeño patio, donde un enrejado impide el paso de turistas y devotos fuera de las horas de culto.

Detrás de las tres magníficas arcadas se descubre la puerta principal desde la cual se puede acceder al corazón del templo. Justamente bajo el altar mayor, como mencionamos en los primeros capítulos, se supone que fue ejecutado Santiago Zebedeo hacia el año 44 d. C., cuya cabeza se encuentra enterrada en la nave de la izquierda, mientras que el resto de su cuerpo habría sido llevado a Compostela. Pero lo que más llamaba mi atención, el motivo por el que había arribado a este lugar, era para arrodillarme ante los restos de Santiago el Justo, hermano del último rey de Israel, Jesús, mi rey, cuyas reliquias se encontraban también en este lugar.

Catedral de San Jacques, barrio armenio de Jerusalén.

Tanto Eusebio de Cesarea como Clemente de Alejandría —siglo II— dan buena cuenta de la vida y obras de este hombre notable. Aunque durante el comienzo de su vida pública, su familia se mostró reacia al movimiento mesiánico que estaba fundando (Marcos 3, 21), parece que todo esto fue cambiando a medida que Jesús fue siendo arropado cada vez por más gente. Durante Pentecostés, toda su familia ya formaba parte del núcleo duro de la Iglesia de Jerusalén. Según Hegesipo y Eusebio de Cesarea, además de su hermana Salomé (Marcos 15, 40), otra de las mujeres que se encontraba a los pies de la cruz junto con la Magdalena era su tía política, María la mujer de Cleofás, quien fue hermano carnal de san José y, por tanto, tío paterno de Jesús (Juan 19, 25). Cleofás, según algunos exegetas, sería también uno de los dos hombres a los que Jesús se apareció en el camino de Emaús, el cual, después de haberlo visto resucitado, empezó a creer en él.

Con todo, y a pesar de lo que Roma intenta hacernos creer, no fue Pedro quien sucedió a Cristo en el liderazgo de la Iglesia, sino Santiago el Justo, el cual será igualmente una de las primeras personas en verlo resucitado. El compendio total de los escritos patrísticos asegura que Santiago fue elegido por los apóstoles para reemplazar a su hermano al frente del grupo que él mismo había iniciado. Eusebio de Cesarea afirma que, al igual que Cristo, Santiago fue consagrado al Señor desde el vientre de su madre, y que solía pasarse los días enteros arrodillado en el templo, pidiendo perdón a Dios por las ofensas de su pueblo. Su enorme piedad llamó la atención de muchos judíos, los cuales empezaron a unirse en tropel al movimiento de los judíos nazarenos. El merecido protagonismo de Santiago suscitará sin embargo los celos del sumo sacerdote Ananías, quien, aprovechando que el procurador Festo había fallecido y que su sucesor todavía no había tomado posesión del cargo,

Torre de San Jacques.

convocó a Santiago ante el Sanedrín para que renunciase públicamente a su hermano. Sin embargo, aun sabiendo que su vida corría peligro, Santiago declarará a voz en grito que Jesús era verdaderamente el Hijo de Dios, por lo que los sanedrines no dudarán en apedrearlo hasta arrojarlo desde el pináculo del templo.

Tras la muerte de Santiago se reunieron de nuevo todos los apóstoles y discípulos, así como los que tenían algún lazo de sangre con Jesús, para elegir al nuevo sucesor de la asamblea del grial. Sin embargo, tampoco será Pedro el afortunado, sino el hijo de Cleofás y primo de Jesús, Simeón, por ser este también heredero al trono de David.

A partir de la muerte de Simeón, en el 107, y hasta el año 135, momento en que Jerusalén es convertida en una polis romana, todos los dirigentes nazarenos fueron de linaje davídico y tuvieron algún parentesco con Cristo. El último de ellos, Judas Kyriakos, habría sido bisnieto de Judas, el hermano de Jesús, cuya carta, junto con la de Santiago, se encuentra entre los libros del Nuevo Testamento.

Después de la refundación de Jerusalén en la nueva Aelia Capitolina y del exilio de todos los judíos de Tierra Santa, el linaje original de Jesús así como su auténtico mensaje caerán en el olvido al menos en Oriente, puesto que sabemos que José de Arimatea pudo haber arribado a las islas británicas, aprovechándose de ello los grupos fundados por Pablo alrededor del Mediterráneo, cuya sede central se fijó en Roma, quienes serán los que a partir de ese momento se dediquen a borrar todo rastro de los *desposynes* de la historia del cristianismo.

SIMEÓN DE JERUSALÉN EN ESPAÑA

Las crónicas patrísticas aseguran que Simeón pasó cuarenta y siete años dirigiendo a los fieles de Jerusalén. Algún tiempo después de la muerte de Santiago, recibió un oráculo divino en el que se le instaba a salir de la capital hebrea y dirigirse a Pella, una de las ciudades de la Decápolis, al otro lado del Jordán, con la mayor parte de los judíos nazarenos. El vaticinio resultó del todo acertado, puesto que las tropas de Tito entrarían y destruirían Jerusalén en el año 70, asesinando a más de dos tercios de la población local y destruyendo la urbe casi por completo.

El emperador Trajano, como la mayor parte de sus antecesores en el gobierno de Roma, ordenó que se encontraran y asesinaran a todos los descendientes de la casa de David. Después de una persecución sin tregua, las tropas imperiales lograron encontrar y crucificar al primo de Jesús hasta que exhaló su último aliento. Sus restos, según la tradición de la Iglesia, se repartieron entre Bolonia, Brindis, Bruselas y los Países Bajos.

Parte de su cráneo, según se cree, descansa en Torrelaguna, una noble villa al norte de la Comunidad de Madrid, donde se alza una hermosa iglesia dedicada a María Magdalena. Juan de Gamarra, general del rey Felipe II y oriundo de la localidad, habría traído hasta aquí las reliquias procedentes de Bolonia a instancias de la Corona, las cuales se siguen custodiando en el tesoro del templo junto con las de santa Margarita Virgen, santa Úrsula y san Julio Senador.

EL BAUTISMO DE FUEGO

De improviso, en una cima, apareció un jinete vestido de blanco resplandeciendo al sol del amanecer. Más abajo, en las colinas, sonaron los cuernos. Tras el jinete, un millar de hombres a pie, espada en mano, bajaban deprisa las largas pendientes. Un hombre recio y de elevada estatura marchaba entre ellos. Llevaba un escudo rojo. Cuando llegó a la orilla del valle, se llevó a los labios un gran cuerno negro y sopló con todas sus fuerzas. «¡Erkenbrand! —gritaron los caballeros—. ¡Contemplad al caballero blanco! —gritó Aragorn—. ¡Gandalf ha vuelto!».

J. R. R. TOLKIEN
EL SEÑOR DE LOS ANILLOS. LAS DOS TORRES

A escasos metros del Museo del Louvre y de la plaza de las Pirámides se yergue la Torre de Saint Jacques, el punto de partida donde los peregrinos a Santiago de Compostela se reunían para tomar la vía Turonensis hacia la tumba del apóstol en Galicia. Para reconocerse mutuamente usaban una vieira como emblema, también llamada «la concha del peregrino», cuando no la cruz latina encarnada con los tres brazos superiores rematados en flor de lis y el inferior a modo de daga simbolizando en cierto sentido el hecho de haber tomado la espada en nombre de Cristo en pos de partir hacia una cruzada interior.

No obstante, en otra torre más al norte —o al menos en lo

que queda de ella—, comienza una peregrinación bastante más exclusiva y discreta, la de los herederos de la Orden del Temple que deciden recorrer el sendero que su último gran maestre, Jacques de Molay, tuvo que hacer antes de ser quemado en la hoguera frente a la catedral de Notre Dame. Como distintivo, algunos de ellos siguen usando la vieja cruz patada propia de los caballeros templarios, aunque la mayoría prefieran utilizar una discreta tórtola, el blasón que portaban los custodios del grial según el poema de Wolfram von Eschenbach y que solo los iniciados en los secretos de la hermandad blanca, también llamados neotemplarios, son capaces de identificar.

La gárgola *Stryge* vigilando la ciudad de París desde Notre Dame con la Torre de Saint Jacques al fondo. [Brooklyn Museum]

Según señalamos en capítulos anteriores, la mañana del 13 de octubre de 1307, los esbirros del rey Felipe IV el Hermoso, encabezados por Guillermo de Nogaret, entraron en la Torre del Temple de París, así como en las encomiendas templarias de Francia, arrestando a todos los miembros de la orden que hallaron en ellas, incluido el último gran maestre, a quien acusaron de herejía, idolatría y traición a la Iglesia. Cinco días más tarde, el 18 de octubre, el gran inquisidor Guillermo de París comenzó personalmente los interrogatorios a los ciento treinta y ocho templarios que mantenía encerrados en las mazmorras de la capital del Sena, poniendo especial interés en los siguientes puntos: que los nuevos caballeros, tan pronto como eran investidos, eran conducidos a una cámara secreta donde se les hacía renegar de la cruz y escupir sobre ella; que adoraban a un extraño ídolo llamado Baphomet; que eran amigos de los sarracenos; que no creían en el bautizo infantil; que estaban obligados a cohabitar carnalmente los unos con los otros, y que la correa de sus hábitos estaba encantada por los poderes del Baphomet.

Temiendo una revuelta por parte del pueblo para liberar al gran maestre y a los otros altos dignatarios de la orden, la noche del 18 de marzo de 1314, el soberano francés ordenó que Jacques de Molay y Godofredo de Charnay fuesen entregados a las llamas en la conocida isla de los Judíos. A partir de la disolución del Temple comenzarán a fundarse en Europa numerosas órdenes donde los caballeros exiliados irán refugiándose para renovar sus votos, conservar su credo y seguir con su modo de vida. El rey Dionisio I de Portugal creó la Orden de Cristo para dar cobijo a los templarios perseguidos por el complot entre la Iglesia y Felipe el Hermoso; al igual que Jaime II de Aragón, que hará lo propio con el

Le Baphomet, idole des Templiers, est alors porté processionnellement
dans la salle de la Grande Loge.

Culto a Bafomet por parte de los masones según Leo Taxil.
Una de las ilustraciones de su libro dentro de lo que se
conoce como Fraude de Taxil que tenía como objeto la
venganza contra los masones y contra la Iglesia católica.

patronato de la Orden de Montesa. En Castilla, los templarios serán declarados inocentes en el concilio celebrado en Salamanca en 1310. Y lo mismo sucederá con los aragoneses y catalanes en el concilio de Tarragona, tras el cual todos los hermanos apresados fueron puestos en libertad e ingresaron en las Órdenes de Calatrava, Montesa y Santiago.

Cistercienses y hospitalarios, beneficiarios de los bienes inmuebles del Temple en Francia, acogerán también a los arrepentidos en sus filas, restituyéndoles el honor que sus detractores les habían robado. En Escocia, lejos de las miradas del santo padre y del monarca galo, templarios y sanjuanistas seguirán en apariencia unidos, aunque efectivamente separados. Algunos años más tarde, los desterrados escoceses se unirán momentáneamente a los antonianos hasta que diferencias irreconciliables entre unos y otros vuelvan a separar sus caminos. Empero, si fueron estas órdenes las que asumieron el legado exotérico de los Pobres Caballeros de Cristo y del Templo de Salomón, otros muchos grupos pugnarán desde entonces por ser los custodios de su saber secreto.

La leyenda del manuscrito de Estrasburgo, de mediados del siglo XVIII, asevera que los primeros nueve templarios que se asentaron en Jerusalén bajo la dirección de Hugo de Payns adquirieron su ciencia secreta a través de los canónigos del Santo Sepulcro. Debido a la grandiosidad de lo que habían heredado, el primer maestre del Temple resolvió establecer una élite dentro de la cofradía para preservar que esos misterios no cayesen en manos de la Iglesia. A partir de entonces, los caballeros blancos pasarán a ser los custodios del santo grial y su conocimiento esotérico se convertirá en una vía iniciática donde el postulante podía trascender su humanidad naciendo por segunda vez.

El texto sigue narrando que, cuando Jacques de Molay, encerrado en la Torre del Temple de París, presintió que su muerte estaba cercana, hizo llamar a su sobrino, el conde de Beaujeu, para pedirle que bajara a la cripta —donde estaban enterrados los cuerpos de los grandes maestres anteriores[43]— y que buscara el dedo índice de la mano derecha de san Juan Bautista en un sarcófago de cristal que se hallaba oculto en alguna de las galerías. Como quiera que el muchacho regresara sano y salvo con el tesoro, De Molay concluyó que el destino lo había elegido para sucederlo, por lo que no tardó en nombrarlo su heredero, haciéndolo descender de nuevo a los sótanos de la torre para rescatar los anales secretos de la hermandad blanca, la corona de los reyes de Jerusalén, amén de otras tantas reliquias más procedentes de Tierra Santa.

El conde de Beaujeu, siguiendo la tradición de sus antecesores, legó el bastón de mando a Pierre d'Aumont, a quien recomendó viajar a Escocia para alejarse de sus perseguidores, lo que no resulta en absoluto descabellado, puesto que Robert I de Bruce tuvo una interpretación bastante laxa de la bula papal *Vox in Excelso* de condena al Temple en sus territorios. Como ya hemos mencionado, buena parte de los templarios escoceses se unieron a los hermanos del Hospital, o bien se casaron y crearon su propia familia. Sabemos que en el año 1446, el primer conde de Caithness comenzó a construir a la vera de su castillo, a escasos kilómetros de Edimburgo, una iglesia consagrada a san Mateo. Justo en la entrada norte de la ermita, que posteriormente será conocida como Rosslyn Chapel, se yergue una lápida sepulcral en la que se anuncia el nombre y título de la persona que está enterrada allí: «William St. Clair, Caballero Templario».

Sin embargo, la Orden del Temple fue disuelta al menos ciento treinta años antes, lo que demuestra la continuidad de los *Militia Templi* en aquel país. Aunque no será esta la única prueba que podamos encontrar. A principios del siglo XVII se tiene constancia de la existencia de una orden de caballeros templarios en Leigh, cuyo mecenas respondió al nombre de David Seton, así como de la edificación de una iglesia dedicada tanto a la Virgen como a María Magdalena.

En 1689, John Grahame, vizconde de Claverhouse, gran maestre del Temple en la Tierra del Alba según fuentes contrastadas, habría encontrado la muerte en la batalla de Killiecrankie contra los ingleses, a cuyo monumento, en el castillo de Blair, siguen acudiendo en peregrinación centenares de personas con el deseo de honrar su memoria.

Pero será en 1742 cuando el barón alemán Karl Gothelf von Hund, encontrándose en París, asevere haber ingresado en el Temple escocés de la mano de los más insignes miembros de la nobleza celta, entre los que se hallaba el pretendiente al trono de Gran Bretaña Charles Edward Stuart. De regreso a su país, fundará varias logias neotemplarias de corte masónico, las cuales se reunirán en el castillo de Kittlitz, de planta octogonal, construido según sus propias indicaciones para que se pareciera lo máximo posible a los antiguos enclaves de poder templario.

A finales de ese mismo siglo, el profesor de Teología de la Universidad de Copenhague Friedrich Münter, miembro activo de la fraternidad fundada por el barón Von Hund, dirá haber encontrado muy oportunamente un extraño manuscrito en los Archivos Vaticanos que a partir de entonces será conocido como *Los Estatutos Secretos de Roncelinus*. O lo que es lo mismo, *La Regla Secreta del Bautismo de Fuego del Temple*.

Roncelin de Fos, el autor del supuesto libelo, es un personaje real que aparece mencionado como maestre de Provenza en el Acta de Chinon, descubierta recientemente por la profesora Barbara Frale, donde se detallan los interrogatorios llevados a cabo por diferentes cardenales en el castillo-fortaleza de la diócesis de Tours. Entre los templarios detenidos destaca el nombre de Raymbaud de Caron, preceptor de ultramar, a quien le preguntan en varias ocasiones si durante su ingreso en la orden sucedió algo inapropiado. El freire contesta que fue armado caballero por el maestre Roncelin y que nada indecoroso sucedió más allá del beso en la boca que el oficiante le procuró según la costumbre de la época al recibirlo como hermano. No obstante —continúa narrando—, inmediatamente después de que la ceremonia acabase, uno de los caballeros presentes lo llevó aparte, le mostró la cruz que llevaba debajo de los hábitos y lo conminó a que renunciase a ella, así como a la figura que tenía grabada. Sin pensárselo dos veces, y sin atreverse a formular ninguna pregunta, Raymbaud de Caron hizo lo que se le pidió, aunque no de corazón, por lo que a la mañana siguiente se dirigió al obispo de Carpentras para contárselo todo en confesión, cumpliendo diligentemente la penitencia que el prelado quiso imponerle. Preguntado también acerca de otros asuntos relacionados con el Baphomet[44], el inquirido juró no saber nada al respecto de ese asunto.

Varios investigadores suponen que, debido a la influencia del catarismo en la región de Provenza, el maestre Roncelin pudo haber bebido de dos aguas bien distintas: la de la herejía albigense, que ponía especial hincapié en la preeminencia del espíritu sobre la materia, y la de la heterodoxia católica, corrompida hasta los tuétanos por sus ansias de poder y por su predilección de los bienes mundanos en contra del ejemplo de Jesús. Asimismo, tampoco podemos descartar que algunos nobles franceses estuviesen vinculados con la Orden tercera del Temple, también llamada «seglar», aunque profesasen el culto occitano.

En capítulos anteriores indicamos que el catarismo destacó por ser un movimiento anticlerical y antisacramental que negaba el hecho de que Cristo hubiese muerto en la cruz, e incluso que hubiese transformado el vino en su propia sangre durante la última cena. Este discernimiento, por mera vecindad, tuvo que ser conocido por los maestres de la Orden del Temple, quienes, a pesar de haberse consagrado a luchar contra los enemigos del cristianismo, curiosamente jamás levantaron un dedo para oponerse a la apostasía albigense, como tampoco consintieron en ayudar a las tropas del papa Inocencio III en la cruzada contra los cátaros de 1209 que se cobró al menos medio millón de vidas inocentes, por lo que cabría pensar que de alguna manera el Temple y los herejes occitanos mantuvieron alguna clase de relación amistosa, e incluso que sintieron una mutua simpatía. Prueba de ello la tenemos en las lápidas de templarios y occitanos que todavía se yerguen juntas en algunos de los cementerios del Miègjorn francés, así como en el testamento de la localidad de San Mateo, capital histórica de la comarca del Maestrazgo, donde se estableció una importante comunidad cátara al amparo del palacio del gran maestre de la Orden de Montesa, heredera, como hemos visto, de los caballeros blancos.

Según el texto supuestamente encontrado por Friedrich Münter, maese Roncelin habría redactado una serie de pautas y recomendaciones en un manuscrito sin encriptar con el objetivo de preservar las normas del bautismo de fuego del Temple para las futuras generaciones. Sus veinte artículos, según la traducción del Dr. Carlos Raitzin difundida por la Sociedad de Estudios Templarios y Medievales Templespaña, componen una bella sinfonía en la que se mezclan armoniosamente creencias cristianas y cátaras con lo más granado de la mística islámica. Los primeros apartados, parafraseando siempre algún versículo evangélico, niegan tajantemente el dogma de la trinidad divina en favor de la exaltación de un Dios único, cuyo espíritu —sigue el escribano— otorga a nuestra alma la certeza de que somos sus hijos.

Este anuncio va en consonancia con la creencia de las primeras comunidades nazarenas antes del Concilio de Nicea, donde Jesús fue declarado Dios en una votación a mano alzada trescientos años después de su muerte y resurrección. A raíz de la imposición del dogma trinitario, los cristianismos puramente monoteístas fueron perseguidos y exterminados por la Iglesia católica, lo mismo que sucederá con la Orden del Temple siglos más tarde. Será a partir de entonces cuando se promueva además el bautismo infantil en lugar de la iniciación original en los misterios revelados por Jesús de Nazaret y Juan el Bautista a sus más íntimos amigos.

El capítulo segundo hace referencia a los secretos de esta iniciación y a la exclusividad de quien la recibe. Tanto es así que, recuerda el maestre Roncelin, a muchos papas y reyes se les ha negado por considerarlos indignos de recibir la ciencia más sublime.

Continúa el tercer y cuarto apartado con la condena de la nueva Babilonia —la Iglesia de Roma— por apartarse de la fe en el único Dios verdadero, adorar el madero de la cruz, así como por haber asesinado en la hoguera a los auténticos herederos del mensaje crístico. Suponemos que se refiere a los cátaros.

La exaltación de la cruz es uno de los dogmas que surgirían a partir del siglo IV a raíz de que el emperador Constantino sueñe, a orillas del Danubio, con el crismón, una especie de cruz compuesta por el monograma XP de la palabra *Khristos* en griego, el cual a partir de entonces se convertirá en el distintivo preferido de los cristianos romanos. Antes de esto, la cruz era considerada el instrumento de tortura con el que Poncio Pilatos asesinó al Hijo de Dios, por lo que a nadie en sus cabales se le habría ocurrido colgársela del cuello ni adoptarla cual distintivo salvífico. Como vemos, la regla secreta del Temple hasta ahora es sumamente fiel a las creencias de las primeras comunidades cristianas.

Mientras la milicia se hincaba de rodillas y besaba con devoción los restos de la vera cruz, la otra parte de la Orden del Temple, la de los iniciados, tal vez prefirió portar un distintivo bastante más añejo, cuyos orígenes se hunden en las profundidades de la historia, el símbolo tau con el que Yahvé ordenó al profeta Ezequiel recorrer la ciudad de Jerusalén y marcar la frente de los hombres y mujeres que gemían y se lamentaban por todas las abominaciones que se estaban cometiendo en ella (Ezequiel 9, 4).

En muchas representaciones pictóricas y escultóricas medievales es común ver juntas las figuras Alfa y Omega que se corresponden con la primera y última letra del alfabeto griego, las cuales no son sino una representación del mismísimo Jesucristo: «Yo soy el Alfa y el Omega» (Apocalipsis 22, 13). Pero, en lo que respecta al Temple, veremos que las letras hebreas sustituyen a las griegas en determinadas ocasiones. La álef es la primera vocal en el abecedario de Israel y la tau es la última consonante. Juntas, empero, no tienen nada que ver con Jesucristo, sino con el camino iniciático que el alma debe seguir en pos de su encuentro con el Señor.

Según una antigua leyenda toledana, cuando Dios se dispuso a formar los mundos, utilizó veintidós sonidos sagrados que después se convirtieron en letras, las cuales compusieron la lengua adámica que tendrá su evolución en el hebreo, arameo y finalmente en el árabe. Cada uno de esos sonidos, como los mantras hindúes y las cántigas cátaras, tendrá la facultad de transportar el alma del ser humano a su estado primigenio de concilio con la inmensidad. En cuanto al cuerpo, muchos son los tratados cabalísticos y sufíes que atribuyen la sanación de ciertas dolencias al canto salmodiado de disímiles combinaciones de estas letras sagradas. El conocimiento místico que esconden, a semejanza de las runas nórdicas, representa una vía sacra que el iniciado debe seguir para alcanzar la plenitud de la existencia. Baste recordar que, para acceder al misterio de las runas, el mismísimo Odín, padre de los dioses del norte, tuvo que sacrificar uno de sus ojos.

La letra álef, cuando se exhibe en solitario, representa la dualidad entre Dios y el hombre, espíritu y cuerpo, pensamiento y materia. La tau, por su parte, es el sello de la creación, el final del camino y el encuentro con lo sagrado. Las dos unidas forman un solo mensaje, el de que la multiplicidad debe regresar a la unidad, que el dos debe convertirse en uno, y que el uno debe fundirse en el vacío primigenio como el cielo se disuelve en el mar en el cabo de Finisterre.

En el quinto título, Roncelin de Fos declara que los que han llegado a convertirse en templos vivos del Señor no deben hacer distinción entre judíos, musulmanes, cristianos o paganos, puesto que todos rezan a la divinidad según su propia cultura, dependiendo del país donde han nacido y de la educación que hayan adquirido. Acto seguido, aconseja a los templarios iniciados que se hagan pasar por judíos cuando se encuentren entre judíos y por sarracenos cuando se encuentren entre sarracenos, lo que marida a la perfección con el modo de actuar de los seguidores del Viejo de la Montaña, los hashishin de Ibn Sabbah, los cuales intentaban infiltrarse en las comunidades de sus enemigos haciéndose pasar por uno de ellos para así conseguir información. En este punto veremos declarar ya abiertamente que los que han renunciado a la Iglesia mediante el *melhorament* y recibido el *consolamentum* cátaro no tienen nada que temer de la nueva Babilonia.

Hasta el epígrafe doce, el maestre sigue aconsejando a los bautizados por segunda vez que busquen entre las ciudades a los hermanos que viven en ellas, acudiendo a los edificios erigidos conforme al «gran arte». Una vez allí, deberán hacer los signos por los que serán reconocidos. En los pasadizos secretos de esos edificios, o incluso en las criptas excavadas a tal efecto, conferirán el *consolamentum* a los postulantes delante de tres testigos. Para ser admitidos en la ceremonia, aquellos tendrán que haber cumplido al menos los treinta y cinco años de edad y demostrar que comprenden los secretos de los que llegarán a ser custodios. No obstante, la regla también advierte que no todos deben tener acceso a la ciencia que se oculta detrás del «gran sello». Ni los obispos, ni los amantes de la Iglesia, ni los fanáticos religiosos, ni tampoco los hombres y mujeres de mente simple podrán poner un pie en los límites del *Secretum Templi*.

El artículo trece pormenoriza con todo detalle la ceremonia del bautizo de fuego. El postulante deberá escribir su confesión general, que entregará al oficiante antes de la ceremonia en presencia de dos testigos. A continuación, recitará algunos de los salmos del rey David y un resumen del Deuteronomio, tras lo cual será bendecido por todos los hermanos, que pondrán la mano derecha sobre su cabeza antes de que jure guardar los votos de silencio, obediencia y fidelidad para con la cofradía. Acto seguido, el maestre lo liberará definitivamente de los mandamientos de la Iglesia en el nombre del Dios que no ha engendrado y que no ha sido engendrado, utilizando las mismas palabras que encontramos en la sura 114 del sagrado Corán. Luego hará referencia e invocará el espíritu del auténtico Cristo que no ha muerto ni puede morir. Finalmente, los presentes recitarán tres oraciones en las que el novicio deberá permanecer en pie durante la primera, con los brazos en cruz durante la segunda y prosternado en el suelo durante la tercera, lo que evoca sobremanera los movimientos que forman parte de la oración islámica, el *salat*.

Como mencionamos anteriormente, otra de las imputaciones que recayeron sobre los templarios fue la de ser amigos de los sarracenos. Si bien la orden nació con el firme propósito de proteger a los peregrinos del ataque de los musulmanes, no veremos en los Pobres Caballeros de Cristo la enconada animadversión que condujo a los cruzados a pasar a cuchillo a todos los habitantes de Jerusalén durante la primera cruzada, aunque eso fuese lo que esperaban algunos papas y reyes europeos.

Sabemos que el trovador Wolfram von Eschenbach, en su obra *Parzival*, hizo que su protagonista se batiese en duelo con Feirefiz, un caballero musulmán, sin saber que ambos eran hermanos hasta que la espada de Parzival se rompió por la mitad, poniendo punto final a todas las hostilidades.

Como curiosidad, muchas leyendas artúricas testifican que el grial que custodiaban los *Templeisen* fue devuelto a la isla de Sarrás a bordo de la nave del rey Salomón por tres de los caballeros de la Mesa Redonda: Parzival, Galahad y Bors. La palabra *Sarrás*, donde moraba el santo cáliz, es considerada el origen de la palabra *sarraceno*.

Los siguientes capítulos de la regla describen cada una de las tres oraciones anteriores. La primera se atribuye a Moisés, tras la cual el oficiante debía cortar un poco de la barba, cabellos y uñas del iniciado diciendo: «Tú sufrirás más en tu corazón que en tu cuerpo como signo de la alianza de Dios con el espíritu de los hombres».

La segunda oración es el padrenuestro que Jesús nos enseñó y que no hace falta que reproduzcamos aquí. Después de eso, el preste ponía un anillo en el dedo de su discípulo como símbolo de su alianza con la verdad, con el Señor y con sus hermanos. Por último se recitaba la oración del Baphomet, también llamada Al-Fátiha, que recoge el libro sagrado del islam y que dice así:

> Las alabanzas pertenecen a Allah, el Señor de los mundos, el más Clemente, el más Compasivo. El Dueño del día del Juicio. Solo a Ti adoramos y solo en Ti buscamos refugio. Guíanos por el camino recto, el camino de aquellos que has favorecido. Aquellos que no son el objeto de tu ira ni se encuentran entre los extraviados (Al Corán Al-Karim 1, 1-7).

Finalizada la declamación de las letanías, el maestre ungía los ojos del postulante con el óleo de la gracia, se retiraba la imagen del Baphomet que presidía la ceremonia y los asistentes gritaban, cual reunión sufí, «¡Ya Allah!».

En ese momento, aquellos que lo deseaban podían besar la imagen sagrada y tocarla con sus cintos.

En lengua provenzal, un Baphomet no es nada más que una mezquita —baphomería—, el lugar donde se rendía culto a Mahomet, es decir, a Mahoma o Mohamed. El desconocimiento de la religión islámica hizo creer al vulgo occidental y a los prelados de la Iglesia que los musulmanes rendían pleitesía a la cabeza del apóstol árabe, la cual mantenían embalsamada debido a que en algunas ciudades como Damasco, Acre, Estambul, Konya y Qairuán se conservaban reliquias de los pelos de la barba del Profeta en relicarios que solían esconderse en alguna de las paredes laterales del edificio religioso, los cuales todavía se sacan de vez en cuando para que sean besados por los fieles, quienes también les suelen pasar objetos por encima para que sean bendecidos por la Báraka de Allah. Exactamente lo mismo que sucede con el Baphomet en el bautismo de fuego relatado por el maestre Roncelin.

Esta costumbre, traída muy posiblemente por los templarios a Europa, y quizás presenciada por los juglares y trovadores en un entorno meramente cristiano, habría dado lugar a la leyenda de los Baphomet que más tarde supuso uno de los delitos atribuidos por la inquisición a los caballeros blancos. A pesar de las denuncias en este sentido, ni los esbirros de Felipe el Hermoso ni los secuaces de Clemente V encontraron nunca una cabeza embalsamada a la que poder adjudicar la supuesta idolatría templaria.

Al igual que sucede con la palabra *graal* —«grial»— que hallamos en el cuento inacabado de Troyes, de la cual no se da más explicación, puesto que se supone que el lector debe conocer exactamente lo que es; el significado de la palabra *Baphomet* queda silenciado tanto en las crónicas de la inquisición como en los poemas donde aparece mencionado. Olivier el Templario, en su obra *Ira et Dolor*, hace esta curiosa evocación de un Baphomet: «Los turcos saben que cada día aumentan su poder y conquistas, y el Baphomet manifiesta su poder y hace resplandecer al sultán» (más información en el libro *Codex Templi*, Templespaña, Debolsillo, 2015).

Ricaut Bonomel, escritor asociado a la Orden del Temple y presente en la toma de Constantinopla de la cuarta cruzada, dice sobre el ídolo que:

> Quienquiera que luche con los turcos es un necio (…) Han conquistado y conquistarán, y cada día nos confieren nuevas derrotas pues Dios, que antes velaba por nosotros, ahora está dormido, al contrario que el Baphomet —Mahoma— que extiende su poder en apoyo del sultán.

Aunque traída un poco de los pelos, también se ha propuesto que Baphomet podría tratarse de la unión de dos palabras. La primera sería *Baphe*, la cual estaría haciendo referencia a un baño por inmersión. Y la segunda sería *Meteos*, vocablo que tiene que ver con el espíritu, por lo que juntas ambas estarían señalando directamente el ritual iniciático al que debían someterse los postulantes a vestir los hábitos inmaculados de la cofradía jerosolimitana. Durante el culto, la reliquia de la cabeza de Juan el Bautista habría presidido la ceremonia como si él mismo estuviese físicamente en dicho acto, concediendo su beneplácito y, por qué no decirlo, incluso bautizando al templario él mismo.

Será a mediados del siglo XVIII cuando el mago y escritor Eliphas Levi —Alphonse Louis Constant—, entroncado íntimamente con diversas logias de su época, se dedique a divulgar la extraña idea, sin base argumental alguna, de que el Baphomet era en realidad la imagen de un macho cabrío barbado, con dos cuernos, senos femeninos, manos humanas y pezuñas de íbice. Una estampa que desafortunadamente ha llegado hasta nuestros días haciendo creer a muchos incautos que el Temple era una hermandad satanista que se dedicó a adorar al diablo y a asesinar a niños pequeños en nombre de Lucifer. Algo tan absurdo como decir que la Tierra es plana.

Los siguientes tres capítulos del libelo hacen referencia a la ciencia secreta y a los significados ocultos del Baphomet —posiblemente asociados con la mística sufí—, al enigma del niño Jesús, al misterio del nombre secreto del mismísimo Dios, e incluso al enigma detrás de la palabra *Abraxas*; vocablo que solía grabarse en las antiguas piedras que los gnósticos utilizaron a modo de talismán y que representaba una deidad en la que podía fundirse el cielo con la tierra, o lo que es lo mismo, lo divino con lo infernal. A este respecto sabemos que en los archivos nacionales franceses se encontró una carta, fechada en 1214, con un sello perteneciente a la Orden del Temple bastante particular. Nos estamos refiriendo al sello de Abraxas, en cuyo interior se logra distinguir una figura humana con cabeza de gallo y serpientes en lugar de piernas. Alrededor de la efigie se encuentra la frase *Secretum Templi*, lo que no ha hecho sino alimentar aún más las suspicacias de la Iglesia.

El gallo, sobre todo en Francia, es considerado el emblema de los arquitectos y albañiles, mientras que las serpientes representan la imagen universal de las fuerzas telúricas que serpentean por debajo de la tierra y que se juntan en un mapa místico trazado por líneas ley. Ambas facetas, la de los constructores y la del conocimiento de las fuerzas telúricas, formaron parte del gran arte que el maestre Roncelin menciona en su tratado, y que los templarios utilizaron para erigir sus encomiendas, castillos e iglesias. Cabe destacar que Salomón, el constructor del Templo donde se establecieron, y del que heredaron su nombre, era un gran conocedor de las proporciones áureas, así como de la geometría sagrada. Y que fue precisamente en el terreno donde el patriarca Jacob soñó con una escalera apoyada en el suelo por la que subían y bajaban cientos de ángeles, donde el monarca hebreo decidió erigir el santuario a Yahvé.

LA LENGUA DE LOS PÁJAROS

Como hemos apuntado anteriormente, el credo albigense tuvo como modelo a Jesús de Nazaret, a quien consideraban un espíritu puro que vino a la tierra para proporcionar un bautismo de fuego que se transmitía mediante la imposición de manos y que garantizaba la salvación: el *consolamentum*. Algunas de las antiguas cántigas pertenecientes a los herejes occitanos —conocedores del lenguaje de las ocas— hacen referencia a la importancia de este rito de paso. Al tratarse de una religión iniciática, al igual que la Orden de los Caballeros Blancos, sus oficiantes se vieron obligados a cifrar sus conocimientos secretos en cualquier medio donde pudieran pasar desapercibidos aun estando a la vista de todo el mundo.

Si los templarios utilizaron la decoración de sus edificios y catedrales a modo de *mutus liber*, los albigenses harán lo propio en sus canciones y fábulas. *Lo Boier*, por poner algún ejemplo, es un poema que contiene una pirámide fónica a modo de mantra, compuesto muy posiblemente antes de la cruzada de Inocencio III, cuyos sonidos poseen la facultad de ayudar al alma a encontrar su lugar en el paraíso.

La canción cuenta la historia de un boyero que, al regresar de su labor, deja su arado en el suelo, entra en su casa y halla a su mujer, Joana, enferma. Joana es el nombre en femenino que los fieles daban a aquellos que no habían recibido todavía el sacramento cátaro. El hombre trata de reconfortarla con la promesa de una buena cena a base de rábanos, coles y una alondra magra, aludiendo a las tres familias nobles que defendieron la doctrina albigense, Rabastens, Caulet y Magrin. Ella le responde que la única cena que precisa es la del *consolamentum* y le da indicaciones de cómo quiere ser enterrada para que su espíritu se eleve hasta la constelación de Capricornio. También quiere que, cuando los peregrinos pasen por su tumba y pregunten por ella, sepan que no está allí.

Como podemos ver, el poema está lleno de imágenes pertenecientes a la iconografía gnóstico-cristiana que intentan pasar desapercibidas para los ojos no experimentados. Tanto el Arado como el Boyero hacen referencia a dos constelaciones celestes. La Osa Mayor —el Arado— está vinculada íntimamente con la simbología judeocristiana a causa del primer capítulo del Apocalipsis de san Juan, donde el evangelista relata haber visto al Hijo del Hombre descendiendo del cielo con siete estrellas en su mano. Capítulos más tarde, san Juan también dice haber visto el arca del pacto en su santuario celeste.

La constelación del Arado se compone de siete estrellas: Dhube, Merak, Megred, Phecda, Alioth, Mizar y Alkaid, las cuales son visibles durante todo el año, contrariamente a otras constelaciones, motivo por el que se las ha asociado con el mensaje de Cristo, el cual también se supone que debe permanecer para siempre. Dios mismo asegura que ha puesto allí a la Osa Mayor como muestra de su poder y como señal de su pacto con los hombres (Job 9, 9). No obstante, si prestamos atención, nos daremos cuenta de que ese Arado celeste —que también tiene la forma de un grial— está custodiado por alguien muy especial, la estrella Arc-turus —Arturo—, la tercera más brillante después de Sirio y Canopus, perteneciente a la constelación del Boyero, que, junto con Capricornio y la Osa Mayor, parecen mostrarnos un mapa celeste hacia un lugar muy concreto. Recordemos que Flegentanis, el autor del libro sagrado del grial que acabó en poder de Eschembach, aseguraba conocer la historia del grial porque la había leído en las estrellas.

Algunos versos más adelante encontramos ese lugar, el cual resulta bastante evidente para aquellos que conocen la orografía de Jerusalén. Nos estamos refiriendo a Haram Esh-Sharif. Según la cántiga, Joana quiere ser enterrada en lo profundo del sótano, es decir, en el pozo de Almas, con los pies puestos hacia la pared —es decir, hacia el Muro de los Lamentos—, y la cabeza hacia la fuente, o lo que es lo mismo, hacia la piscina de Bethesda, que se encuentra justo en el lado opuesto. De esta manera cobra sentido la estrofa final, donde Joana le pide a su marido que diga a los peregrinos que acudan a su tumba y pregunten por ella, que su alma ya no está allí, en clara alusión al arca de la alianza y a la Shejiná —la presencia de Dios—, que se supone ya tampoco está allí.

Cuando el boyero vuelve de trabajar, deja en el suelo su arado. A, e, i, o, u. Deja en el suelo su arado. Encuentra a su esposa cerca del fuego, triste y desconsolada. A, e, i, o, u. Triste y desconsolada. «Si estás enferma, dímelo. Te prepararé un potaje con un rábano, una col y una alondra magra. A, e, i, o, u. Y una alondra magra». «Cuando esté muerta, entiérrame en lo profundo del sótano, con los pies hacia la pared y la cabeza hacia la fuente. A, e, i, o, u. Y la cabeza hacia la fuente». «Cuando pasen los peregrinos tomarán agua bendita y dirán: "¿Quién es quién yace aquí?". "Es la pobre Joana. Se fue al paraíso, al cielo con sus cabras. A, e, i, o, u. Al cielo con sus cabras"» (*Lo Boier*).

Bernard de Franca, un distinguido miembro de la Iglesia cátara de la ciudad de Goulier, nos legó otra curiosa leyenda que asegura que, hace mucho tiempo, un pájaro muy especial llamado pelícano surcaba los cielos siguiendo el curso luminoso del sol. No tenía miedo del calor ni tampoco del cansancio. Pero llegó la época del apareamiento y aquello lo distrajo de seguir el camino del astro rey. Cumplida la orden de la naturaleza, reemprendió el vuelo, pero de nuevo tuvo que volver a detenerse para poner los huevos y cuidar de sus polluelos. Cada día, el pelícano dejaba solas a sus crías mientras se alimentaban para volar muy alto y acercarse lo máximo posible al sol. No obstante, una bestia maligna aprovechaba su ausencia para desplumar a los polluelos y arrancarles el bocado del pico. Visto lo visto, el pelícano tuvo que dejar de volar hacia su amado y dedicarse en exclusiva a velar para que la bestia no atacara a sus hijos e hijas. Tan intenso era el amor que el pelícano sentía por el sol que el hecho de no poder acercarse a él lo sumió en una gran congoja, por lo que cierta mañana decidió esconderse para ver si la bestia se acercaba de nuevo al nido y poder darle así su merecido.

Con el monstruo fuera de combate, el pelícano pudo por fin conciliar las dos tareas durante el resto de su vida, cuidar de sus hijos y buscar el sol.

Como en la balada anterior, este relato está lleno de analogías y figuras simbólicas que se encuentran a caballo entre el cristianismo y el paganismo. La explicación cátara propone que el alma de los seres humanos es como el pelícano, la cual, dejándose llevar por su naturaleza, encarnó en un cuerpo y descendió a la tierra, olvidándose momentáneamente de Dios. Empero, tan fuerte era el amor que el alma sentía por su Señor que trató de vivir entre los dos mundos, con una mirada puesta en sus obligaciones materiales y otra en sus deberes espirituales.

El pelícano es uno de los primeros emblemas que el cristianismo vinculó con Jesús de Nazaret. Viendo cómo apoyaba el pico contra el pecho para regurgitar su propio alimento y dárselo a sus crías, los padres patrísticos equipararon este comportamiento altruista con el sacrificio del Hijo de Dios, el cual, al contrario que la serpiente, que devora a sus crías, el pelícano ofrecía su propia sangre para vivificar a su descendencia. En este caso, el ave también tenía que luchar contra la malvada bestia que intentaba privarlo de lo divino atacando a sus polluelos, a la cual no le quedará más remedio que matar para poder ser libre tanto él como su descendencia.

En otras versiones el pelícano es cambiado por un cisne en clara alusión a la constelación Cygnus que veremos en el cielo durante las noches de verano, también llamada la Cruz del Norte, pero que para los cátaros simbolizaba a Jesucristo con los brazos extendidos en su elevación triunfal al Paraíso desde la capilla de la Ascensión del monte de los Olivos que custodiaron los templarios. Seguir el camino del

cisne, para los movimientos gnósticos cristianos y neotemplarios, era como seguir a Jesús hasta las estrellas.

LA CONTINUIDAD TEMPLARIA EN FRANCIA

Con el objetivo de echar por tierra el presunto linaje del
Temple en Escocia, una leyenda gala de finales del siglo
XVIII asegurará que la maestría de los templarios no
habría recaído en el conde de Beaujeu, sino en Jean Marc
Larmenius, un cristiano nacido en Palestina que acabó
convirtiéndose en preceptor de Chipre después de la caída
del último bastión cruzado en Acre y Tiro. Tras el arresto
de Jacques de Molay y la incautación de los tesoros de la
Orden en Nicosia, Jean Marc Larmenius habría viajado de
incógnito a Francia, donde al parecer pudo visitar al gran
maestre en su celda de París, el cual no dudó en nombrarlo
garante de los secretos de sus hermanos.

Cumplidos los setenta años, Larmenius decidió a su
vez trasferir la maestría de la orden a otro de los caballeros supervivientes, Francisco Tomás Teobaldo, prior de
Alejandría, para lo cual escribió una carta cifrada en un
alfabeto supuestamente templario en el que detallaba
esta historia y además animaba a los sucesivos líderes de
la cofradía a que estampasen su nombre y sello en ella. La
Carta de Transmisión de Larmenius, como se ha venido
llamando, fue revelada por primera vez en 1804 por
un tal Jacques Phillipe Ledru a los miembros de la logia
Chevaliers de la Croix, quienes decidirán refundar de nuevo
la Orden del Temple bajo la tutoría de Fabré-Palaprat.
El manuscrito, encontrado en el interior de un mueble
perteneciente a Cossé-Brisac, último de los maestres que

firman el documento, puede admirarse actualmente en The Mark Masons Hall of London.

En alguno de sus capítulos se exhorta a los siguientes regentes a excomulgar de por vida a los templarios escoceses, lo que resulta del todo peculiar, puesto que de alguna manera el redactor de la carta, aunque presume de ser coetáneo de Jacques de Molay, debió conocer el linaje escocés con el que pretende rivalizar.

Para reconocer a los verdaderos hermanos de los falsos, Larmenius propone una serie de signos que ha ideado, los cuales deben ser transmitidos oportunamente al resto de los caballeros después del noviciado en una segunda iniciación según la costumbre que el mismo Jacques de Moley le confió en secreto. En el listado de grandes maestres firmantes cabe destacar el nombre de Felipe II de Orleans, lo que no deja de ser curioso, puesto que Felipe llegó a ser regente de la Corona de Felipe el Hermoso, precisamente el instigador de la destrucción de los templarios.

Según el escritor François Timoleon Begue Clavel, como muy oportunamente cita José Eugenio Domínguez Alarcón en su tesis doctoral, la *Carta de Transmisión de Larmenius* habría sido ideada por un clérigo jesuita llamado Bonanni en 1705, previo encargo de Felipe de Orleans, en un intento de reavivar el espíritu licencioso de una organización denominada Le Petite Résurrection des Templiers creada algunos años antes para dar cobijo a todo tipo de actos relajados. De hecho, el tal Larmenius no es mencionado en ninguno de los registros históricos que nos han llegado ni de Chipre ni de ninguna otra parte.

Con los movimientos neotemplarios en plena ebullición por toda Europa, empezarán a surgir insólitos manuscritos pretendiendo hacer creer al vulgo que el conocimiento original que Hugo de Payns encontró bajo el Domo de la Roca seguía vivo a través de diferentes iniciados, los cuales ahora formaban parte de distintas sociedades secretas, entre las que destacaban masones y rosacruces. En 1613 se publicará por primera vez el tratado *Fama Fraternitatis*, el cual narra la vida del caballero cruzado Christian Rosenkreutz, nacido en 1378, y sus aventuras y desventuras durante su peregrinación a Tierra Santa y posterior exilio a Arabia, donde habría sido iniciado en los secretos del sufismo por los grandes *sheijs* —maestros— de Oriente, del cual siguió bebiendo tanto en Egipto como en la mística ciudad de Fez, en Marruecos. De regreso a Alemania, pasando, como no podía ser de otra manera, por España, fundará la Fraternidad de la Rosa y la Cruz, así como el templo del Sanctus Spiritus. Cuando el proyecto se vio consumado, enviará a sus discípulos por todo el mundo con la misión de sanar a los enfermos de manera gratuita.

Los nuevos andantes, empero, no estaban ya envueltos en ningún hábito, ni llevaban espadas ni lanzas, sino más bien seis preceptos que debían seguir al pie de la letra. El primero ordenaba no hacer otra cosa sino sanar enfermos y dar consuelo a los necesitados. El segundo recomendaba imitar a las gentes de cada país en sus vestidos y en su forma de actuar con el objetivo de pasar desapercibidos. El tercero exhortaba a los hermanos a reunirse cada año en el templo del Sanctus Spiritus, sentarse a la mesa del grial y compartir sus conocimientos con el resto de los integrantes, o en su defecto enviar una carta de dispensa. El cuarto encomendaba hallar un heredero espiritual antes de morir al que legar todo el conocimiento adquirido, así como los secretos de la cofradía. El quinto versaba sobre el monograma CR con el que podrían reconocerse —las dos iniciales de Christian Rosenkreutz—, y, por último, el deber de permanecer en el anonimato al menos cien años desde su fundación.

Conociendo que su hora estaba cercana, el originador de la orden se recluyó en una celda en la cripta de su cuartel general, donde ciento veinte años más tarde un miembro de la hermandad encontró su cadáver en un sarcófago de cristal sin muestras de descomposición. Alrededor del monumento, cinco frases en latín escritas por su puño y letra resumen el legado de sus enseñanzas: «Jesús mi todo, vacío ninguno, libertad del evangelio, de Dios intacta es la Gloria, el yugo de la Ley».

EL IDEAL DE CABALLERÍA

La doctrina bogomila y por extensión cátaros y valdenses defendieron que Jesús, en el principio de los tiempos, tuvo un hermano gemelo, Lucifer, siendo ambos la cara y la cruz de una misma moneda. Si bien Jesús fue concebido como el sumun de la criatura perfecta, asida a los deseos de Dios y perfilada bajo la radiante luz del Creador, Lucifer representaba todo lo contrario, la sombra que se pegaba a sus pies y se alejaba cada vez más de la mirada del Señor. Ambos hermanos fueron indistintamente coligados por las primeras comunidades tanto con el Lucero del Alba como con la Estrella de la Mañana, puesto que en realidad formaban parte de un solo ser que sin embargo se había dividido en dos, lo que resultará en la leyenda de los caballeros gemelos que veremos reflejada en los cantares de gesta, en el primer sello de los templarios, así como en el ciclo artúrico.

D. GUALDIM PAES, MESTRE DOS TEMPLARIOS

Gualdim Pais cruzado portugués y fraile templario.
[*Historia de Portugal, popular e ilustrada*, 1899]

Al igual que Jesús, Perceval se enfrentó a su contraparte en numerosas ocasiones. Chrétien de Troyes lo llamó el Caballero Bermejo, mientras que Eschembach solo dice que era un jinete del grial, y que Perceval, al vencerlo, se estaba venciendo a sí mismo.

Será precisamente por haber salido derrotado en su lucha contra la tentación que Lanzarote del Lago transfigurará el amor cortés, propio de los caballeros castos y virtuosos, en una pasión desenfrenada por la reina Ginebra, la cual acabará por traicionar sus ideales más íntimos y por la que se convertirá en indigno de regresar a Camelot portando la copa sagrada.

Como metáfora, tanto el castillo del Rey Pescador como el cuenco de la última cena representan lo divino que hay en el espíritu humano, el cual, a semejanza del peregrino que abandona su hogar y se encamina hacia Tierra Santa, debe emprender su propio camino en pos de purificar todas sus faltas, iluminar su oscuridad y alcanzar a convertirse no solo en custodio del cáliz de Cristo, sino en el mismo Cristo resucitado que ya no tiene por qué permanecer en el sepulcro del cuerpo. Sin esa búsqueda iniciática, Perceval jamás hubiera conseguido formular la pregunta que a la postre salvó a su tío y que lo convirtió en uno de los reyes del linaje sagrado.

Sin esa subida y bajada de Dios, tampoco nosotros conseguiremos encontrarnos a nosotros mismos, ni acertaremos a comprender el enigma de la copa que únicamente aparece ante aquellos que ya no la necesitan. Sin ser conscientes de esa vida en la que es necesario reír y llorar, vencer y perder, rezar y luchar, no lograremos llegar a comprender qué es lo que defendieron y qué es lo que buscaron realmente los *Militia Christi*. Esta aventura que muchos principian pero que pocos culminan comienza y termina en nuestro propio corazón. Nosotros somos la Tierra Santa a la que debemos llegar y nuestro corazón es el sanctasanctórum al que debemos acceder para convertirnos en aquello que un día olvidamos.

Quien recibió a Jesús tenía que ser necesariamente virgen. Virgen quiere decir alguien que se encuentra vacío de toda oscuridad; tan vacío como el cuenco donde el agua se convirtió en vino en Caná de Galilea, y el vino a su vez en la sangre redentora de la humanidad en el Cenáculo de Jerusalén. No obstante, también la mente puede transformarse en nuestra propia cárcel, y la vida, en un infierno personal, si no elegimos bien las armas a utilizar en la lucha contra la oscuridad, o si decidimos que no merece la pena acudir a esa batalla.

En tiempos de Mahoma, los musulmanes fueron llamados a dos guerras bien distintas. La primera era conocida como «yihad menor» y tenía que ver con la obligatoriedad de todo creyente de pelear contra el infiel para ordenar lo que es correcto y prohibir lo que es incorrecto. La «yihad mayor», en cambio, consistía en una lucha contra nuestros propios demonios hasta que el ego acabase acatando los decretos de Dios sin rechistar y sin ceder a los susurros de las pasiones mundanas.

Quien acudía a ambas guerras era considerado un muyahidín, o lo que es lo mismo, un guerrero de Dios. Y, al igual que los templarios, los caballeros musulmanes se congregarán en cofradías de místicos que instituirán una serie de virtudes obligatorias —*Futuwwa*— por las que regirse para hacerse gratos a los ojos de Allah. Esas reglas no escritas tuvieron como principal objetivo purificar los siete centros sutiles del ser humano, conectados con los siete cielos que Mahoma tuvo que subir junto con el arcángel Gabriel para encontrarse cara a cara con el Señor, cada uno de ellos regido por un profeta y asociado a una virtud en particular[45].

Como cualquier otra vía iniciática, la escalada de los siete cielos comenzaba con una hégira, es decir, con un viaje desde lo conocido hasta lo desconocido. Pues si bien el objetivo era acceder a un rincón del alma, sin embargo la peregrinación requería de un salto de fe, de una señal exterior que paradójicamente abriera las puertas hacia una nueva realidad interior.

Tanto las órdenes de místicos cristianos como las cofradías de derviches islámicos estuvieron al tanto de una verdad fundamental: que el conocimiento y las respuestas a las preguntas más importantes de la vida no podían hallarse en ningún otro libro que no fuera nuestra propia alma. A pesar de los fanáticos, y de los hombres y mujeres de mente simple, la Biblia y el Corán no eran los únicos libros sagrados que Dios puso a nuestro alcance. Nosotros somos, y siempre hemos sido, el libro que Dios quiere que leamos, estudiemos y comprendamos para poder acercarnos a él. Una aventura interior llena de peligros y de fatigas que hará que la mayoría prefiera quedarse al amparo de la ortodoxia de cualquier religión en lugar de atreverse a buscar respuestas por sí mismos.

Si anhelamos hallar el grial, primero debemos aprender a perder en mil batallas, a montarnos y desmontarnos más de cien veces y a reescribir nuestra propia Biblia y nuestro particular Corán hasta que por fin hallemos al Cristo que mora en nosotros y que no puede morir. Durante esta búsqueda interior viajaremos con la sístole y la diástole del corazón. Con la diástole extenderemos nuestra mente hasta fundirnos con el infinito; con la sístole la recogeremos hasta llevarla a lo más recóndito de nuestro ser. Para el sufismo,

dicho viaje comienza con la *sharia*, es decir, con el sometimiento a todas las normas de culto, así como al código
de conducta moral adecuado por el que el neófito deberá
separarse de lo prohibido y pulir el espejo del corazón para
poder ver la imagen de Allah reflejada en su interior. Esa
aspiración por vestir los hábitos inmaculados de la moral
debe ser completada con el ingreso en una hermandad
—*tariqat*—, en donde un maestro espiritual deberá advertir-
nos de las dificultades del camino e instruirnos para llegar a
salvo a la siguiente estación, conocida como Haqiqa, donde
el estudiante forjará una comunión con la inmensidad y se
sentirá investido por ella, de manera que todo lo que haga
será para complacer a Allah, quien ya forma parte de su
alma. Aquí, el ser humano se ha deshecho de su ego y se
ha convertido en un ángel al servicio del plan universal.
El templario sufí ya no requiere de gloria ni de alabanzas,
puesto que se ha consagrado a la misión de agradar a su
amado/a, por quien no deja de suspirar todo el tiempo. La
meta final de la Haqiqa es alcanzar la Marifat, o lo que es
lo mismo, la disolución del ser humano en la inmensidad,
llegando allá donde el cálamo se rompe e ingresando en un
océano de amor sin orillas.

Los que piensan que Dios vive en el cielo se dedican a
venerarlo con fervor. Pero, como lo consideran algo aparte
y distinto de ellos, lo hacen con miedo y desconocimiento,
realizando toda una serie de rituales con los que esperan
poder sobreponerse a las contrariedades de la vida. Otros, al
contrario, piensan que existe únicamente un Dios interno y
se dedican a buscar ese estado del alma, contemplando su
consciencia en todo momento. Pocos son los que saben que
ese Dios que mora en el cielo no es diferente del que vive
en nuestra alma, al igual que el diablo que se encuentra en

el infierno no es distinto del que se halla en el interior de todos y cada uno de nosotros.

Recuerdo que, en uno de mis viajes a Safed —la cuna de la Cábala—, conocí a un rabino bastante peculiar. Cuando alguien se le acercaba diciendo que no era creyente, el anciano le mostraba una imagen de Dios bastante particular con la que el descreído sí podía comulgar. Empero, ese Dios no tenía nada que ver con la ciencia de la religión, sino con lo que cada uno llevaba en su interior. Solo quien se hiciera merecedor de contemplarlo podía acceder a su templo sagrado, el cual tampoco se encontraba fuera de nosotros, sino dentro.

De la misma manera que Trevizent enseñó a Perceval a pulir la joya del corazón para acceder a la sabiduría del grial, el rabino de Safed me inició en los secretos de la ciencia interna para comprender que, si somos capaces de imaginar todas nuestras virtudes aumentadas, podremos acceder al auténtico templo del Señor donde se dieron cita Moisés, Jesús, Mahoma, Hugo de Payns, Mevlana Djalal al Din Rumi y tantos otros santos y santas con el correr de los tiempos. Muchos de ellos, paradójicamente, serán asesinados por personas supuestamente muy devotas que los acusarán de haberse atrevido a revelar una verdad demasiado compleja para que cupiera en sus estrechas mentes. El anciano me advirtió que, si fuésemos capaces de imaginarnos a nosotros mismos provistos de un amor tan increíble, que si lo guardásemos dentro, el pecho no sería capaz de contenerlo; ese amor, cuando saliese y se encontrase con una persona que sufre, se convertiría naturalmente en compasión. Si además esa compasión fuese tan intensa que tampoco pudiésemos contenerla dentro, se manifestaría en un deseo irreprimible de ayudar a los más necesitados. Así, el amor iría tomando diferentes formas dependiendo de con quién se encontrase de camino a Jerusalén. Esos, a la postre, serían los verdaderos nombres de Dios, el camino hacia la divinidad interior que todo ser humano debería recorrer dejando atrás cualquier rastro de mercantilismo en lo que damos, de expectativas de recibir en lo que ofrecemos, y de beneficiarnos en lo que ayudamos. Únicamente llegando al final de este sendero, el ser humano podría conocer el Nombre Secreto de Dios, que no sería otro que su propio nombre.

Diagrama de los nombres de Dios en *Oedipus Aegyptiacus.* [Athanasius Kircher]

EL NOMBRE SECRETO DE DIOS
Y LA MESA DE SALOMÓN

Dios ha creado todas las cosas de tal forma que todo
en este mundo sea una réplica de lo que hay en el
mundo de arriba, de manera que los dos mundos
estén unidos y la Gloria del Señor brille y se extienda
por encima y por debajo.

EL ZOHAR

Moisés de León, destacado rabino sefardí del siglo XIII, aseguraba que la Cábala era la sabiduría que Moisés recibió directamente de Yahvé y que ocultó en la Torah. En el *Zohar —El Libro del Esplendor—* podemos leer que de las abisales profundidades de Dios surgió un rayo de luz que dio origen a la primera *Sefirot —*o región— llamada la Corona de Dios, a partir de la cual irán descendiendo otras nueve esferas para crear el árbol de la vida, las diez manifestaciones de los atributos divinos, así como el nombre más sagrado, el Shem Ha-Mephorash, el cual no puede escribirse, sino solo pronunciarse, puesto que su frecuencia despertaría la fórmula de la creación.

Esta sabiduría primordial que fue entregada primeramente a Adán, sin embargo, será olvidada por sus hijos hasta que Yahvé vuelva a recordársela a Moisés en el monte Horeb. No obstante, para protegerla de posibles profanaciones, el conocimiento ancestral será, como ya viene siendo habitual, escondido a la vista de todos. Se presume que muchos sacerdotes y reyes de Israel, entre los que destaca David, Salomón y Josías, conocieron el Nombre Inefable y la sabiduría primordial. En la oración del padrenuestro, Jesús afirma: «Santificado sea tu Nombre», por lo que podemos deducir que también debió saber cuál era, volviendo a emparentar a este pobre carpintero nacido en Belén con lo más granado de la estirpe judaica.

La tradición sefardí certifica que Salomón dejó escrito en una tabla o espejo un anagrama que escondía el secreto de la pronunciación del Shem Ha-Mephorash, mediante el que cualquiera podría dirigirse al mismísimo Dios y hablar con él como hicieron los patriarcas y reyes aludidos anteriormente. Como ya hemos apuntado, ese vocablo no podía escribirse ni pronunciarse, puesto que los rabinos consideraban que Dios estaba más allá de cualquier concepto. La orden explícita de no hacer ninguna imagen suya también se hacía extensible a no intentar siquiera imaginarlo, debido a que la mente humana no es capaz de contener su abisal profundidad y su divina majestad.

Al intentar pensarlo, esculpirlo o pronunciar su nombre lo reducimos a nuestro pequeño mundo y lo desacralizamos. Es por esto que, cuando en la Torah encontramos el nombre de Dios compuesto por el tetragrama YHWH[46], el judaísmo prefiere no leerlo y reemplazar el vocablo por otro menos exaltado, como Adonai —mi Señor—, Elohim —el Poderoso— e incluso Hashem, que sencillamente quiere decir «el Nombre».

El Tetragrámaton aparece por primera vez en fuentes extrabíblicas en la estela de Mesha, una piedra de basalto negro en la que el rey moabita Mesha, del siglo IX a. C., registra sus victorias contra el reino de Israel, siendo el propio Yahvé quien, a la postre, acabará con el monarca por haber sacrificado a su primogénito al dios Quemos sobre las murallas de su ciudad. También en esta piedra se encuentra referenciada la casa de David, lo que al mismo tiempo deja patente la historicidad de los relatos veterotestamentarios.

Al negarse a pronunciar el nombre de Dios, con el tiempo, el sonido original del Tetragrámaton, así como su auténtico significado, cayó en el olvido, de modo que a día de hoy son pocos los que saben cómo sonaron originalmente aquellas cuatro consonantes y qué significaban, aunque la mayoría de eruditos están de acuerdo en que posiblemente tengan que ver con el verbo hebreo *hayah* en su forma arcaica, cuyo significado tiene que ver con el hecho de crear o de existir. Como curiosidad, en el relato folclórico del Golem de Praga, el rabino Judah Loew puso un papel donde había escrito el Shem Ha-Mephorash en el cuerpo de una poderosa criatura inanimada para que cobrase vida y defendiera a la comunidad hebrea del ataque de los antisemitas.

La tabla o Mesa de Salomón como tal, donde se supone que el hijo de David registró en jeroglíficos el Nombre Inefable, no aparece en el mobiliario del templo de Jerusalén, por lo que algunos simpatizantes de la masonería han querido vincularla con el Mar de Bronce, una especie de recipiente circular, semejante a una copa de más de cuatro metros de diámetro y dos de profundidad, soportado por doce bueyes labrados del mismo metal —tres orientados al septentrión, tres al mediodía, tres a occidente y tres a oriente—, cuya parte trasera quedaba tapada por la forma de la piscina. Pero también con la Mesa de los Panes de la Proposición, un mueble hecho de madera de acacia y revestido de oro, con cuatro patas y cuatro anillas —donde se introducían igualmente dos varas para transportarla como sucedía con el arca—, y que también se encontraba en la entrada del lugar más sagrado del santuario jerosolimitano, en la que cada sábado debían colocarse sobre ella doce panes.

Si bien el arca representaba la presencia de Dios, los panes representaban la presencia y el sacrificio del pueblo a esa divinidad que vivía con ellos y velaba por sus intereses. Según el libro del Éxodo, la mesa medía 90 cm de largo por 45 cm de ancho y 66 cm de alto. Cuando Nabucodonosor II entró en Jerusalén, la robó y se la llevó consigo a Babilonia, siendo devuelta a mediados del siglo VI a. C. por el rey de los persas y de los medos, Ciro II. Tito, en el año 70 d. C., al igual que Nabucodonosor, destruyó Jerusalén y se llevó los tesoros del templo de Herodes a la capital del Tíber, entre los que se encontraba la mesa de los panes, como podemos ver en el arco de Tito situado en la antigua Vía Sacra al sureste del Foro Romano[47].

La mesa, la Menorah y las reliquias jerosolimitanas fueron depositadas en el templo de Júpiter Capitolino, de donde los godos las robarían en el año 410 d. C., trasladándolas a Carcasona, Rávena y Barcelona, para acabar muy posiblemente en la cueva de Hércules de Toledo, capital del reino hispano-godo, cuando Amalarico I se las reclamó tanto a Teodorico como a su primo Atalarico, gobernador de los ostrogodos.

En las posteriores leyendas andalusíes, como sucediera con el grial, la Mesa de Salomón saltó del mundo de los sueños a la realidad, coligándose ya definitivamente con la Mesa de los Panes de la Proposición. Los cronistas musulmanes Al-Razi e Ibn al-Qutiyya afirman que, cuando Tariq derrotó a don Rodrigo en la batalla de Guadalete, la Mesa de Salomón se llevó a Medinaceli, cuyo nombre original pudo haber sido Medina Talamedia —la ciudad de la mesa— e incluso Medina Salim —la ciudad de Salim Ibn Waramad—.

José Ignacio Carmona Sánchez, en su obra *Santa María de Melque y el Tesoro de Salomón* (Libros del Olivo, 2014), propone que muy posiblemente, como ya hemos apuntado en los primeros capítulos, la invasión musulmana pillara desprevenidos a los visigodos, quienes pensaban que los sarracenos regresarían a África después de haber saqueado la península ibérica, por lo que no consideraron tener que ponerse a salvo hasta que fue demasiado tarde. En este sentido, en las antiguas rutas romanas que salían de Toledo y se adentraban en la meseta, o bajaban hacia el sur, se han venido encontrando diferentes tesoros de origen visigodo, como el de Guarrazar y Torredonjimeno, lo que demuestra la salida apresurada de Toledo por parte de los cristianos, a quienes no les habría quedado más remedio que enterrar sus más insignes pertenencias con la esperanza de volver a recuperarlas algún día.

La iglesia de Santa María de Melque, convertida tras la Reconquista en puesto de guardia de los caballeros templarios, poseía unos subterráneos que la conectaban con el castillo de Montalbán, muy semejante al término Munsalwäsche, donde Eschembach asegura que se encontraba el santo grial, el cual podría haberse puesto también a salvo junto con la Mesa de Salomón en aquel lugar, por lo que Flegentanis, el judío de Toledo, habría conocido la historia y pudo haberla escrito en el librito que encontró Kyot.

Javier Martínez-Pinna, en su libro *El nombre de Dios. El enigma de la Mesa de Salomón* (Nowtilus, 2014), juzga que la ruta más probable de dichos objetos habría sido hacia Astorga, donde se pusieron a buen recaudo en Monsacro hasta que Alfonso II el Casto decidió trasladar parte de los tesoros a la Cámara Santa de Oviedo. Empero, otro de los lugares mágicos a los que pudieron llegar sería a la ermita de Santiago en Morcín, de planta octogonal, en donde también se supone que se custodió el santo sudario que envolvió la cabeza de nuestro Señor Jesucristo, y que igualmente pudo pertenecer a la hermandad de caballeros blancos de Jerusalén.

Con todo, don Rodrigo Ximénez de Rada, eclesiástico, militar e historiador del siglo XII, apunta que Tariq atravesó el monte de Salomón —Yebel Suleiman— y que llegó hasta Alcalá de Henares, donde se encontró una mesa de esmeralda con trescientas sesenta y cinco patas de oro y cientos de joyas engarzadas. El cronista árabe Ajbar Machmua asevera que, cuando Musa Ibn Nusayr se enteró del hallazgo, fue al encuentro de su lugarteniente para reclamar «el objeto que había pertenecido al hijo del rey David». Tariq, que no estaba dispuesto a cederle tan insigne recuerdo, se la llevó consigo a Damasco y se la entregó, según algunas fuentes, al califa Suleiman I Ibn Abdl Malik. Aunque, antes de desprenderse de ella, le quitó una pata y la sustituyó por otra falsa, cediendo esta a sus herederos hasta que se le pierda la pista entre los océanos del tiempo.

Otras hipótesis, sin embargo, sugieren que tal vez la mesa nunca salió de la península y que Tariq (o puede que incluso los propios visigodos) la escondió cerca de Jaén, Martos o Arjona. Será precisamente en el lugar de nacimiento de Alhamar[48], el primer rey de la dinastía nazarí, donde en 1956 se encuentre una lápida que, según el insigne escritor urgabonense Juan Eslava Galán, en consonancia con el cabalista Álvaro Rendón, reproduce los símbolos grabados en la mesa de Salomón. Dicha lápida debería haber formado parte de la cripta de don Fernando Ruano Prieto, barón de Velasco y VIII marqués de Liédena.

De familia burguesa, hacia el 1900 don Fernando ingresó como caballero en el Real Cuerpo de la Nobleza de Madrid, así como en el de Zaragoza. En 1903 y 1906 respectivamente comprará el título de la baronía de Velasco y comenzará a codearse con la flor y nata de su época. Suponemos que en aquellas fechas entraría a formar parte de la logia de corte masónico conocida como Los Doce Apóstoles, quienes se dedicaron con ahínco a buscar la Mesa de Salomón, que creían oculta en algún lugar de la provincia jienense. Y, según parece, algo tuvieron que encontrar, puesto que, de buenas a primeras, el licenciado en Derecho y Filosofía por la Universidad de Salamanca, seguidamente barón de Velasco, comenzará a reformar algunos de los edificios más destacados de su ciudad natal para que disimuladamente se asemejen a los lugares de culto de Jerusalén, como la capilla donde se guardaban las reliquias de los santos patronos de la localidad, san Bonoso y san Maximiano.

El oratorio original se construyó a principios del siglo XVII durante el obispado de Moscoso y Sandoval para acoger el cuerpo de los mártires cristianos. El arquitecto Juan de Aranda Salazar lo ideó en dos alturas, donde la primera albergaría el sepulcro-panteón de los mártires, y la segunda, en la plaza de Santa María, estaría rematada por un templete de una sola nave con bóveda de cañón y pilastras arquitrabadas cerrándose en arcos de medio punto. Empero, casi trescientos años más tarde, el barón de Velasco decidió poner dos contrafuertes en un lateral de la iglesia que serán semejantes en todo a las imponentes columnas que precedieron la entrada del templo de Jerusalén.

A la del lado izquierdo de la puerta, Salomón la llamó Jakim, que significa «Dios establecerá». Y a la de la derecha,

Boaz, que es una contracción de la frase «En Dios está la fuerza». Atravesando el portón que flanqueaban las columnas se accedía al vestíbulo, donde también se erigían dos habitaciones, una con la Menorah, la Mesa de los Panes de la Proposición y el altar de los inciensos, y en la otra, conocida como el sanctasanctórum o Dvir, estaba el arca, separada de la anterior por una cortina que solo el sumo sacerdote podía traspasar para realizar los rituales prescritos el día de la Gran Expiación y pronunciar el Nombre Secreto de Dios en voz baja.

Las dos columnas urgabonenses escoltan igualmente una puerta que da acceso a dos pequeñas salas contiguas. Sin embargo, los planos originales del edificio señalan la existencia de una tercera habitación detrás de un muro erigido a buen seguro para preservar algo que, como el arca, debía ser protegido de las miradas de los hombres. Un muro construido a toda prisa con los restos de lo que los albañiles pudieron encontrar a su alrededor.

Con todo y con eso, la joya de la corona de Arjona es sin duda la cripta neobizantina que el barón hizo excavar junto a la iglesia de San Juan Bautista —posiblemente una antigua sinagoga—, ubicada en el barrio judío de la localidad. Entre 1914 y 1930, como apunta el licenciado en Historia del Arte y arqueólogo profesional Antonio Salas Sola, comenzó a cimentarse el mausoleo que formaría parte de un proyecto bastante más ambicioso, el cual logró convertir la ya existente capilla de San Jerónimo en uno de los complejos arquitectónicos más destacados de la provincia. Antonio Flórez Urdapilleta, el arquitecto encargado del propósito, se habría basado muy posiblemente en la iglesia de Santa María dell'Ammiraglio, también conocida como La Martorana, en Palermo.

Columnas Jakim y Boaz en el santuario de los Santos de Arjona.

Tras descender una escalera de treinta y dos escalones[49] que alterna tramos rectos y curvos, accedemos al ábside, separado por unos cuantos peldaños más de la sala principal, compuesta de bóveda vaída y flanqueada por muros perimetrales que albergan tres hornacinas con tres nichos en cada una. El grupo escultórico que engalana el complejo fue obra del escultor José Capuz, quien quiso plasmar en él las tres virtudes teologales —fe, esperanza y caridad—, las cuales anteceden y sellan el paso a los nichos. Igualmente sorprendentes son las seis parejas de querubines con las manos entrelazadas en el saludo masónico que circunvalan la sala central mirando al centro.

El mosaico de la bóveda, obra del maestro Giovanni, presenta un pantocrátor rodeado por cuatro serafines de seis alas y ocho ojos que parecen dejar implícito el mensaje de que en este lugar debes estar atento a tus actos, e incluso a tus pensamientos, para no despertar la ira de los guardianes celestiales.

Aunque podemos suponer que una imagen de María presidía el ábside, debido a los actos vandálicos de la guerra civil, ya solo queda una lúgubre silueta que desafortunadamente deja sin resolver el enigma de un hombre que jamás fue enterrado aquí, pero que hasta el día de su muerte aseguró que su mayor tesoro se encontraba en este lugar.

LA LÁPIDA TEMPLARIA

Tras unos cuantos *emails* y llamadas telefónicas, cuando por fin se levantaron las restricciones de movilidad en nuestra provincia, pude quedar con Antonio Salas, técnico de Cultura y Turismo del Excmo. Ayuntamiento de Arjona, quien tuvo a bien recibirme en la plaza de la iglesia de San Juan Bautista para invitarme a pasear por su ciudad sin prisas, recorriendo todos y cada uno de los enclaves más destacados de la hermosa localidad jiennense.

Debo confesar que, años atrás, cuando cayó en mis manos la novela de Nicolas Wilcox *La lápida templaria*

(Círculo de Lectores, 1997), me encontraba estudiando árabe y hebreo, por lo que dediqué mucho tiempo y esfuerzo a intentar desvelar el misterio que escondían las estrellas, cuadrados y círculos rodeados por las tres letras hebreas, *shin*, *mem* y *aleph*, que componen la placa de mármol de 75 cm por lado que hoy se exhibe en el costado derecho de las escaleras del consistorio urgabonense.

Según el autor de dicho libro, entre aquellas figuras geométricas se ocultaba el Nombre Secreto de Dios, el Shem Ha-Mephorash, que Moisés, atendiendo a la leyenda talmúdica, grabó disimuladamente en el arca de la alianza. Empero, cuando el arca fue puesta en el templo de Jerusalén, Salomón hizo esculpir el jeroglífico del Nombre Inefable en las paredes del sanctasanctórum para que la presencia del Señor, la Shejiná, pasara del arca al templo. No obstante, cuentos posteriores aseguran que Salomón también hizo cincelar el mandala del Shem Ha-Mephorash en una mesa, la cual habría sucedido como herencia a sus descendientes, quienes, a través de su propio esfuerzo, deberían desvelar el enigma para convertirse a la postre en los custodios del sumo secreto de la religión yahvista. Una mesa que, a su vez, podrían haber encontrado los templarios cuando excavaron en el Domo de la Roca de Jerusalén.

Habiendo recorrido Safed, la cuna de la Cábala, en numerosas ocasiones, donde los místicos modernos todavía esperan que el Mesías descienda del cielo en el monte Merón, luego suba una empinada cuesta hasta el centro de la aldea y, desde allí, se dirija a Sion para restituir el reinado de Dios en la Tierra. Habiendo igualmente bebido innumerables veces de lo más granado de la ciencia esotérica hebrea, no podía negar que el mandala del Shem Ha-Mephoras de Arjona había despertado un gran interés en mí.

Mediante distintas técnicas hermenéuticas, la Cábala ha intentado descifrar la antigua sabiduría del Pentateuco, otorgándole un valor numérico a cada letra del alfabeto —gematría—, por lo que las frases, además de su significado original, obtendrían también un número determinado, el cual estaría revelando un mensaje oculto. De esa manera, si dos palabras aparentemente dispares sin embargo contienen el mismo valor numérico, debemos suponer que están relacionadas. Y, de la misma forma, si dos palabras mantienen una misma raíz, igualmente debemos suponerles un nexo de unión.

En la lengua árabe —de origen semítico al igual que el hebreo y el arameo—, a Satanás se le apoda Rayim, que quiere decir «maldito», mientras que Dios es Rahim, «el Misericordioso». Aunque la palabra se escribe exactamente igual, la diferencia es el punto diacrítico que convierte el sonido de sagrado en profano, lo que a su vez revela la delgada línea que hay entre la luz y la oscuridad y cómo un santo puede fácilmente convertirse en pecador y viceversa.

Bajo este prisma, el alfabeto hebreo puede transformarse en una especie de código numérico que a su vez podría formar no solo figuras geométricas, sino incluso el trazado de un edificio completo, como fue el caso del templo de Salomón, e incluso en las escalas musicales con las que David pudo componer los salmos que luego interpretó para el Señor con su arpa, los cuales, según la Biblia, tenían el poder de echar fuera los demonios que atormentaban al rey Saúl.

En uno de sus diálogos, Platón relata que el demiurgo organizador del universo utilizó una clave armónica para crear la materia, por la cual todo el cosmos, e incluso el alma individual, contendrían en sí la melodía arquetípica con la que vibrar para poder encontrar nuestro orden y lugar en el Reino de los Cielos. Discípulos de Platón y de Pitágoras, hasta san Agustín, se atrevieron a postular que la esencia humana estaba concebida en base a tres claves: una musical, una aritmética y otra geométrica, exactamente los tres significados que la Cábala otorga a cada una de las letras hebreas.

En el Antiguo Testamento, concretamente en Sabiduría 11, 20, Salomón asegura que «Dios hizo todo con medida, número y peso». Asimismo, cuando a Bernardo de Claraval le preguntaron qué era Dios, él contestó: «Es longitud, anchura, altura y profundidad». Sin embargo, a la hora de crear, Yahvé utilizará el sonido, como podemos comprobar en Juan 1, donde el evangelista asegura que al principio era el verbo, y el verbo estaba con Dios, y que todas las cosas fueron hechas por él.

También en el primer libro de la Torah leemos que, a la hora de crear, Dios dijo: «¡Hágase la luz!». Y la luz se hizo.

Si la plegaria más importante para el cristianismo es el padrenuestro, para el judaísmo es sin duda el Shemá Israel, que dice así: «Escucha, oh Israel, el Señor es tu Dios. El Señor es el único Dios».[50] A través de estas frases, Moisés exige a su pueblo que escuche las órdenes divinas, de la misma manera que Yahvé, cuando lo llamó en el monte Sinaí, le pidió que escuchase lo que tenía que decirle.

Muchas de las teofanías que encontramos en la Biblia, e incluso en el Corán, vienen precedidas de una voz que solicita ser escuchada. Nuestras propias oraciones requieren de un receptor que las reciba. Empero, a veces nos olvidamos de que ese receptor también tiene algo que decir y salimos corriendo antes de que la respuesta divina llegue a nosotros.

Mesa de Salomón. Imagen cedida por la oficina de turismo de Arjona.

La lápida templaria es geometría pura de la cual se deduce una pirámide sonora, por lo que podemos concluir que tan importante debe ser conocer la pronunciación del Shem Ha-Mephorash como hacerlo en un lugar con una cadencia espacial correcta. El hecho de que el nombre se grabara y pronunciara en el sanctasanctórum del templo de Jerusalén tampoco puede ser una casualidad, por lo que probablemente el Shem Ha-Mephorash, como la sangre de Cristo y las tablas de la ley, necesitase un recipiente adecuado en el que verterse para poder hacer sonar la canción de la creación. Es decir, un templo que contuviera las características idóneas para que el alma se asegurase su ordenamiento mediante la vibración adecuada.

Que la palabra *Shem* tenga la misma raíz que la palabra *Shemá* —«escuchar»— y que además la oración por excelencia del judaísmo comience con una exhortación al devoto para que escuche nos lleva en la misma dirección anterior.

Como si, antes de entrar en la cripta del barón de Velasco, tuviéramos que someternos a un ritual de paso, Antonio me condujo hasta el ala izquierda de la iglesia de San Juan Bautista, donde se ubica el Baphomet que preside el dintel de la puerta. Quizás aquella figura, pensé, fuese una velada declaración de que en ese lugar, o tal vez en la cripta que íbamos a visitar a continuación, se realizase algún tipo de bautismo de fuego más propio de las religiones mistéricas y de la Orden de los Caballeros Templarios que de los dogmas del catolicismo.

Antonio me sorprende al revelarme que el edificio, originalmente, estaba orientado al este, hacia Jerusalén, pero que por una ampliación en su estructura alguien decidió cambiar su ordenación para que el altar mayor quedase al norte, justamente detrás de la cripta del barón de Velasco. Aunque mi cicerone insiste en que ese cambio de disposición pudo deberse a una necesidad estructural, yo no podía estar tan seguro. No obstante, preferí guardar mis sospechas para otro momento.

El ala derecha de la iglesia desemboca en la cripta de don Fernando Ruano Prieto, que a su vez abre paso a la judería, donde al final de una estrecha calle puede divisarse una enorme Menorah en memoria de un pueblo que dejó su impronta en esta localidad durante cientos de años hasta que fueron vilmente obligados a marcharse.

Antonio mete la llave en la puerta y la abre. Tras subir unos cuantos escalones, descendemos treinta y dos peldaños hasta llegar al ábside que antecede a la sala principal. Emocionado como un niño el Día de Reyes, me encamino hacia el centro de la cripta sin perder de vista el hermoso pantocrátor, rodeado de cuatro serafines de seis alas que adornan la bóveda del techo, para lo cual debo girarme, puesto que la imagen de Jesús se encuentra mirando hacia el sur, hacia el ábside, donde una sombra que años atrás pudo ser una representación de la Virgen María preside el altar mayor. Una Virgen que desafortunadamente no sabemos de qué color tenía la piel.

Tres estatuas de aspecto femenino sellan las hornacinas de los nichos sepulcrales representando las virtudes teologales, de las cuales únicamente la fe sigue casi intacta, mientras que las otras dos fueron vilmente mutiladas durante la guerra del 36. Sin embargo, unos raíles que parecen conectarlas llaman mi atención.

Levanto la vista buscando una explicación de Antonio, quien me hace ver que se trata de una especie de engranaje mediante el cual cada una de las esculturas podía desplazarse hasta el centro para dejar paso al ataúd que debiera introducirse en alguna de las tumbas vacías. En el centro del mecanismo se hallaba una reproducción de la lápida templaria colocada en su ubicación original, la cual —sigue mi contertulio— mide exactamente lo mismo que la base de las tres representaciones de las virtudes teologales. Sin lugar a dudas, nos encontrábamos en una capilla con un secreto a la vista de todos, que sin embargo todavía nadie había podido descifrar.

Me vuelvo en dirección al ábside e hinco una rodilla en el suelo para tocar con la mano la reproducción de la Mesa de

Salomón y decido compartir mis conjeturas con Antonio, a quien, a pesar de que acabamos de encontrarnos, tengo la sensación de conocer de toda la vida. Le confieso que los trazos de la lápida no pueden revelar únicamente un sonido, sino que además deben formar un plano arquitectónico para erigir un lugar donde el sonido pueda transportar al devoto hasta la presencia de Dios. Antonio sonríe bajo su mascarilla, se acerca adonde estoy, hinca como yo una rodilla en tierra y me señala la lápida.

—¡Aquí tienes tu mapa! —exclama—. Observa las tres letras hebreas, se corresponden con las tres esculturas que tenemos a izquierda, derecha y detrás.

Atónito, miro a mi guía sin atreverme a pronunciar una palabra.

—¿Ves los cuatro círculos de la mesa? Levanta la vista al cielo y verás que se corresponden con los cuatro serafines que nos miran desde la bóveda… Pero eso no es todo, ya que cada uno de los doce picos de la estrella tiene su correspondencia con las esquinas que tenemos a nuestro alrededor, doce también. El cuadrado imita la habitación principal. Y si sigues buscando, te darás cuenta de que la cripta donde estamos es la propia Mesa de Salomón en tres dimensiones.

Con el corazón en un puño, repasé una por una las figuras geométricas, encontrándome con su correspondencia en alguna parte de la estancia, por lo que tuve que aceptar que mi amigo llevaba toda la razón. El barón de Velasco había reproducido al detalle el esquema de Salomón en aquel lugar. No obstante, todavía me quedaba comprobar una cosa…, el sonido.

Emocionado, me incorporé y le pedí permiso a Antonio para realizar un experimento. Por suerte, siempre llevo conmigo una antigua cántiga en idioma armenio que contiene muchos de los sonidos sagrados, a la par que la voz de una niña va entonando la oración del padrenuestro en un tono dulce y acompasado. La melodía de por sí ya es impactante, pero, si este lugar, como acabamos de ver, es una cámara de resonancia sagrada, retumbará en ella haciéndonos sentir a Dios en nuestros corazones.

Extrañado, Antonio accede a mi petición y la música empieza a sonar desde mi móvil, que coloco encima de la lápida templaria. Con los primeros acordes, la música invadió el recinto y algo muy curioso empezó a sucederme en el pecho. Comencé a sentir una extraña presión, como si una poderosa energía quisiera entrar o salir de mi cuerpo. Al mismo tiempo que la voz de la pequeña salmodiaba la oración de Jesús, miré al techo, donde por un momento me pareció que los cuatro serafines comenzaban a batir sus alas y que los ojos de Jesús me miraban fijamente. En esos instantes, teniendo la certeza de que Él podía verme, le mostré gustoso mi alma, volcándole todo lo que había en mi corazón. Le hablé de mi bebé, David, que aún no había nacido, y de mi mujer, y le pedí que cuidase de ellos. Le hablé de mis padres, de mis hermanas y de mis sobrinos, y le rogué que no los dejase solos en ningún momento. Luego le di las gracias, porque eso es lo que mi corazón me pidió que hiciera. Hinqué una rodilla en el suelo y le agradecí por todo el amor que sentía en aquel momento hasta que terminó la música y mi alma regresó donde antes se encontraba.

Salí como pude del sanctasanctórum y mi cicerone me siguió acompañando por toda la ciudad, abriéndome puertas que habían permanecido cerradas mucho tiempo y mostrándome secretos que solo unos pocos pueden conocer. En el hostal Desde la Judería, maese Casado tuvo también a bien enseñarme el secreto que esconde la habitación número siete y pusimos fin a nuestra tertulia con el olor del café recién hecho.

—Sin duda, este lugar es terrible —acerté a decirle a Antonio—. Es la Casa de Dios y la puerta del cielo.

ARTE SACRO DONDE
RENACER

El único verdadero viaje de descubrimiento consiste no en buscar nuevos paisajes, sino en mirar con nuevos ojos.

Marcel Proust

Como hemos podido comprobar, dentro del Temple había dos tipos de iniciaciones. La primera suponía el ingreso en la orden y no transcurría nada más en la ceremonia. El postulante esperaba flanqueado por dos escuderos mientras el maestre reunía al capítulo en la sala vehicular y preguntaba si alguien tenía algo en contra del ingreso del nuevo hermano. Si los informes eran positivos, el neófito era encerrado en un calabozo oscuro provisto únicamente de un cántaro, que simbolizaba el grial; una calavera, que simbolizaba la muerte; una capa marrón, distintivo de pobreza; una vela, emblema de la luz, y un mendrugo de pan duro, que representaba el desencanto que el iniciado debía sentir por los placeres mundanos.

Debido a las privaciones sensoriales, el aprendiz solía perder el sentido del tiempo, por lo que el miedo y la angustia invadían su mente. En esos momentos sombríos, la puerta de la celda se abría de improviso y uno de los hermanos le preguntaba si deseaba entrar en la cofradía. En caso afirmativo, le propinaba una bofetada y le advertía que la vida caballeresca no era para él. Luego cerraba la puerta en sus narices y el aspirante se quedaba allí en silencio sin comprender nada y sin saber qué estaba pasando ni por qué era tratado de esa manera. Cada vez que abría la puerta, se le hacía la misma pregunta y se le daba el mismo trato.

Pasados tres días, si el neófito aún no había desistido, era «sacado del sepulcro», ataviado con vestiduras inmaculadas e investido como un caballero del Templo. Durante toda su vida debería conservar la capa parda como símbolo de su compromiso con la humildad y la calavera como recuerdo de que todos debemos morir algún día.

La segunda iniciación, sin embargo, sucedía años más tarde y estaba reservada solo a los pocos que conseguían hacerse templos vivientes. Estos, llegado el momento, podrían ingresar en los oratorios erigidos a tal efecto para beber del grial y convertirse así en sus custodios.

Aquellos dos bautismos eran comunes en la mayoría de comunidades iniciáticas. El apóstol Mateo, de quien sabemos que escribió un evangelio secreto que desafortunadamente se ha perdido en el tiempo, asegura que, cuando Juan bautizaba en el Jordán, lo hacía con las aguas del arrepentimiento. Sin embargo, otro vendría detrás de él que bautizaría con el Espíritu Santo y con fuego. ¡Ese era Jesús! El cual eligió únicamente a doce personas de entre la multitud de fieles para revelarles los misterios del Reino de los Cielos.

Cuando los contemporáneos de Mahoma aceptaban el islam, repetían públicamente el testimonio de fe islámico. ¡Ya eran musulmanes! Pero, según la tradición sufí, años después, el Profeta llevaba a unos pocos debajo de un árbol y allí les pedía que renovaran su promesa de fidelidad, estrechando su mano y mirándolos directamente a los ojos. Aquello suponía el ingreso en la cadena de oro de la mística islámica, reservada solo para una élite espiritual, la cual conservaba el linaje de los antiguos ascetas del desierto y, como los misterios crísticos, estaba reservada solo a unos pocos.

A partir del retorno de Hugo de Payns a Francia comenzarán a construirse numerosas ermitas y catedrales en un estilo nuevo llamado «gótico». Algunas de sus abadías, las que se encontraban en los lugares más peculiares, eran de planta poligonal o redonda, y se establecían sobre alguna piedra o gruta sagrada, a semejanza del Domo de la Roca y de la capilla de la Ascensión de Jerusalén.

Contrariamente a lo que se ha venido especulando, el gótico no es el arte proveniente de los godos, asegura Fulcanelli en su obra *Los misterios de las catedrales*, sino el arte mágico o goético, heredero de aquellos hombres que, con Jasón a la cabeza, se echaron a la mar en pos de alcanzar el vellocino de oro en la isla de las Hespérides. El lenguaje que hablaban los tripulantes de la nave Argos era el argótico, una rama del idioma de los pájaros que los occitanos convertirán a su vez en su dialecto sagrado, creando de esa manera un argot que únicamente los iniciados en la ciencia sagrada podían comprender.

Ese conocimiento pasará a convertirse en un libro pétreo cuando sea puesto en manos de los francmasones, los posaderos de Dios, quienes se dedicarán a construir naves en forma de baptisterios, templetes y oratorios donde los modernos argonautas podían embarcarse para hacer su propio viaje hacia la última morada interior. Ese idioma adámico, cifrado en versículos que se escondían en bajorrelieves y en hechizos que se conjuraban desde sus ojivas, era a la vez capaz de tocar el corazón de los más humildes y de inspirar a los más avanzados. Construidos sobre alguna veta de poder telúrico, el postulante podía dirigirse a ellos para morir y luego renacer. Esa ceremonia solía llevar consigo además un cambio de nombre, puesto que la persona que entraba en el sepulcro no era la misma que salía instantes después, y ya se sabe que todo ser que nace necesita un nombre, un sonido original al que responder, una canción sagrada que le recuerde de dónde viene y adónde va.

Dicen los peregrinos —que no tienen nada que ver con los turistas— que hay lugares donde uno se queda y lugares que se quedan en uno. Este género distinto de trabajar la piedra para convertirla en un espacio sagrado será hábilmente ejercido por los constructores de la Orden del Temple. Gracias a su estancia en Jerusalén, Hugo de Payns descubrió que es en los templos más añejos donde realmente está compilado todo el legado espiritual de los maestros que nos precedieron. Antiguamente, los santuarios eran el corazón de cada aldea. De ellos manaban las bendiciones hacia el exterior y los sacerdotes eran también ascetas cuyas realizaciones espirituales ponían al servicio de los demás sin mediación del comercio o del interés personal. El templo, para el arte sacro, es la representación del Cuerpo de Dios, mientras el devoto, al entrar en él, lo que pretende es fundirse con la inmensidad para hacer exactamente lo mismo que la piedra, esto es recibir la gracia del Señor. Un caballero del Templo, para poder llamarse así, primero debía convertirse en un santuario de carne y hueso.

Mediante la introspección, la rectitud y la adoración, el devoto podía librarse de las cadenas que lo tenían atado al mundo de la individualidad y del egoísmo, y trascender hasta convertirse en la verdadera imagen del Señor, como sucedió con Jesús. Así, cada quien debía ofrecer a la divinidad aquello que más amaba y que más temía para quedar purificado.

EL TEMPLE DE LONDRES

Entre la calle Fleet y el río Támesis, Londres guarda con celo la ubicación de una de las iglesias más antiguas de la ciudad, construida por los caballeros templarios para ejercer de sede y cuartel general de la orden en Inglaterra.

Si conseguimos sosegar el corazón y esperamos a que abran las puertas de la zona residencial donde se yergue, nos encontraremos de frente con el edificio original, de planta redonda —llamado la Ronda—, en cuyo interior, a semejanza del Santo Sepulcro de Jerusalén, aunque hay efigies que parecen tumbas, no hay ningún cuerpo debajo. Por tanto, estamos ante una iglesia que no es iglesia y ante un sepulcro que no es sepulcro.

Con el auge de la orden de caballería, el oratorio fue ampliado un siglo más tarde, añadiendo el presbiterio rectangular que corre hacia el este y, ahora sí, albergando las tumbas del hijo del rey Enrique III, así como de otros miembros de la nobleza y del alto clero. A lo que también deberíamos agregar las residencias de los monjes, el comedor, al menos un par de bibliotecas, jardines y zonas de entrenamiento militar, las cuales desafortunadamente no han sobrevivido al paso del tiempo.

Según indicaciones de Bernardo de Claraval, aquellos que desearan peregrinar a Jerusalén ya no tenían que hacerlo, puesto que en Londres se alzaba una fiel reproducción de la iglesia de la Anástasis. No obstante, el erudito no habría hecho esa afirmación si el oratorio no escondiese algún secreto en su interior. Un tesoro quizás traído por el Temple hasta aquí para ponerlo a salvo.

Interior del Temple de Londres.

Tan importante debió ser este minúsculo edificio que en 1185 Heraclio, patriarca de Jerusalén, se trasladó aquí con todo su séquito para consagrarlo personalmente a la Virgen María, siendo acompañado además por el rey Enrique II, muestra más que evidente de la magnitud espiritual que debía ostentar esta pequeña construcción. Muchos nobles de la época pensaron además que enterrarse aquí era como hacerlo en la mismísima Jerusalén.

Mateo de París, monje benedictino e historiador inglés de la época, asegura en su obra *Chronica Majora* que los templarios poseyeron un frasco con la sangre que Cristo había derramado en la cruz, y que además enviaron a Londres un pequeño recipiente con parte de aquella antes de la caída y pérdida de Acre, lo que marida a la perfección con la sentencia del poeta alemán Wolfram von Eschenbach, quien asegura que «los templarios eran los custodios del grial».

Efigies de cuatro caballeros templarios, Londres.

Como todas las edificaciones pertenecientes a la cofradía de los Pobres Caballeros de Cristo, la iglesia sigue escondiendo sus secretos a la vista de todo el mundo. Según la tradición, después de haber superado la prueba del sepulcro, los novicios debían velar sus armas en el campo que se alza justo enfrente, donde todavía puede verse una columna rematada con dos jinetes blancos a lomos de una misma montura. El manto inmaculado era la insignia de aquellos que habían superado el periodo de noviciado y ahora se disponían a consagrar su vida a Dios, a su hijo Jesucristo, a sus hermanos de armas, así como a toda la cristiandad.

Durante el periodo de espera antes del amanecer, el corazón debía ensancharse para dar cabida a todo lo anterior. De lo contrario, no serían dignos de portar la cruz manchada con la bendita sangre del Hijo de Dios. Luego, al despuntar el alba, los novicios traspasaban el pórtico oeste por su propia voluntad, dejando atrás todo lo que habían sido para convertirse en lo que Dios quería para ellos. La puerta entonces se cerraba y ya solo se abriría para dejar salir a unos ángeles que nada tenían que ver con los hombres que entraron momentos antes. En la ronda, justo donde eran investidos caballeros, decenas de rostros grotescos los miraban atentos desde las paredes donde estaban esculpidos. Algunos llevando un turbante, otros aquejados por la lepra, muchos de ellos riéndose y haciendo muecas, símbolo del mundo que debían dejar atrás.

Las efigies pétreas de ocho caballeros descansando a ras de suelo, cada uno en una postura diferente, tumbados sobre sus capas y preparados para la batalla aún desde la otra vida, los recibirían antes de que pronunciasen su juramento de fidelidad y de que tomasen los votos de obediencia, pobreza y castidad. Con todo y con eso, las imágenes de hombres verdes, símbolos del paganismo, vigilándolos discretamente desde varios puntos de la edificación son motivo más que suficiente para pensar que los Caballeros del Templo de Salomón posiblemente fueron mucho más que una mera orden de caballería al uso, y que estos hombres verdes no son solo decoraciones puestas al azar.

Aunque el arte románico no estuvo exento de mensajes cifrados en sus tímpanos y capiteles, con la instauración del gótico, el simbolismo en la mampostería de los edificios religiosos no dejará indiferente a nadie.

Como si los maestros constructores estuviesen deseosos de gritar sus secretos a los cuatro vientos, cada iglesia, hospital, castillo, e incluso encomienda templaria, parece esconder un mapa espiritual solo legible para los iniciados en el *Secretum Templi*.

CASTILLO DE LA IRUELA

La Iruela se encuentra en un enclave privilegiado de la provincia de Jaén, justamente en la entrada al parque natural de la sierra de Cazorla, Segura y las Villas, en el Alto Guadalquivir. En 1231 fue reconquistada por don Rodrigo Ximénez de Rada, arzobispo de Toledo, pasando los templarios a tomar el castillo de origen musulmán que se erigía sobre la peña llamada El Picacho.

Los extraños rituales que los caballeros blancos comenzaron a realizar entre los muros del alcazarejo fueron el origen de innumerables leyendas, de las cuales una afirma que los templarios, cuando supieron que su gran maestre fue arrestado en Francia, escondieron todos sus tesoros en la cueva donde precisamente hacían sus meditaciones, la cual aún no se ha descubierto.

La fortaleza está erigida en tres planos de altura. En el primero se encontraba el campanario de la antigua iglesia de Santo Domingo de Silos, construida en el mismo lugar donde se supone que los árabes mantenían encerrados a los cristianos capturados en batalla, y por donde hoy debemos acceder al complejo. El segundo engloba los torreones y las murallas en las que antiguamente se ubicó el patio de armas. Por último, la torre del homenaje supone todo un hito en el arte de la construcción debido a lo escarpado del terreno, situado en la parte más alta del crespón rocoso.

La casa el Temple, empero, se encontraba en la cercana localidad de Úbeda. En 1234, Fernando III entró triunfalmente en la ciudad tras seis meses de asedio, perdonándoles la vida a los musulmanes y concediéndoles la libertad. Como justo pago a las órdenes que lo habían ayudado, el monarca cedió parte de los bienes inmuebles a las cofradías del Temple, Santiago, Calatrava y Alcántara. Los hermanos blancos erigirán una capilla junto a la Torre de los Caballeros, en la calle Ancha, a la vera de la puerta denominada de la Calancha. Hacia el 1300, al hacerse una serie de arreglos en la esquina del postigo, los obreros encontraron en el hueco de una de las torres la efigie de madera de una virgen morena con una lámpara de aceite a su lado que no se consumía. La tradición la dató en tiempos de los visigodos, antes de la ocupación musulmana, quienes posiblemente la ocultaron en el hueco de la muralla para salvarla de la quema.

Un pergamino que la acompañaba testificaba que fue labrada por san Mateo y traída a la península por el apóstol Santiago. A la vera del hallazgo levantó su palacio don Francisco de Molina Valencia, capitán de Infantería en la guerra del Reino de Granada, quien durante toda su vida veneró la imagen, hoy presente en una hornacina situada en la parte izquierda de la fachada bajo un pequeño tejaroz.

El hecho de que en su mano porte una vela, además del supuesto milagro de la lamparilla que no se consumía, la vinculan con el milagro de Janucá que conmemora la recuperación por parte de los judíos de su segundo templo en la revuelta macabea contra los griegos seléucidas. Cuando los rebeldes hebreos consiguieron entrar en el santuario de Yahvé, lo limpiaron de imágenes paganas y encendieron una lámpara con un poco de aceite, el suficiente para un solo día. Sin embargo, de manera milagrosa, la luz no se apagó en ocho días consecutivos, lo que dio origen a la celebración del milagro de la luz. Como no podía ser de otra manera, a esta imagen, al igual que al Cristo de la mezquita de Toledo, la llamaron «de la Luz».

Castillo de la Iruela, Jaén.

IGLESIA DEL CRUCIFIJO. PUENTE LA REINA

Santa María de las Huertas, como se llamó en su origen, es una iglesia templaria de finales del siglo XII que se sitúa en la zona media de Navarra, justamente donde comienza el Camino de Santiago y donde convergen los caminos de Somport y de Roncesvalles. Fue cedida por el soberano García Ramírez como encomienda para que la orden centralizara las aportaciones periódicas que iba recibiendo desde los diferentes distritos. En el pórtico exterior destacan rostros humanos, que parecen exhaustos, con representaciones de ramas de palmera y vieiras honrando la memoria y el esfuerzo de los peregrinos que llegaban aquí y se encaminaban después hacia la tumba del apóstol. El interior dispone de dos naves erigidas en diferentes épocas, así como un torreón rematado con la cruz de las ocho beatitudes.

Justamente enfrente se levanta el antiguo hospital para peregrinos, que se encuentra unido al templo por un nártex, o pasillo cubierto superior, así como el albergue que actualmente permanece regentado por los padres reparadores después del abandono y la desamortización que trajeron consigo las guerras carlistas en el siglo XIX. Pero será el crucifijo de su interior, bajo el ábside de la nave gótica, lo que más nos llame la atención.

Crucifijo de Puente La Reina.

Por alguna razón, la figura de Jesús se encuentra clavada no a una cruz, sino a un árbol desprovisto de su corteza, y de casi todas sus ramas, que se asemeja enormemente a una pata de oca. Para el «argot» de los iniciados, este es el emblema del Cristo que vemos en el cielo, más concretamente en la constelación del Cisne, la cual no es sino un mapa celeste de la vía sacra hacia la resurrección de uno mismo. Una resurrección que deberá realizarse en un baptisterio cercano, puesto que es requisito imprescindible, antes de continuar, detenerse para morir.

Que el crucifijo se encuentre precisamente aquí, al principio del Camino de Santiago, es del todo particular, ya que nos estaría mostrando que efectivamente este es el origen de la vía iniciática. Con la caída del Temple, la iglesia pasará a manos de los hermanos sanjuanistas, que siguieron usándola hasta el siglo XVIII.

SANTA MARÍA DE EUNATE

Próximos a la iglesia del Crucifijo se yerguen tres baptisterios donde debemos detenernos antes de continuar. El primero de ellos es Santa María de Eunate. Con el sol del atardecer poniéndose detrás de la ermita, me bajé del coche y me aproximé al enrejado que me separaba del claustro exterior. A pesar de que muchos todavía se empeñan en hacernos creer que, debido a su planta octogonal, el edificio es de origen templario, lo cierto es que la cofradía que lo poseyó justifica su fundación a los deseos de una dama noble —aunque podría también tratarse de una reina— de ayudar a las ánimas de los difuntos allá por el año 1200.

Los edificios de planta central, si bien son minoritarios

en el románico, tampoco podemos decir que no existan. En Francia se han documentado varias decenas entre los que se recuerdan y los que todavía siguen en pie. Santa María de Eunate, en el término de Muruzábal, el Santo Sepulcro de Torres del Río, así como el Espíritu Santo de Roncesvalles son tres ejemplos de capillas de planta poligonal en Navarra.

Ya que el número ocho estaba vinculado con la muerte y la resurrección, la mayoría de estas ermitas estuvieron asociadas con el culto funerario, por lo que algunos estudiosos han sugerido que pudieran tratarse de una especie de linternas de los muertos destinadas a facilitar el tránsito al más allá de las almas de los finados.

Propias del siglo XII, sobre todo en Irlanda, Francia y Escocia, este tipo de edificios tenían la misma función que un faro; es decir, la de aportar luz tanto a los vivos como a los muertos. Solían ser por ello más altas que anchas, aunque los edificios chatos disponían de una sala superior donde prender la hoguera que iluminara durante toda la noche el camino de los peregrinos que en este caso se dirigían a Santiago.

Dado que cada elemento en el arte románico tiene su simbolismo, no podemos decir que nada en esta capilla sea casual. Y esa es precisamente la impresión que tenemos cuando traspasamos los límites del enrejado y nos aproximamos al claustro exterior. Las antiguas ordenanzas de la cofradía de Oñate —de la buena puerta o de las cien puertas— atribuyen su construcción a una mujer perteneciente a la nobleza, de la que sin embargo se aseguran escrupulosamente de no decir nunca su nombre.

Su tumba, según se cree, estaba justamente debajo del pavimento que separa la entrada del claustro y la puerta norte del edificio, frente al altar mayor. Serán precisamente ellas, las mujeres, las guardianas del linaje secreto del edificio hasta que en el año 1500 sean expulsadas, e incluso se les prohíba el ingreso, en favor de setenta y dos varones regios que tomarán el control de la hermandad por mandato expreso de la Orden de Roncesvalles. Con todo y con eso, cien años más tarde, un clérigo de Obanos asegura en su crónica que los cofrades seguían deteniéndose para rezar en la tumba de su fundadora la última oración que culminaba una procesión alrededor del claustro en virtud del alma de los muertos.

Era durante este desfile, aseguran algunos, que los iniciados se detenían en las diferentes representaciones que saltan de los capiteles de sus dobles columnas para contar una historia distinta a la que la ortodoxia católica les hubiera permitido. Una historia donde la mujer dejaba de ser sumisa, y de asociarse al pecado, y pasaba a convertirse en una diosa, o incluso en la madre de Dios —Santa María—, capaz no solo de albergar en su vientre la semilla de la vida, sino de sanar con su amor al mundo entero, por lo que no es de extrañar que muchos visitantes se hayan quedado prendados de ella y la hayan querido vincular con la cofradía de los jinetes blancos, puesto que en ocasiones su simbología parece tan herética como la que adornaba las iglesias y catedrales de la hermandad jerosolimitana.

Desde el supuesto Baphomet doble que te mira fijamente frente a la puerta occidental hasta el Cristo sin cruz que se yergue en el capitel donde comienza la arquería, todo en Eunate son metáforas con un claro mensaje: «Que la muerte no es el final para aquellos que han comprendido que el amor es el principio».

Cristo sin cruz en Eunate a la izquierda y Baphomet a la derecha.

Es esta, por tanto, una ermita dedicada al amor de una madre por su hijo (María), al de una esposa por su esposo (la Magdalena) y al de una discípula por su maestro (Marta).

En Eunate se funden los tres aspectos de la diosa Diana (más información en mi libro *El Regreso de la Diosa*, Almuzara, 2019). El primero es la imagen de una joven enamoradiza, inocente, asociada con la luna creciente y con la primavera, fuente de fertilidad que, aunque virgen, queda milagrosamente en estado de buena esperanza. El segundo, como madre, la cual no solo sustentaba a su retoño, sino que era en sí misma la vida de su hijo. Estaba asociada con el verano y su símbolo era la luna llena. Y, por último, la anciana, vinculada con la luna menguante y con las estaciones más frías. Una imagen oscura y temida, pues representaba la muerte, lo desconocido y oculto, pero también la sabiduría reflexiva y experimentada.

Este tercer aspecto solía actuar como psicopompo, al igual que el barquero de los muertos, Caronte, señalando a las almas el camino hacia su destino en la otra vida. Una vida que ella misma recuperaba cuando se transformaba de nuevo en una joven virginal que danzaba por los campos de Navarra para que brotasen las flores.

Como podemos ver, los tres aspectos de la diosa son compartidos por todas las mujeres. El primero es el paso de la infancia a la madurez con la gestación de una vida dentro de ella misma. El segundo es el cuidado de su retoño, por el cual se levanta a deshoras, hace cientos de sacrificios, lo alimenta con su propio cuerpo y vela por su seguridad. Pero el tercero llega incluso más lejos, amándolo tanto que incluso, si por ella fuera, lo acompañaría más allá de las fronteras de la muerte.

Ese amor entre una madre y su hijo es algo extraño y milagroso. No hay fuerza mayor en el universo que ese vínculo, sin el cual la mayoría de las especies se habrían extinguido, pero que sin embargo nuestra sociedad no ha sabido valorar, desacralizando a la mujer como también los cultos solares desacralizaron a la diosa. En Eunate, sin embargo, la diosa sigue viva y está presente entre las paredes de la ermita, en los campos que la rodean e incluso en las mujeres que velan por la custodia del edificio. Santa María de Eunate no es templaria, ciertamente, pero es una capilla de resurrección porque el alma así lo siente.

IGLESIA DEL SANTO SEPULCRO DE TORRES DEL RÍO

Con el auge de las cruzadas, los caballeros retornados —ya fueran templarios o no— solían financiar ermitas para cuyo modelo tomaron el Santo Sepulcro de Jerusalén, o el

Domo de la Roca, en lo que se ha venido llamado *similitudo*. El primero, como hemos mencionado en capítulos anteriores, constaba de una rotonda con una columnata de doce pilares rematada por una cúpula. El segundo usaba el octógono como base, rodeándose igualmente de doce columnas y una cubierta de estilo mudéjar.

En los primeros versículos del libro del Génesis conocemos que Dios hizo al hombre a su imagen y semejanza. Siglos más tarde, Yahvé dará a Moisés indicaciones precisas para construir tanto el arca de la alianza como el tabernáculo que la resguardaba según sus propios deseos. Salomón, inspirado en estos eventos, intentará ser fiel a la geometría sagrada en la edificación del templo de Jerusalén, cuyo descendiente directo será la mezquita de Umar y la iglesia de la Anástasis, todos ellos erigidos para albergar la gracia expresada tanto en el arca del pacto como en el *Corpus Christi*.

Anhelando recuperar la memoria de los edificios sagrados de Jerusalén en nuestro propio vecindario, los peregrinos europeos trasladarán a los maestros constructores los recuerdos de su visita a la Tierra del Señor, siendo estos los que, con la ayuda de la escuadra y el compás, intenten recrear en Occidente tanto el primer santuario hebreo como el lugar de entierro de Jesús. En estos templos se escenificaba la liturgia medieval de la pascua *Quem Quaeritis*, una pregunta en latín extraída del Evangelio apócrifo de Pedro que quiere decir: «¿A quién buscáis?».

En una especie de teatrillo, los oficiantes se dividían para interpretar el papel de los ángeles que salieron al encuentro de la Virgen, de la Magdalena y de Marta, hermana de Lázaro, antes de que llegaran a la tumba del Señor. Entonces unos preguntaban: «¿A quién buscáis en el sepulcro, oh cristianos?». «A Jesús el Nazareno, que ha sido crucificado», respondían otros. «No está aquí, ha resucitado como predijo», contestaban a coro. «Id y anunciad a todos que se ha levantado del sepulcro».

Iglesia del Santo Sepulcro, Torres del Río.

El Santo Sepulcro de Torres del Río es el edículo ideal para representar dicha escena. De planta poligonal, sabemos que fue propiedad de los canónigos sepulcristas, y no de los templarios, como se ha venido especulando. De las ménsulas del interior surgen ocho arcos que forman un octógono perfecto flanqueado por ocho ventanas con sus celosías que representan las ocho puertas de la Ciudad Santa, de las cuales, como también sucede en la actualidad, una permanece cerrada a la espera de que venga el Salvador que ha de abrirla, luego pasará por ella, limpiará otra vez el templo y será entonces cuando la Jerusalén celeste descienda y surjan unos nuevos cielos y una nueva tierra.

En los doce nervios de la bóveda aparecen pintados los nombres de nueve de los apóstoles, además de Pablo, sustituyendo el de Mateo y de Judas Tadeo por una cruz floronada y una frase en latín donde se lee: «Me Fecit», que quiere decir «Lo hice», junto al rostro de un hombre que pudiera haber sido el maestro de obras.

Otra de las peculiaridades de esta iglesia la encontramos en uno de los capiteles de la embocadura del ábside, donde se encuentra la representación del descendimiento. Dos ángeles en el plano superior sobrevuelan la cruz de un Jesús coronado que ha exhalado su último aliento. José de Arimatea, en el plano inferior, trata de sostener el cuerpo de su maestro, al igual que Nicodemo, que también hace lo propio con las dos manos. María sujeta el brazo derecho de su hijo y Juan, en la cara occidental del ábside, se sujeta el rostro con una mueca de dolor mientras retiene un libro en sus manos, su propio Evangelio. Sin embargo, otro personaje aparecerá en la parte oriental del capitel remedando el gesto de Juan, pero a la inversa, llevando igualmente otro libro. Un personaje del que no sabemos nada, que no debería estar ahí pero que parece, al igual que el resto, testigo presencial de la pasión, la cual habría relatado en un evangelio que sin embargo no ha llegado a nosotros, a menos que se trate de aquel libro que tanto Chrétien de Troyes como los diversos autores de las sagas del grial dijeron haber visto.

Pero más desconcertante aún será lo que se descubra en 1993 durante la renovación del edificio por la Asociación Príncipe de Viana. Debido a las filtraciones de agua, tanto del tejado como del enlosado, los técnicos decidieron alejar el agua de la lluvia que resbalaba por la fachada lo máximo posible para acotar la humedad procedente del suelo. Al levantar el pavimento, se encontraron con tres solados pertenecientes a distintas épocas. Será en el estrato más antiguo donde sorprendentemente se topen con varias cuevas debajo del edificio. En una de ellas, a cuarenta centímetros de profundidad, hallaron enterrada una talla de Jesucristo en piedra arenisca partida por la mitad.

Aunque los descubridores lo achacaron a la estela funeraria de una antigua necrópolis sobre la que el edificio se habría levantado, nunca hallaron restos óseos ni otras piezas de la supuesta estela. Asimismo, tampoco se encontró nada en los siguientes silos, por lo que no podemos achacar el hallazgo a la casualidad. Y es que, si este lugar fue concebido como un reflejo del Santo Sepulcro de Jerusalén, erigido además por los descendientes de Godofredo de Bouillon, puede que los constructores de la iglesia de Torres del Río quisieran ser fieles a lo que también encontraron en el santuario original de Jerusalén…

Ricardo Corazón de León con la decapitación de los
sarracenos. [Alphonse de Neuville, 1883]

LA CAÍDA DE ACRE Y EL FINAL
DE UN SUEÑO

> *Ha aparecido una nueva caballería en la tierra de
> la encarnación. Digo que es nueva porque todavía
> no ha sido acreditada en el mundo, en el cual dirige
> un doble combate, tanto contra adversarios de carne
> y hueso como contra el espíritu del mal. Que sus
> caballeros resistan con la fuerza de sus cuerpos contra
> enemigos corporales no lo considero extraño. Pero que
> presenten batalla con las fuerzas de su espíritu contra
> los vicios y los demonios, no solamente lo considero
> extraordinario, sino digno de todos los elogios que se
> les pueda otorgar.*

> BERNARDO DE CLARAVAL
> *ELOGIO A LA NUEVA CABALLERÍA*

Acre nos hace soñar… Mientras escribo estas líneas no
puedo dejar de fantasear con las enrevesadas callejuelas que
cruzan la ciudad vieja, pasan por el añejo Hamam al-Basha
—donde el nombre del gobernador otomano Jazzar
Pasha es tan venerado por los musulmanes como Ricardo
Corazón de León lo es para los cristianos—, atraviesan el
zoco dando la espalda a la fortaleza de los hospitalarios y
descienden hasta la zona sur, donde todavía se conservan
los muros medievales junto a la hermosa Torre del Reloj.
Perderse sin rumbo por entre los barrios del casco antiguo

puede ser una experiencia tan emocionante como hacerlo por los zocos de El Cairo o entre las iglesias de Jerusalén, si bien aquí no veremos la celebérrima piedra blanca con la que se edificaron muchas de las construcciones jerosolimitanas, ni encontraremos el típico té rojo con especias —*karkadé*— propio de las teterías egipcias.

En el año 1187, Saladino consiguió recuperar la ciudad tres veces santa, llegando incluso a conquistar Acre, que no volverá a manos cristianas hasta la llegada de Ricardo Corazón de León cuatro años más tarde. Durante los siglos siguientes, Acre será perdida y vuelta a reconquistar en varias ocasiones, por lo que los historiadores siempre han sospechado que no solo los templarios, sino por extensión todas las órdenes de caballería asentadas en este lugar dispusieron de alguna vía de escape o, en su defecto, de un lugar donde esconder sus más preciadas posesiones en previsión de un nuevo asedio.

Acre es un enclave de poder donde, si cierras los ojos, todavía puedes escuchar el paso de los caballos entrando a galope en la ciudadela. Donde es fácil imaginar el cambio de guardia de los gentileshombres en el patio de armas, e incluso donde podemos hacernos una idea de cómo era la vida cotidiana de los miembros de las diferentes órdenes guerreras si accedemos a la imponente sala que sirvió de comedor, en la que uno de los capiteles del techo todavía conserva la sugestiva silueta de la flor de lis.

Hasta la caída de Acre, tanto los caballeros del Hospital como la Orden del Temple se repartieron el dominio de la ciudad desde sus respectivas fortalezas, cada una a un extremo de la muralla. Si bien los hermanos de San Juan se dedicaron sobre todo a la atención de los peregrinos que llegaban a Tierra Santa, los Pobres Caballeros de Cristo fueron bastante más... heterodoxos.

Los caballeros del Temple aprendieron el arte de esconder sus más valiosas posesiones debajo de la tierra como hicieran los antiguos sacerdotes del templo de Salomón, quienes ocultaron sus objetos sagrados en la gruta subterránea del sanctasanctórum con tanto éxito que permanecieron así durante más de mil quinientos años. A partir de ese momento, los edificios templarios se reservarán una sala secreta, usualmente la cripta, donde los maestres y su séquito compartirán la sabiduría trascendente de los antiguos sabios de Sion y custodiarán sus objetos de poder, ocultándolos de la vista de los no iniciados.

En la época de las cruzadas, las repúblicas marítimas de Pisa, Venecia y Génova se asentaron en Acre debido sobre todo a la situación estratégica de su puerto, el principal punto de salida de mercancías y entrada de peregrinos, suministros y tropas venidas de Europa. Como ya hemos mencionado, al noreste de las murallas se levantaba el bastión de la Orden del Hospital de San Juan —de ahí el nombre cristiano de la urbe, San Juan de Acre—, la cual rivalizaba en majestuosidad con la de los Caballeros Blancos del Templo de Salomón que se establecieron en la zona suroeste.

Aunque el puerto pertenecía a la Corona, los templarios estuvieron exentos de pagar ningún tipo de impuesto debido a la bula pontificia que los supeditaba única y exclusivamente al gobierno y autoridad del papa. Asimismo, sus posesiones no podían ponerse bajo interdicción, por lo que se presupone que tuvieron su propio astillero lejos de las miradas de los funcionarios de aduanas, algo que va muy en consonancia con lo que sabemos de la orden más rica y poderosa de su tiempo. No obstante, la mayor preocupación de los caballeros de Cristo en Acre no fueron los monarcas del Reino Latino de Jerusalén, ni siquiera las tropas musulmanas, sino los mercaderes pisanos y genoveses.

Ricardo I y Saladino en la batalla de Arsuf. [Gustave Doré]

Según las distintas crónicas y mapas de la época, tanto de Pietro Vesconte como de Paolo Veneto, el cuartel general del Temple habría tenido como poco tres torres con muros de más de un metro de grosor y grandes leones tallados de tamaño natural. Una al este para vigilar los movimientos de los pisanos, cuyo barrio se interponía entre su fortaleza y el puerto; la segunda, junto al mar, en el lado más occidental de su cuartel general, donde se custodiaban los tesoros y las reliquias más importantes traídas de Jerusalén, estando la última situada al norte para mantener a raya la codicia genovesa.

Dado el carácter hermético de la hermandad de monjes blancos, los arqueólogos siempre han intuido la existencia de algún camino alternativo, ya fuese bajo tierra o a través del mar, que los librase de las molestas miradas de los comerciantes italianos y de otras aves de rapiña. Pero no fue hasta el año 1994 cuando salieron a la luz los restos de un túnel escavado en la roca viva, que se extendía transversalmente durante más de trescientos metros —aunque hoy únicamente se pueden visitar unos ciento cincuenta—, desde algún lugar indeterminado en el interior de la otrora Torre del Tesoro hasta el otro lado del mar.

A partir de dicho descubrimiento, la Autoridad de Antigüedades de Israel, con el profesor Eliezer Stern a la cabeza —reputado historiador, escritor y arqueólogo—, puso todo su empeño para tratar de rescatar del subsuelo de la ciudad cualquier tesoro que hubiese quedado escondido antes del asedio y toma de Acre por los mamelucos. Entre otras curiosidades, cerca de la hermosa mezquita Ez-zeitune, el profesor Stern y su equipo lograron recuperar los restos de un edificio —datado en la época de las cruzadas—, cuya naturaleza y función todavía se desconocen. El inmueble en cuestión se habría ubicado al norte del bastión del Temple, entre las fronteras del barrio genovés, pisano y hospitalario.

Aunque aún no está abierto al público, podemos asegurar a ciencia cierta que se compone de un amplio patio y cuatro cámaras en forma de cruz con arcos ojivales y una fuente. No obstante, como ya hemos mencionado, todavía no sabemos si se trató de un puesto de guardia de los Pobres Caballeros de Cristo o de un edificio religioso.

Tras numerosas llamadas y comunicaciones vía *email* con la embajada israelí, cobrándoles además un par de favores a algunos de mis antiguos amigos —debo admitir que ser el autor de *Guía histórica, mística y misteriosa de Tierra Santa*, de la editorial Almuzara, me ha abierto muchas puertas en este sentido—, incluso tratando de contactar directamente con la Autoridad de Antigüedades de Israel, por fin pude localizar al profesor Stern, quien amablemente tuvo a bien contestar a mis preguntas, e incluso enviarme un mapa de la localización exacta donde se habría levantado la fortificación de los gentileshombres.

Sus dilucidaciones, destilando a la vez cierto aire de nostalgia e ilusión, me hicieron comprender que lo poco que quedó de ella tras el asedio de Acre de 1291 fue luego destruido por los embistes y las crecidas del mar, así como por la construcción de la muralla otomana del siglo XVIII, la cual posiblemente se levantó reutilizando las piedras de las ruinas de la fortaleza.

Tras la expulsión de los cristianos de Tierra Santa, los mamelucos edificaron sus casas sobre los escombros de la ciudad de los cruzados, pero no será hasta el 1517 cuando el Imperio otomano llegue hasta la urbe, la tome para sí y comience un periodo de reconstrucción que dejará definitivamente bajo tierra el rico legado medieval. A día de hoy, los expertos suponen que aún debe quedar un noventa y seis por ciento del antiguo asentamiento cristiano bajo tierra, por lo que probablemente Acre, quizás uno de los tesoros más olvidados de Israel, tenga todavía mucho que contar en las páginas de la historia de los Caballeros del Templo de Salomón.

Su fortaleza al lado del mar debió ser una de las grandes maravillas de su tiempo. Cuando la ciudad cayó por primera vez en manos de los sarracenos, Saladino decidió alojarse en ella, ignorando completamente el baluarte de los hospitalarios. Años más tarde, de nuevo en poder europeo, será el rey Felipe II de Francia, junto con todo su séquito, quien se hospede en el palacio perteneciente a la fortificación de la hermandad blanca. Tan soberbia debió parecer que incluso la serie de terremotos que asolaron la ciudad en 1202, los cuales hicieron mella y echaron abajo la mayoría de las casas de la ciudad, sin embargo no consiguieron mover ni uno solo de sus ladrillos.

Según el mapa que el profesor Stern nos envió, el regio edificio debió alzarse en el extremo sur de la costa occidental, entre la iglesia de San Juan Bautista y la de San Andrés, quedando el mar como frontera natural al este.

En la Torre del Tesoro se guardaban las reliquias más variopintas. Una diadema de oro con incrustaciones de piedras preciosas que el rey mago Melchor habría regalado supuestamente al niño Jesús durante su encuentro en Belén. Una cruz fundida con el metal procedente de la bañera en la que la Virgen solía bañar a su hijo, siendo sacada en procesión durante las épocas de sequía, a la cual se le atribuía el poder de sanar enfermos y de expulsar demonios. Astillas de la vera cruz, perdida para siempre en la batalla de Hattin, cuyos últimos fragmentos habría custodiado el Temple en Jerusalén, en Acre, así como en algunas de sus iglesias en Europa. Y lo más increíble de todo: ¡el santo grial!

Como ya hemos visto, los relatos de Robert de Boron añadieron más información sobre la sagrada reliquia que los de Chrétien de Troyes, aseverando que en realidad el grial era la copa que Jesús utilizó en la última cena, con la que después su discípulo José de Arimatea recogió su sangre estando en la cruz y que fue llevada consigo a Ávalon, la isla de las Manzanas de la tradición celta.

De Robert de Boron sabemos que acompañó a su mecenas, Gautier de Montbéliard, a Tierra Santa durante la cuarta cruzada, por lo que a buen seguro tuvo que alojarse en Acre, donde posiblemente conoció la historia del tesoro de los templarios que después le sirvió de inspiración para componer sus tres insignes obras: *José de Arimatea o Estoire dou Graal*, *Merlín* y otro libreto llamado *Perceval* del cual ya no queda nada más que puntuales menciones en algunos legajos.

Antes de la caída de Acre, los ciudadanos más acaudalados pudieron salir del puerto comprando o alquilando pequeñas embarcaciones que los alejaron de la batalla, alcanzando así alguno de los cuarenta navíos que el rey Enrique II de Chipre había enviado para dar cobertura a las tropas cristianas. Restos de estos barcos, por cierto, se han encontrado bajo el mar en un radio de poco más de cinco kilómetros alrededor del faro al sur de la ciudad. Del último de ellos, descubierto en 2017, se ha podido rescatar un tesoro compuesto por cerámicas procedentes de Chipre, Siria e Italia, así como un botín de más de treinta florines de oro acuñados hacia la segunda mitad del siglo XIII.

Empero, los habitantes más pobres tuvieron que refugiarse en la fortaleza del Temple, desde donde los caballeros blancos brindaron una férrea oposición a las tropas de Al Ashraf Khalil. La defensa de los muros de la ciudad se dividió entonces en secciones, una parte a cargo de la *Militia Templi*, otra a cuenta de los hermanos hospitalarios, otra custodiada por la guardia veneciana y la última que sería preservada por la soldadesca de la Corona junto con el resto de caballeros teutones. No obstante, un hecho significativo acaecido la misma noche que cayó la ciudad nos hace sospechar que el túnel de 1994 no fue el único subterráneo que los soldados de Cristo habrían excavado, ni tampoco que las puertas de su fortaleza fueron sus únicas vías de acceso y salida del edificio.

Según las crónicas del autor medieval que se esconde tras el pseudónimo el Templario de Tiro, la noche del 28 de mayo de 1291, el vigesimoprimer maestre Guillaume de Beaujeu, quien anteriormente se había ocupado de dar instrucciones a su sucesor Thibaud Gaudin para que pusiese a salvo la mayor parte de los tesoros de la orden, viendo que las tropas enemigas habían saltado los primeros muros de la ciudad y llegado a la puerta de San Antonio, a pesar de las rencillas que habían enfrentado en el pasado al Temple y al Hospital, no dudó en acudir en ayuda de los sanjuanistas, donde durante la refriega recibió la herida de una flecha bajo la axila derecha. Sus hombres, al verlo desfallecer, lo llevaron a la fortaleza de la orden, pero no a través del camino principal, sino por un acceso oculto en la zona de la muralla donde se arrojaban los desechos y las basuras, a la postre, el mejor enclave para poner una puerta que pasara desapercibida.

Tras la muerte del gran maestre, el mariscal de la orden, Pierre de Servey, intentará negociar un trato para salvaguardar a los campesinos inocentes que se habían refugiado en las dependencias del Temple. No obstante, el sultán mameluco, viendo al destacamento cristiano salir de las murallas de la fortaleza portando una bandera blanca, ordenó asesinar a todos los monjes guerreros sin mediar palabra y sin querer escuchar nada. Algo más tarde, las tropas de Al Ashraf conseguirán abrir un agujero en la pared por donde pudieron acceder intramuros. Ahora bien, al pisar dentro del edificio, la fortaleza terminó colapsando debido a los numerosos explosivos que habían empleado para cercenar sus tabiques, acabando con la vida de al menos dos mil atacantes, así como con el resto de la guarnición templaria.

Mapa de la ubicación de la fortaleza del Temple
cedido por el profesor Eliezer Stern.

Thibaud Gaudin, quien llegará a convertirse en el vigesimosegundo gran maestre, la noche del 25 de mayo de 1291 sacó a escondidas parte del tesoro de oro y plata que la hermandad había ido acaudalando durante siglos, así como algunas de las reliquias más importantes halladas en Tierra Santa —las cuales todavía no se habían atrevido a trasladar a Europa—, y puso velas hacia la localidad de Tiro. Sin embargo, Tiro no sería su destino final, pues apenas unos meses más tarde el asedio de las tropas musulmanas llegaría a tomar también el antiguo asentamiento fenicio, por lo que Thibaud Gaudin y unos cuantos escogidos, portando con ellos lo más granado y selecto de los tesoros que pudieron liberar de Acre, huyeron a Chipre, donde se establecerán definitivamente y donde el penúltimo gran maestre morirá de pena, no sabemos si suspirando por lo que no pudo sacar de Tierra Santa o por haber perdido la batalla definitiva contra los hijos del islam.

Con todo y con eso, si ese fue el fin de la última fortaleza del Temple en Tierra Santa, no sucederá lo mismo con los tesoros que Thibaud Gaudin consiguió rescatar, algunos de los cuales aparecerán nombrados en la lista de objetos requisados a los gentileshombres en Chipre tras la bula *Vox in Excelso* de Clemente V que los condenó al exterminio. Documentos que también recogen las declaraciones de algunos de los caballeros supervivientes al asedio, quienes aseguraron que, lejos de pisotear el madero de Jesús, los templarios de Acre solían arrodillarse frente a los restos de la vera cruz que custodiaban en sus iglesias y que lloraban de pasión con mucha mayor fe que la de sus acusadores... Por consiguiente, puede que este pequeño enclave a orillas del Mediterráneo todavía contenga muchos secretos entre sus vetustas calles, bajo sus arcaicas iglesias, pero sobre todo sepultados por el mar en la que otrora fue la fortaleza más increíble de los honorables caballeros de Cristo.

EPÍLOGO

El 24 de mayo de 1136, estando en su lecho de muerte, Hugo de Payns reunió en capítulo a sus primeros compañeros, aquellos que lo habían acompañado a Jerusalén. Con precaución, dispuesto a no decir ninguna incorrección, uno de ellos lo miró a los ojos y preguntó: «¿Nunca se trató de defender un lugar, verdad maestro?». El gran maestre del Temple sonrió y señaló su corazón, donde tenía grabada en su hábito la cruz patada. Luego, entre susurros, acertó a decir: «In hoc signo vinces...». Sin embargo, no se estaba refiriendo al emblema de la cristiandad, sino al grial que latía en el interior de su pecho. «El Señor me encomendó defender a los débiles, luchar contra la oscuridad y no dejar que el fanatismo campe a sus anchas por el mundo», continuó diciendo. Instantes después, Hugo de Payns cerró los ojos y su alma fue a reunirse con la de Godofredo de Bouillon y el rey Arturo en la isla de Ávalon.

Cuenta una antigua leyenda que, en una de las iglesias que se reparten por Armenia, encima de una columna, oculta a la vista, se guardaba un cofre que escondía en su interior la esencia de la vida. Ese era el lugar más sagrado de todo el país. Sin embargo, cuando el ejército mogol invadió el principado de Zakaryan, su comandante entró en el templo, derribó la columna y, sin ningún respeto, abrió la caja. Al mirar dentro, sorprendido, se dirigió al sacerdote y le dijo: «¿Qué engaño es este? ¡Aquí no hay nada!». A lo que el sacerdote contestó: «Mientras estaba cerrada, esa caja podía contenerlo todo».

Como el cofre de nuestro cuento, el alma está contenida en el corazón de los seres humanos. Pero, si intentamos abrir el corazón, no encontraremos nada más que vísceras y sangre. Sin embargo, mientras el espíritu está en su interior, el corazón late, siente y puede realizar aquello para lo que fue creado. Siempre que Dios está dentro de nosotros, el grial puede contener el universo en su interior y el ser humano puede convertirse en un templo vivo para el Señor. Esa esencia de la que hablamos no puede ser descrita, las palabras no alcanzan su inefable y abisal profundidad, y los ojos no son capaces de contemplarla. Lo único que sabemos de ella es que solo la copa de la que bebió Cristo es capaz de traerla del mundo de los sueños. Ese néctar, paradójicamente, es capaz de cambiar la naturaleza de su recipiente, haciendo que se parezca cada vez más a la luz clara de la que proviene.

Aunque la verdad no puede ser encontrada, puesto que en realidad no pertenece a este mundo, tampoco debemos dejar de buscarla, ya que al menos nuestra búsqueda nos acercará a ella. Y, de la misma manera que el enamorado ya no piensa en sí mismo, sino solo en su amada, el buscador acabará convirtiéndose en aquello que busca, transformándose de esa manera en custodio de la verdad, en soberano y sirviente del grial.

Cuentan los místicos que en alguna ocasión surge en el ser humano un anhelo… Una antigua tradición propone que el alma del hombre está dividida en dos: una parte es animal y la otra angelical. Cuando la consciencia se ha identificado con el cuerpo y con este mundo, tiene la necesidad de defender mediante la fuerza el frágil castillo de cristal donde se ha encerrado. Raras veces, el alma animal se ve atrapada por la fuerza celestial de su contraparte, que lo secuestra y lo invita a encontrar respuestas a las preguntas que no le permiten disfrutar del sabor de los placeres terrenales. Ese ardor del alma angelical es el nacimiento de la inmortalidad. Antes, el ser humano solamente poseía un cuerpo físico del que se desprendería al morir. Ahora, bendecido por la gracia, se le ha dado la oportunidad de conocer a Dios a través de la búsqueda de su propia esencia. Por tanto, cuanto menos identificados estemos con nuestro cuerpo, más ligeros haremos nuestros corazones y más livianos serán nuestros pensamientos. De esa manera conoceremos el sustrato muy sutil del que mana nuestro ser a través de la práctica de la virtud y de la autoindagación del yo, que será el camino a recorrer para saber quiénes somos, de dónde venimos y adónde debemos ir.

Cuando la gracia nos gobierna, nos convertimos en ángeles al servicio del plan universal, declamando, como hiciera la Virgen María ante Gabriel: «Soy el esclavo y la esclava del Señor, hágase en mí según tu palabra». Un sirviente cuyo único placer consiste en ser un instrumento de la voluntad divina, recibiendo como salario el desprecio de este mundo, puesto que nadie puede caminar en dos direcciones opuestas al mismo tiempo. Como dice el Señor: «O estás conmigo o contra mí».

Ese ímpetu que ha surgido, ese espíritu de sabiduría, no puede morir. Aunque ha nacido, su final será la unión con la eternidad, pues el néctar del grial es la verdad última que el hombre anhela, así como todas las respuestas. Ese espíritu es la esencia del ser humano y el ser humano en esencia.

La aspiración de santidad en el alma hace emerger en ella el Espíritu Santo, el cual, cuando el cuerpo muere, cuando la mente muere, sigue su camino dentro de otra copa que encerrará la esencia prístina de su ser para continuar su evolución.

Si conseguimos trascender el animal que llevamos dentro, hallando el auténtico tesoro del Temple, ya no volveremos a ser lágrimas en la lluvia, sino gotas de luz en el océano de la infinitud. Esa búsqueda nos llevará a saborear la inmortalidad, encontrando el infinito en nuestro interior y trascendiendo esta vida y mil vidas como esta.

El ideal de caballería propone que, a través de la práctica de la virtud, podremos desarrollar todas las cualidades superiores para alcanzar la sabiduría capaz de trascender cualquier oscuridad e ignorancia, alcanzando así primero el conocimiento de nuestro propio ser, después nuestra codependencia con todos los seres y, por último, la experiencia mística de la unión con Dios, quien nos liberará definitivamente de nuestra condición imperfecta. Hay muchos libros sagrados y muchas vías de conocimiento, pero el camino del Temple es este.

Hace mucho tiempo, un peregrino llegó a Jerusalén y compró algunas frutas y flores para ofrecérselas a Dios. No obstante, cuando dejó los presentes en el altar, oyó una voz que le dijo:

—No quiero nada de lo que me has traído. Todo eso lo he creado yo y me pertenece.

El peregrino, comprendiendo que era Dios quien le hablaba, puso su frente en el suelo y dijo:

—Oh, Señor, perdóname. Dime qué te satisface y te lo traeré.

Entonces la voz del Señor le dijo:

—Ofréceme algo que sea tuyo.

El hombre, llorando, volvió a postrarse en el suelo y balbuceó:

—Oh, Señor, no sé qué puedo ofrecerte que no te pertenezca. Lo único que tengo es a mí mismo.

A lo que Dios respondió:

—Los hombres se satisfacen trayéndome cosas que son mías, pero lo que yo quiero es su corazón, porque es lo único que han construido ellos mismos. Si me ofrecen su corazón, yo podría terminar su obra y ellos la mía.

El hombre, alzando la cabeza, musitó:

—Señor, yo no soy digno de que entres en mi casa. Pero ahora sé que no es mi casa, sino tu casa.

Y desde aquel momento, Dios regresó a su auténtica morada y a su verdadero templo.

NOTAS

1 «Reza, lee, lee, lee, relee, trabaja y encontrarás».

2 La vida conventual comenzaba con los maitines en la madrugada. Al escucharlos, los templarios se levantaban, se vestían y se dirigían hacia la capilla. Luego revisaban el equipo y los caballos y podían descansar hasta la salida del sol. Seguidamente, con la prima, retornaban al oratorio para oír misa. Se rezaban en capítulo las horas tercia, sexta y nona. El almuerzo se servía primero a los caballeros y sargentos, y luego los escuderos y sirvientes. Durante Adviento y Cuaresma se ofrecía una sola comida, mientras que en Pascua y Navidad las viandas eran abundantes. Durante las vísperas se rezaba por los difuntos y cuando llegaba el crepúsculo se entonaba en la capilla la última oración de la Liturgia de las Horas, llamada Completa. Volvían a revisarse los equipos y a los animales y comenzaban los turnos de guardia precedidos de la llamada de silencio.

3 Que sigue las normas de pureza del judaísmo.

4 No a nosotros, Señor. No a nosotros, sino a tu santo Nombre da la Gloria.

5 La Iglesia proclamó santo al abuelo de Felipe debido sobre todo a su enconada animadversión contra los musulmanes, la cual plasmó en frases como: «Hay que hacer entrar la espada en el vientre de los infieles tanto como quepa».

6 Antes de poner el ojo en el Temple, Felipe ya había expropiado los bienes de numerosos religiosos, amén de toda la plata perteneciente a los judíos y a los lombardos.

Mediante presiones y amenazas, consiguió que la Iglesia le donase el diezmo de los ingresos eclesiásticos de 1289, lo que sin embargo no resultó ser suficiente para saldar todas sus deudas. Sus ansias de riquezas y de poder lo llevaron a enemistarse con el papa Bonifacio VIII, a quien intentó someter en repetidas ocasiones, incluso mediante el uso de la fuerza, para que proclamase la superioridad de la Corona frente al papado; algo que el santo padre se negará a hacer, por lo que Felipe, sabiendo que el papa tenía pensado excomulgarlo, acabará acusándolo de herejía, idolatría y luciferismo, y enviará a Guillermo de Nogaret, su lugarteniente, junto con Sciarra Colona, un asesino a sueldo, a «solucionar el problema». ¡Y vaya que si lo hicieron! Tras someter a los pocos guardias que velaban por la seguridad del vicario de Cristo, Nogaret y Colona entraron en el palacio episcopal de Anagni, donde hallaron al papa, de sesenta y ocho años, abandonado a su suerte. Durante al menos tres días, los sicarios se dedicaron a ultrajar al anciano pontífice, privándolo al mismo tiempo de agua y de comida con la intención de que se retractase de su cargo. No obstante, el papa no dará su brazo a torcer, por lo que Sciarra Colona acabará propinándole una bofetada con un guante de hierro que resultará fatal. Con el santo padre habiendo exhalado su último aliento, Felipe ya no tuvo ningún problema para declararse a sí mismo «defensor de la fe».

7   Sibilinamente intentó volver a impulsar el proyecto del papa Nicolás IV, y del misionero mallorquín Ramón Llull, de unificar todas las órdenes de caballería en una. El Temple y el Hospital eran hijos de las cruzadas, pero con Europa sumergida en enfrentamientos intestinos, tanto los caballeros blancos como los caballeros negros comenzaron a perder importancia. Si bien los hospita-

larios se hicieron fuertes en Rodas y Malta, el Temple nunca tuvo un país propio al que replegarse, por lo que decidieron regresar a su tierra natal. Jacques de Molay instaló su cuartel general en la torre del Temple de París, donde fue trayendo los más fabulosos tesoros y las valiosísimas reliquias que había podido rescatar de Tiro y Acre antes de la caída de la fortaleza. Esa atomización de la cofradía, así como la falta de un país propio donde hacerse fuertes, los haría tremendamente vulnerables a la codicia del vástago de los Capeto. Según la creencia de la época, el mando de esa nueva caballería unificada debería recaer en un príncipe célibe o viudo; un *rex bellator* que tomase los hábitos y que se convirtiera en el paladín de toda la cristiandad, conduciendo de nuevo a los monarcas de Oriente y Occidente a una guerra total contra los infieles. En este sentido, Felipe acababa de enviudar de Juana de Navarra, por lo que intentará postularse para ser admitido en la Orden del Temple. Petición que Jacques de Molay rechazó por considerar que sus intenciones no eran honorables. Ante la imposibilidad de vestir los hábitos inmaculados, el rey exigirá del gran maestre un enésimo préstamo con el que saldar sus deudas, algo que De Molay tampoco le concederá, de manera que el último movimiento del soberano francés será acusar a la Orden de crucificar a Cristo por segunda vez, habiéndose alejado de los valores propios de la vida espiritual para dar prioridad a la acumulación de gloria y de riquezas.

8   Las acusaciones de soberbia contra la Orden, así como de velar por sus propios intereses, tampoco suponían una novedad. El papa Nicolás IV, san Luis Rey e incluso Federico Barbarroja ya se habían pronunciado en este sentido. Pero lo que ellos no comprendían era que

mantener a más de veinte mil personas, de las cuales al menos un diez por ciento eran hombres de armas, resultaba tremendamente costoso. El Temple nunca quiso ser una hermandad de monjes mendicantes, ni tampoco de mercenarios que dependieran de los caprichos de unos reyes pagados de sí mismos a los que tener que servir dócilmente para recibir el estipendio acordado. Al obtener su independencia económica, los caballeros blancos consiguieron también su independencia política, pudiendo quedarse al margen en los conflictos y rencillas que venían enfrentando a las distintas monarquías occidentales.

9   El papa, haciendo un guiño a los freires blancos, decidió suspender al gran inquisidor de Francia, a la sazón buen amigo de Felipe IV, y reclamó para sí la causa de los templarios mediante la bula *Pastoralis Proeminentiae*. Para esclarecer si cualquiera de ellos había caído en alguna de las acusaciones, Clemente ordenó que fuesen juzgados individualmente en sus respectivas diócesis por un obispo, dos canónigos y dos parejas de dominicos y franciscanos —bula *Faciens Misericordiam*—. Asimismo, ordenó que la Orden fuese juzgada en la ciudad francesa de Vienne, para lo cual nombró una comisión de investigación que se dedicaría a realizar sus propias indagaciones sin injerencias por parte de la Corona ni del clero francés. Huelga decir que al año siguiente, la comisión de París ya contaba con el testimonio de más de seiscientos conmilitones que exculpaban al Temple de todos los delitos que el soberano galo había querido imputarles, dando a conocer además las crueles torturas que tuvieron que soportar por parte de los esbirros del rey. Sin la mediación del Santo Oficio, los presos fueron desdiciéndose de sus anteriores declaraciones, lo que

puso en alerta a la casa real. Con el testimonio de los templarios culpando a Felipe de extorsiones y torturas, la opinión del pueblo volvió a caer de su lado. Mientras tanto, los caballeros que se habían retractado aparecían muertos en sus celdas o eran quemados en piras a pesar de las resoluciones papales. Jacques de Molay y sus tres comendadores serán trasladados al castillo de Chinon, de donde se esperaba que no salieran jamás. A pesar de su empeño, Clemente poco pudo hacer para calmar la ambición del nieto de san Luis. Como hemos mencionado, el monarca francés ya se había atrevido a asesinar al papa Bonifacio VIII e incluso a envenenar a su inmediato sucesor, Benedicto XI, por negarse a cumplir sus deseos, acusándolos a ambos de los mismos delitos que ahora estaba vertiendo sobre el Temple. Inmediatamente después de que Clemente V se alzara con la tiara de san Pedro, Le Bel le prohibió regresar a Roma y lo instaló en Aviñón para controlar así todos sus movimientos. Acto seguido le ordenó que retirase las bulas *Clericis Laicos* y *Unam Sanctam* por considerarlas contrarias a los intereses de Francia. Al supuesto concilio ecuménico contra los templarios —que comenzó el 16 de octubre de 1311 y acabó el 6 de mayo de 1312— únicamente asistieron los obispos y representantes de las órdenes religiosas afines a los deseos de la Corona de los Capeto; es decir, dominicos y franciscanos, ambas célebres por su animadversión hacia la cofradía de los caballeros blancos. El 22 de marzo de 1312, el papa se vio obligado a promulgar la bula *Vox in Excelso*, por la que decretaba la disolución formal de los Pobres Caballeros de Cristo y del Templo de Salomón. Sin embargo, se reservará una última jugada para fastidiar al soberano francés, anunciando la transferencia de todos los bienes del Temple a la orden del Hospital en lugar de a la Corona. Con todo y con eso, Felipe siguió apropiándose de los bienes y encomiendas templarias de Francia a pesar de las quejas formales de la orden hospitalaria. Por otra parte, puesto que los caballeros blancos habían sido declarados herejes, no podían reclamar el dinero de los préstamos que le habían concedido a la Corona, de manera que todas las deudas de Felipe quedaron saldadas de la noche a la mañana. Cabe destacar que la paleógrafa Barbara Frale descubrió recientemente en la biblioteca secreta del Vaticano una copia del llamado «Pergamino de Chinon» por el que sabemos que el papa, en última instancia, tuvo la intención de absolver a Jacques de Molay y a sus caballeros de las acusaciones hechas por la inquisición, aunque finalmente se viera obligado, mediante amenazas y chantajes, a ceder a la presión de la casa real francesa. Durante los años siguientes, Felipe volvió a intentar por todos los medios sacar una nueva confesión de culpabilidad del gran maestre, así como de sus tres compañeros, sometiéndolos a las más terribles torturas y privaciones.

10 Dios lo quiere.

11 Algunos siglos más tarde, durante la Revolución francesa, como por un guiño del destino, el rey Luis XVI será encarcelado en la Casa del Temple de París, y el día 21 de enero de 1793 su cabeza rodará por el suelo del cadalso. La leyenda asegura que un individuo desconocido que se encontraba entre la multitud subió al patíbulo, mojó su mano en la sangre el monarca y, enseñándosela a la multitud, gritó: «¡Jacques de Molay ha sido vengado!».

12 El Mensajero de Dios.

13 Conociendo la fuerte atracción que las peregrinaciones suponen para el alma del devoto, el Vaticano concedió el Año Jubilar *In Perpetuum* a Roma, Santiago y Jerusalén.

San Felipe Neri, en el 1540, impulsó la procesión a las siete iglesias mayores de Roma para conseguir la indulgencia plenaria, es decir, el perdón de todos los pecados; por lo que los peregrinos que acudían a la ciudad inmortal eran conocidos por el sobrenombre de «romeros». Estas iglesias son:

- La catedral de San Juan de Letrán, sede papal por aquel entonces, la cual albergaba, y todavía lo hace, la escalera que presuntamente subió el Nazareno para encontrarse con Pilatos en la fortaleza Antonia —donde fue juzgado—, que fue traída hasta aquí desde Jerusalén para que los fieles pudieran subirla de rodillas tras el pago de algunas monedas con las que conseguirían purificar del todo sus faltas.
- La tumba del apóstol Pedro en la basílica que lleva su nombre.
- La tumba de san Pablo en la iglesia situada en la Vía Ostiense.
- Santa María la Mayor.
- La basílica de la Santa Cruz, donde se supone que se encuentran las reliquias de la crucifixión.
- La iglesia de San Lorenzo extramuros.
- Y, por último, la tumba de san Sebastián.

A los que recorrían el norte de España para llegar a la tumba de Santiago el Mayor, hijo de Zebedeo, se les llamó «jacobeos» o «concheros», debido al uso de la vieira que llevaban colgada del cuello o enganchada en la ropa, símbolo distintivo tanto del Camino como del peregrino. Por último, a aquellos que se atrevían a emprender el camino a Jerusalén, si es que no se convertían en mártires antes o después de llegar al Santo Sepulcro, se les dio el nombre de «palmeros» en referencia a las ramas de palma que los discípulos y habitantes de la Ciudad Santa portaron para recibir a Jesús durante su entrada triunfal por la Puerta Dorada.

14 Recientes excavaciones en el subsuelo de la catedral de Compostela han sacado a la luz los restos de un antiguo templo a Júpiter que posiblemente ocupase el lugar de otro enclave de poder de origen pagano. Asimismo, en el osario donde se supone que reposan los huesos del santo, posiblemente descansen los restos de Prisciliano de Ávila, obispo de origen galo, ejecutado por el emperador Magno Clemente Máximo, el cual habría sido acusado de brujería precisamente por hacer guiños al druidismo, así como por denunciar el incipiente poder que la Iglesia católica estaba adquiriendo. Esta hipótesis ha sido defendida por notables eruditos a lo largo de los siglos, como Miguel de Unamuno, quien en sus *Andanzas y visiones españolas* denuncia que ningún cristiano medianamente informado puede creer que los restos de Santiago descansen en Compostela. Sánchez Dragó, en *Gárgoris y Habidis*, avanza cómo en los años ochenta escuchó que un muchacho que trabajaba para la catedral se quejó de que el obispo lo obligó a destruir una lápida escondida en la cripta que rezaba: «Aquí yacen los restos de Prisciliano».

15 Según el *Códice Calixtino*, la concha era entregada a modo de distinción únicamente a aquellos que llegaban a Santiago y se disponían a regresar a casa. No obstante, su simbolismo es variado. Hay quien piensa que los canales que confluyen en su charnela son un modo de decir que hay muchos senderos para llegar a la divinidad, o, en este caso, a Santiago, y que todos ellos son válidos mientras que el alma no se deteriore por las inclemencias de la vida. Aunque otros piensan que es un símbolo celta, originario del camino pagano anterior que terminaba

en Finisterre, el cual estaría representando el corazón que debe llenarse de inmortalidad para convertirse en el santo grial y poder así salvar también a otros; pues esa es realmente la finalidad de la peregrinación, el regreso del héroe a casa llevando el mensaje de los dioses.

16 Josué 6, 1-6.

17 Piscina para las abluciones rituales hebreas.

18 Nada más entrar en la ciudad, el duque de Lorena designó a veinte penitenciarios y los puso bajo las órdenes del prior de la iglesia de la Anástasis. Los canónigos eran clérigos adscritos a una iglesia o catedral, en este caso, el Santo Sepulcro, y sometidos a la autoridad de un prior o del obispo, en este caso, el patriarca de Jerusalén.

19 Con este signo vencerás.

20 Mateo 11, 28-30.

21 Escudero de Balián de Ibelín.

22 Clérigo francés al servicio de Enrique II Plantagenet.

23 Vivir en la verdad, luchar por la fe, arrepentirse de los pecados cometidos, ser humildes, amar la justicia, tener misericordia para con los más desfavorecidos, llevar una vida austera y por último ser leal tanto a la fe cristiana como a sus ideales.

24 Bienaventurados los pobres de espíritu, porque de ellos es el Reino de los Cielos. Bienaventurados los que lloran, porque ellos serán consolados. Bienaventurados los mansos, porque ellos poseerán en herencia la tierra. Bienaventurados los que tienen hambre y sed de justicia, porque ellos serán saciados. Bienaventurados los misericordiosos, porque ellos alcanzarán misericordia. Bienaventurados los limpios de corazón, porque ellos verán a Dios. Bienaventurados los que buscan la paz, porque ellos serán llamados hijos de Dios.

Bienaventurados los que son perseguidos a causa de la justicia, porque de ellos es el Reino de los Cielos.

25 La de Portugal-Castilla, Provenza, Aragón-Navarra, Francia, Inglaterra, Alemania, Italia y Auvernia.

26 Recordemos que el otero donde se ubicaba tanto el Domo de la Roca como la mezquita Al-Aqsa era conocido también por el nombre de Munsalwäsche —el monte de la Salvación—, puesto que la tradición hebrea sostenía que Yahvé envió un cordero a Jacob para salvar a Isaac precisamente en ese lugar.

27 Además de los hábitos ya mencionados, los caballeros portaban consigo una capa marrón que a partir del 1212 llevará grabada una cruz tau en el cuello.

28 «Si hombres casados piden ser admitidos en la fraternidad, favorecerse y ser devotos de la casa, permitimos que los recibáis bajo las siguientes condiciones: al morir deberán dejar una parte de sus propiedades y todo lo que hayan obtenido desde el día de su ingreso. Durante su estancia, deberán llevar una vida honesta y comprometerse a actuar en favor de sus hermanos, pero no deberán llevar hábitos blancos ni mandiles. Es más, si el señor fallece antes que su esposa, los hermanos se quedarán solo con una parte de su hacienda, dejando para la dama el resto, a efecto de que pueda vivir de ella durante el resto de su existencia; puesto que no es correcto ante nosotros que ella viva como cofrade en una casa junto a hermanos que han prometido castidad a Dios». Regla del Temple.

29 111 cm x 68 cm x 68 cm.

30 «Yahvé habló a Moisés diciendo: "Me harás un Santuario para que Yo habite en medio de vosotros. Lo haréis conforme al modelo que voy a mostrarte. Harás un arca de madera de acacia de dos codos y medio de largo, codo y medio de ancho y codo y medio de alto. La revestirás de

oro puro; por dentro y por fuera la revestirás; y además pondrás en su derredor una moldura de oro. Fundirás para ella cuatro anillas de oro, que pondrás en sus cuatro pies, dos anillas a un costado y dos anillas al otro. Harás también varales de madera de acacia, que revestirás de oro, y los pasarás por las anillas de los costados del arca para transportarla. En el arca pondrás el Testimonio que Yo te voy a dar. Harás asimismo un propiciatorio de oro puro. Harás, además, dos querubines de oro macizo; un querubín en un extremo y el segundo en el otro. Los querubines formarán un cuerpo con el propiciatorio. Estarán con las alas extendidas por encima, cubriendo con ellas el propiciatorio, uno frente al otro, con las caras vueltas hacia el propiciatorio. Allí me encontraré contigo"». Éxodo 25.

31 «Soy morena pero hermosa, hijas de Jerusalén. Como los campamentos de Quedar, como las cortinas de Salomón». *Canticum Canticorum* 1, 5.

32 El alimento sagrado con el que el pueblo hebreo se sustentará durante su periplo por el desierto.

33 La Materia de Bretaña es el nombre que reciben los textos escritos durante la Edad Media que versan sobre el ciclo artúrico, las tradiciones celtas y la historia, real o ficticia, de las islas británicas y de Bretaña. Esta compilación se complementa, a la vez que se opone, con la Materia de Francia, o Ciclo Carolingio, la cual está constituida por el conjunto de las numerosas leyendas y canciones de gesta del Medioevo francés. La Materia de Roma, por otra parte, es el ciclo literario que se basa en la cultura griega y romana, cuyos héroes centrales serán Alejandro Magno y Julio César.

34 Tal vez *Athrwys ap Meuring o Riotamo.*

35 Duque Batallador

36 Geoffrey de Monmouth se apropió también de la leyenda de Ambrosio el Niño y Lailoken, un importante consejero del rey bretón Gwenddolau, para construir su Merlín.

37 El Mabinogion es una colección en prosa de cuentos medievales galeses inspirados en las tradiciones y héroes celtas.

38 José nació en Armathajim, una localidad de Judea, actual Rentis, a unos diez kilómetros al nordeste de Lydda. En el siglo IX, una leyenda asegura que sus restos fueron traídos a la cordillera de los Vogos, entre Lorena y Alsacia, por Fortunato, patriarca de Jerusalén, depositándolos en la abadía de Moyenmoutier, de donde tiempo más tarde fueron robados.

39 Podemos encontrar una escena muy parecida en el primer relato de la epopeya artúrica que escribió Geoffrey de Monmouth, donde detalla cómo Uther Pendragón, el padre de Arturo, encontró la muerte. Según *Historia Regum Britanniae,* pasaron los días y se apoderó del rey una enfermedad que lo estuvo afligiendo durante mucho tiempo, consecuencia de su traición al duque Gorlois de Cornualles para hacerse pasar por él, con la ayuda de Merlín, y yacer con su esposa Igraine. Cerca de donde el rey se alojaba había unas fuentes adonde solía ir a beber, puesto que su mal no lo dejaba ingerir otra cosa, por lo que sus enemigos decidieron envenenar todos aquellos manantiales, consiguiendo de esa manera la muerte del progenitor de Arturo.

40 Aunque la tradición original habla de que fue san Pedro quien lo llevó a Roma, no podemos estar seguros de que el mejor amigo de Jesús pisara alguna vez la capital del Tíber, toda vez que su sepulcro, como demostramos en el libro *Guía histórica, mística y misteriosa de Tierra Santa* (Almuzara, 2017), fue encontrado en el monte

de los Olivos. Algo que la Iglesia ha procurado ocultar hasta ahora. De san Pablo sabemos con seguridad que predicó en Roma y que fue encarcelado y ejecutado allí. Además, según 1.ª de Corintios 11, 23, Pablo aseguró haber recibido del Señor el secreto de la Eucaristía, mientras que en la Didaché, posiblemente uno de los textos cristianos más antiguos, leemos que los discípulos de Jesús ajenos a las prédicas del Tarseño no conocían nada acerca de la transustanciación o cosustanciación del vino y el pan con la sangre y el cuerpo del Hijo de Dios.

41 El rey Gebre Meskel construyó un espejo de Jerusalén en su tierra natal, Etiopía, donde quiso erigir doce iglesias excavadas en la roca que representan cada una de las estaciones de la vida de Jesús. La ciudad se conoce hoy como Lalibela e incluso el río que la cruza cambió su nombre por Jordán. El famoso navegante templario Enrique I Sinclair tuvo tratos con el rey Lalibela, también apodado el Rey de las Mil Abejas. Más información en mi libro *El Grial de la Alianza* (Almuzara, 2018).

42 Evangelio de Felipe 32.

43 Al igual que no se han encontrado las tumbas de ninguno de los caballeros de la Mesa Redonda, tampoco se han encontrado los sepulcros de los grandes maestres, por lo que la leyenda podría ser cierta y que estos se encuentren bajo el emplazamiento que otrora ocupó la Casa del Temple de París.

44 Barbara Frale, escritora italiana y experta en la historia de los templarios, sugirió la posibilidad de que el Baphomet fuese en realidad la cabeza momificada del primer gran maestre Hugo de Payns. Y, desde luego, la suposición no es descabellada, puesto que, hasta la fecha, solo se ha encontrado el sepulcro de uno de los veintitrés altos dignatarios del Temple, Arnau de Torroja, quien halló

la muerte en Verona después de intentar mediar entre Saladino y la cristiandad. No obstante, tampoco podemos atribuir este hallazgo a la erudición de los arqueólogos, sino más bien a la suerte, puesto que el sarcófago apareció tras la pared de la iglesia de San Fermo de Maggiori mientras se llevaban a cabo las obras de restauración. Sabemos que la mayoría de órdenes religiosas sintieron devoción y reverenciaron a sus fundadores, con la única excepción de Hugo de Payns, a quien la Iglesia, por alguna inexplicable razón, no creyó conveniente subirlo a los altares.

45 Más información en mi libro *Viaje a la India para aprender Meditación* (Almuzara, 2019).

46 «Yo Soy el que Soy».

47 Flavio Josefo, historiador judío romanizado, da cuenta del suceso en sus crónicas cuando dice lo que Tito se llevó a Roma: «Entre la gran cantidad de despojos, los más notables eran los del Templo de Jerusalén: la mesa de oro, que pesaba varios talentos, y el candelabro de oro».

48 Muhammad Ibn Yusuf Ibn Nasar.

49 Treinta y tres si contamos el peldaño de la puerta, lo que conecta este lugar con la masonería escocesa, cuyos grados son igualmente treinta y tres.

50 Deuteronomio 6:4.

GALERÍA FOTOGRÁFICA
DEL AUTOR

Capilla del Grial. Monasterio de san Juan de la Peña.

La Magdalena con el grial. Iglesia de la Gran Madre de Dios. Turín.

Pórtico del Juicio Final con Gabriel pesando las almas. Catedral de Notre Dame. París.

Cruz del Santo Sepulcro. Belén.

Torre de Saint Jacques, París. Comienzo del Camino de Santiago.

Baphomet, iglesia de san Juan Bautista, Arjona.

Pantocrátor en la bóveda de la cripta del Barón de Velasco. Arjona.

El autor tocando la reproducción de la lápida
templaria. Cripta del Barón de Velasco. Arjona.

La Ronda. Temple de Londres.

San Roque, catedral de Jaca.

BIBLIOGRAFÍA

[S. A.]. «Aragón». *Revista gráfica de cultura y turismo aragonesa.* Sindicato de Iniciativa y Propaganda de Aragón. Diciembre 1931.

[S. A.]. *Temas de Estudios Templarios Volumen 1.* Asociación Española de Caballeros y Damas del Temple. Madrid 2003.

[S. A.]. *Codex Templi.* Templespaña. Debolsillo 2015.

ALVARADO PLANAS, Javier. *Templarios y Masones. Las Claves de un Enigma.* Editorial Sanz y Torres. Año 2019.

AZOFRA CARBALLO, X. *El Camino Mágico de Santiago.* Edicomunicación S. A. 1993.

BAIGENT, Michael y LEIGH, Richard. *Masones y Templarios.* MR Ediciones 2005.

BETZ, Bruno. *Templarios en Egipto.* Editores El Arca de Papel, 2003.

BORON, Robert de. *Trilogía Li livres dou Graal.* VV. TT.

ESLAVA GALÁN, Juan. *El Enigma de la Mesa de Salomón.* . Martínez Roca 1988.

FERNÁNDEZ MUÑOZ, Manuel. *Guía Histórica, Mística y Misteriosa de Tierra Santa.* Almuzara 2017.

—. *El Grial de la Alianza.* Almuzara 2018.

—. *Jesús no era Cristiano.* Editorial Guante Blanco 2018.

FULCANELLI. *El Misterio de las Catedrales.* Idea y Creación editorial SL 2010.

GARCÍA GUAL, Carlos. *Historia del Rey Arturo y de los Nobles y Errantes Caballeros de la Tabla Redonda.* Alianza Editorial 2003.

MAALOUF, Amin. *Las Cruzadas Vistas por los Árabes.*

Alianza Editorial 2012.

Martínez de Aguirre, Javier y Gil Cornet, Leopoldo. *Torres del Río. Iglesia del Santo Sepulcro*. Colección Panorama n.º 34. Gobierno de Navarra. Departamento de Cultura y Turismo. Institución Príncipe de Viana.

Meurois-Givaudan, Daniel. *El Evangelio de María Magdalena*. Luciérnaga 2001.

Monmouth, Geoffrey de. *Historia Regum Britanniae*. VV. TT.

Ponsoye, Pierre. *El Islam y el Grial*. Sophia Perennis 1998.

Querol Sanz, José Manuel. *Cruzadas y Literatura: El caballero del cisne y la leyenda genealógica de Godofredo de Bouillon*. Ediciones de la Universidad Autónoma de Madrid. Año 2000.

Rahn, Otto. *Cruzada contra el Grial*. Hiperión 1994.

Resina, Joan Ramón. *La búsqueda del Grial*. Anthropos Editorial del Hombre 1999.

Séde, Gérard de. *Los templarios están entre nosotros*. Sirio 2002.

Taranilla, Carlos. *El Santo Grial*. Almuzara 2018.

Troyes, Chrétien de. *Perceval ou Li Contes del Graal*. VV. TT.

Vázquez, Sebastián. *El Camino de Santiago y el Juego de la Oca*. Editatum 2020.

Vignati/Peralta. *El Enigma de los Templarios*. A. T. E. 1975.

Von Eschenbach, Wolfram. *Parzival*. VV. TT.

Wilcox, Nicolás. *La Lápida Templaria*. Círculo de Lectores, 1997.